SmartSchool – Die Schule von morgen

**EBOOK INSIDE**

Die Zugangsinformationen zum eBook Inside finden Sie am Ende des Buchs.

SmartSchool – Die Schule von morgen

Detlef Steppuhn

# SmartSchool – Die Schule von morgen

Mit Beiträgen von Tobias Pinto

Detlef Steppuhn
Köln, Nordrhein-Westfalen, Deutschland

ISBN 978-3-658-24872-7     ISBN 978-3-658-24873-4   (eBook)
https://doi.org/10.1007/978-3-658-24873-4

Die Deutsche Nationalbibliothek verzeichnet diese Publikation in der Deutschen Nationalbibliografie; detaillierte bibliografische Daten sind im Internet über http://dnb.d-nb.de abrufbar.

© Springer Fachmedien Wiesbaden GmbH, ein Teil von Springer Nature 2019
Das Werk einschließlich aller seiner Teile ist urheberrechtlich geschützt. Jede Verwertung, die nicht ausdrücklich vom Urheberrechtsgesetz zugelassen ist, bedarf der vorherigen Zustimmung des Verlags. Das gilt insbesondere für Vervielfältigungen, Bearbeitungen, Übersetzungen, Mikroverfilmungen und die Einspeicherung und Verarbeitung in elektronischen Systemen.
Die Wiedergabe von allgemein beschreibenden Bezeichnungen, Marken, Unternehmensnamen etc. in diesem Werk bedeutet nicht, dass diese frei durch jedermann benutzt werden dürfen. Die Berechtigung zur Benutzung unterliegt, auch ohne gesonderten Hinweis hierzu, den Regeln des Markenrechts. Die Rechte des jeweiligen Zeicheninhabers sind zu beachten.
Der Verlag, die Autoren und die Herausgeber gehen davon aus, dass die Angaben und Informationen in diesem Werk zum Zeitpunkt der Veröffentlichung vollständig und korrekt sind. Weder der Verlag, noch die Autoren oder die Herausgeber übernehmen, ausdrücklich oder implizit, Gewähr für den Inhalt des Werkes, etwaige Fehler oder Äußerungen. Der Verlag bleibt im Hinblick auf geografische Zuordnungen und Gebietsbezeichnungen in veröffentlichten Karten und Institutionsadressen neutral.

Titelbild: by deblik Berlin

Springer ist ein Imprint der eingetragenen Gesellschaft Springer Fachmedien Wiesbaden GmbH und ist ein Teil von Springer Nature.
Die Anschrift der Gesellschaft ist: Abraham-Lincoln-Str. 46, 65189 Wiesbaden, Germany

*Für meine Familie*
*und*
*im Gedenken an*
*Richard Thiemann,*
*meinen Lehrer,*
*meinen Mentor*
*und meinen Freund,*
*der leider viel zu früh gestorben ist!*

# Vorwort

Menschen, Häuser, Städte, Fabriken, Gesundheitswesen – die Digitalisierung zieht verstärkt in alle Lebensbereiche ein und verändert sie zu SmartCities, SmartHomes, SmartFabrics, SmartHealth und SmartHumans! Auch wenn Schulen, Politiker, Gewerkschaften, Eltern und viele andere sich noch nicht trauen, das Wort in den Mund zu nehmen – SmartSchools sind die Schulen von morgen! Der bereits seit Jahren initiierte technologische Wandel nimmt an Tempo zu und alle Schulen müssen sich dieser Herausforderung zeitnah stellen.

Dieses Buch bietet Antworten und gibt Tipps, welche kommenden Technologien in Schulen zum Einsatz kommen werden. Schulen benötigen auf Digitalisierung angepasste Fortbildungs- und Supportkonzepte. Schulen müssen sich mit den Treibern der Digitalisierung – Robotik, Künstliche Intelligenz, Virtual Reality und eSports – auseinandersetzen. Auch die Teilnahme an Wettbewerben stellt für Schulen eine Möglichkeit dar, sich aus einem neuen Blickwinkel zu betrachten und somit auch Unterricht und auch die Schulstruktur und -kultur zu entwickeln. Die digitale Transformation an Schulen wird nur durch die Zusammenarbeit aller Beteiligten, dem Kollegium, den Schülern, dem Schulträger,

## VIII    Vorwort

den externen Kooperationspartnern, den Eltern, den Seminaren, den Ausbildungsbetrieben … gelingen.

Neue gesamtheitliche Konzepte wie das im Buch vorgestellte my eWorld-Konzept unterstützen Schulen auf dem gemeinsamen Weg zur Schule von morgen. In diesem Buch finden alle Beteiligten viele Anregungen, Tipps, Ideen und Beispiele für den erfolgreichen Weg zu einer SmartSchool.

Aus Gründen der besseren Lesbarkeit verwende ich in diesem Buch überwiegend das generische Maskulinum. Dies impliziert immer alle Formen, schließt also die weibliche Form und Diverse explizit mit ein.

Die im Buch geäußerten Meinungen und Standpunkte geben die persönliche Meinung des Autors als Privatperson wieder und entsprechen nicht den Meinungen der beteiligten Institute oder Organisationen. Namentlich gekennzeichnete Beiträge geben ebenfalls die persönliche Meinung des jeweiligen Autors wieder.

Im Sommer 2019                                        Detlef Steppuhn

# Danksagung

Meine Ehefrau Heike für die Geduld und die grenzenlose Unterstützung während der Erstellung meines ersten Buches.

Meinen Sohn Tobias für das fantastische Logo zu SmartSchool, my eWorld, die Bilder und die vielen Beiträge zum Buch als Mitarbeiter.

Meine Kinder Kai, Philip und Tobias für die seelische Unterstützung.

Meinen ehemaligen Kollegen Ado Rensinghoff für die redigierten Fassungen dieses Buches, die Kritik und den unermüdlichen Zuspruch.

Jaqueline Fuhrmann für die Mitarbeit an vielen Wettbewerben und den Unterrichtsbeispielen Physik, Politik und Gesellschaftslehre.

Ute Feller für das Unterrichtsbeispiel Pänz an die PCs.

Florian Noack für das Unterrichtsbeispiel eSports.

Armin Wambach für seinen Beitrag zum Thema Selbstlernzentrum.

Udo Heinrichs, Sebastian Holberg, Kai Seifert und Stefan Wernicke (Admin-Team des Erich-Gutenberg-Berufskollegs) für Rat und Tat im Digitalen.

Jaqueline Fuhrmann, Dr. Danny Just, Lara Schwarz, Florian Zang, Volker Kunz, Leila Hallab, Arno Meyer-Steinhaus, Florian Noack und Nicole Lubig für die Mitarbeit in my eWorld.

## X  Danksagung

Jaqueline Fuhrmann, Daniela Gußmann, Dr. Karin Huse, Ulrike Schlagkamp, Linda Stahnke, Maya Tigges, Christiane Wachholz, Sebastian Holberg, Kai Seifert und Klaus Scholz für die Mitarbeit in der Digitalen Steuergruppe.

Jaqueline Fuhrmann, Inke Geißen, Dr. Karin Huse, Lea Nitschke, Alexander Gerold, Kai Seifert, Ado Rensinghoff und Dr. Rolf Wohlgemuth für die Mitarbeit in der Arbeitsgruppe Deutscher Schulpreis.

Meine Schulleitung Daniela Gußmann, Christiane Wachholz und Dr. Rolf Wohlgemuth für das Vertrauen in meine Arbeit.

Das Kollegium des Erich-Gutenberg-Berufskollegs für das in mich gesetzte Vertrauen.

An die Klasse AITT0114 für ihren unermüdlichen Einsatz im ersten Robotik-Projekt.

An die Klasse AKBT0317 für ihren unermüdlichen Einsatz im Wettbewerb „Wohnen neu denken".

Prof. Chris Geiger für seine Unterstützung im Bereich VR/AR und Robotik.

An die Mitarbeiter der Ämter für Informationsverarbeitung und für Schulentwicklung der Stadt Köln für die kooperative Zusammenarbeit im Schulalltag.

Meine Lektorin Irene Buttkus, für die Unterstützung, die Geduld und die vielen Tipps zu meinem ersten Buch.

# Disclaimer

In diesem Printbuch bzw. eBook finden Sie sorgfältig ausgewählte Verlinkungen auf externe Internetseiten.

Alle Verlinkungen wurden bei Redaktionsschluss (31. März bzw. 19. April 2019) sorgfältig überprüft und waren zu diesem Zeitpunkt aktuell und valide.

Für Veränderungen, die die Betreiber der angesteuerten Webseiten nach dem 31. März bzw. 19. April 2019 an ihren Inhalten vornehmen oder für mögliche Entfernungen solcher Inhalte übernehmen der Verlag und der Autor keinerlei Gewähr.

Zudem haben der Verlag und der Autor auf die Gestaltung und die Inhalte der externen gelinkten Seiten keinerlei Einfluss genommen und machen sich deren Inhalte nicht zu eigen.

Wir freuen uns über Ihre Hinweise und Anregungen an customerservice@springer.com.

# Inhaltsverzeichnis

| | | | |
|---|---|---|---|
| **1** | **Einleitung** | | 1 |
| | Literatur | | 13 |
| **2** | **Was ist eine SmartSchool?** | | 15 |
| | Literatur | | 22 |
| **3** | **Technik** | | 23 |
| | 3.1 | Pflicht: Basistechnologien | 24 |
| | | 3.1.1 WLAN | 25 |
| | | 3.1.2 Bring Your Own Device (BYOD) – 1:1-Learning-Ausstattung | 26 |
| | | 3.1.3 Projektionsmöglichkeiten | 34 |
| | | 3.1.4 Lernplattformen | 37 |
| | | 3.1.5 Internetanbindung und Webfilter | 48 |
| | | 3.1.6 Computermanagement | 50 |
| | 3.2 | Kür: Aufbautechnologien | 52 |
| | | 3.2.1 Robotik | 53 |
| | | 3.2.2 Virtual Reality und Augmented Reality | 59 |
| | | 3.2.3 school@home | 68 |

**XIV** Inhaltsverzeichnis

|  |  |  |  |
|---|---|---|---|
| | 3.2.4 | eSports und Gamification | 70 |
| | 3.2.5 | Drohnen | 74 |
| | 3.2.6 | Wearables | 76 |
| | 3.2.7 | Digitale Verwaltung | 76 |
| | 3.2.8 | Stundenplan- und Vertretungs-App | 78 |
| | 3.2.9 | Digitales Klassenbuch | 79 |
| | Literatur | | 82 |
| **4** | **Finanzierung und Schulträger** | | 87 |
| | Literatur | | 97 |
| **5** | **Infrastruktur, Support, SmartTeams und SmartPersons** | | 99 |
| | 5.1 | Infrastruktur | 99 |
| | 5.2 | Support | 107 |
| | 5.3 | SmartTeams und SmartPersons | 109 |
| | Literatur | | 112 |
| **6** | **Kompetenzerwerb durch Fortbildungen** | | 115 |
| | 6.1 | P@P – Pänz an die PCs | 117 |
| | 6.2 | Support-Team und Digitale Steuergruppe | 119 |
| | 6.3 | eScouts | 126 |
| | 6.4 | my eWorld – Konzeptbeispiel für ein Fortbildungsprojekt | 128 |
| | 6.4.1 | my eWorld – Zukunft der Computer und Nanotechnologie | 132 |
| | 6.4.2 | my eWorld – Robotik | 136 |
| | 6.4.3 | my eWorld – 3D & Augmented-/ Virtual Reality | 144 |
| | 6.4.4 | my eWorld – Big Data & Analytics | 148 |
| | 6.4.5 | my eWorld – Künstliche Intelligenz und Maschinelles Lernen | 155 |
| | 6.4.6 | my eWorld – Mensch 4.0 | 160 |
| | 6.4.7 | my eWorld – Datensicherheit & Datenschutz | 166 |
| | Literatur | | 172 |

# Inhaltsverzeichnis

| | | |
|---|---|---|
| **7** | **Konzepte** | 183 |
| 7.1 | Didaktischer Wizard | 192 |
| 7.2 | Medienkonzept | 193 |
| 7.3 | Medienpädagogisches Konzept | 194 |
| | Literatur | 204 |
| **8** | **Unterrichtsmaterialien** | 207 |
| 8.1 | Schulbuchverlage | 207 |
| 8.2 | Learning Apps | 211 |
| 8.3 | Nutzungsrecht | 213 |
| 8.4 | Unterrichtsgestaltung | 214 |
| | Literatur | 215 |
| **9** | **Unterrichtsbeispiele** | 217 |
| 9.1 | Robotik | 217 |
| 9.2 | Arbeitsplatzgestaltung | 219 |
| 9.3 | Physik | 220 |
| 9.4 | eSports | 221 |
| 9.5 | P@P – Pänz an die PCs | 221 |
| 9.6 | Politik und Gesellschaftslehre | 222 |
| **10** | **Wettbewerbe** | 225 |
| **11** | **Datenschutz und Datensicherheit** | 231 |
| | Literatur | 236 |
| **12** | **Treiber der Zukunft – Robotik, Künstliche Intelligenz, Big Data, Virtual Reality/Augmented Reality und 3D** | 237 |
| | Literatur | 239 |
| **Anhang** | | 241 |
| **Stichwortverzeichnis** | | 247 |

# Über den Autor

**Warum dieses Buch?**

Erstens – ich wollte schon immer mal ein Buch schreiben.

Zweitens – ich finde das Thema sehr spannend und möchte viele Menschen erreichen und Ihnen helfen, den Weg in die Digitalisierung zu erleichtern.

Drittens – es gibt noch kein Buch über SmartSchools, und da ich mich als Leiter Neue Technologien und Medien und natürlich auch als Lehrer diesen Themen in besonderer Weise stelle, habe ich meinen Computer gestartet und schreibe es nun.

Viertens – ich würde mir gerne einen Tesla-Kombi kaufen … ☺

**Zur Person**

Seit 1993 unterrichte ich am Erich-Gutenberg-Berufskolleg in Köln. Das Erich-Gutenberg-Berufskolleg ist ein kaufmännisches Berufskolleg, und kennen gelernt habe ich es in meiner Ausbildung zum Bürokaufmann bei den Kölner-Verkehrsbetrieben. Eigentlich wollte ich Musiker werden, aber meine Band Foroyal (www.foroyal.de) hat den Durchbruch leider nicht geschafft. Hätte sie es geschafft – und wir arbeiten immer noch daran –, dann gäbe es dieses Buch nicht.

Damals hatte ich vergessen, neben meiner Musikerkarriere eine Alternative aufzubauen. Auf Wunsch meiner Eltern habe ich dann eine Bewerbung geschrieben (es gab nur die eine Bewerbung zum Bürokaufmann), und diese Chance wurde mir zuteil – und so kam ich zum ersten Mal zum Erich-Gutenberg-Berufskolleg. Nach der gescheiterten Musikerkarriere und der „Zwangsausbildung zum Bürokaufmann" wollte ich Musiklehrer werden. Da reichte das Können nicht aus …

Doch das Schicksal meinte es gut mit mir, und so lernte ich während meiner Ausbildung einen vorbildlichen und sehr guten Lehrer kennen – Richard Thiemann, dem ich dieses Buch – neben meiner Familie – auch widmen möchte.

Er war ein SmartSchool-Lehrer der nullten Generation. Schon zu jener Zeit arbeitete Richard Thiemann in seinem Unterricht konsequent mit Multiplan (einer DOS-basierten Tabellenkalkulation von Microsoft) und Wordperfect (einer DOS-basierten Textverarbeitung von Wordperfect) und wir haben in all den

Jahren immer wieder versucht, den anderen von einem neuen Programm oder einer Technik zu überzeugen. Nach meiner Ausbildung zum Bürokaufmann nahm ich ein Studium an der Universität zu Köln auf – Ziel: Berufsschullehrer für kaufmännische Schulen – Fakultäten: Wirtschaftswissenschaften und spezielle Wirtschaftslehre (Organisationslehre und Versicherungsbetriebslehre). In meiner Examensarbeit „Expertensysteme in Versicherungsunternehmen" beschäftigte ich mich erstmalig intensiver mit dem Thema Digitalisierung. Meine Hospitation absolvierte ich erneut am Erich-Gutenberg-Berufskolleg und lernte meine ehemaligen Lehrer nun als Student kennen. Nach meinem Referendariat in Aachen holte mich Richard Thiemann zurück – und nun lernte ich meine ehemaligen Lehrer als Kollegen kennen.

Während meines Studiums konnte ich als Werkstudent bei der Gothaer Versicherung ein Basiswissen im digitalen Umfeld aufbauen, das mir nun am Erich-Gutenberg-Berufskolleg zugutekam. Der Posten als Leiter Neue Technologien und Medien wurde kurzfristig verfügbar – eine unfassbare Geschichte, die hier den Rahmen sprengen würde – und ich durfte die Chance ergreifen, mich für die digitalen Geschicke am Erich-Gutenberg-Berufskolleg zu engagieren – bis heute …

Und ich habe es auch nie bereut, diese Chance ergriffen zu haben. Es waren nicht immer alle begeistert von meinen neuen Ideen, Projekten, Vorschlägen …und der Geschwindigkeit der Umsetzung, aber ich glaube, dass das Erich-Gutenberg-Berufskolleg im Laufe all der Jahre einen guten Weg in die Digitalisierung gefunden hat.

**Kontakt**

Für Ihre Fragen, Anregungen und/oder Kritik bin ich dankbar und freue mich, wenn Sie mir schreiben:

dsteppuhn@smartschool.education

# 1

# Einleitung

**Zusammenfassung** Schulen können und dürfen sich der Digitalisierung nicht verweigern, sie müssen ihre Schüler auf das Leben und Arbeiten in einer immer stärker dominierten digitalen Welt vorbereiten. Schulen, die sich dieser Verantwortung stellen und sich konzeptionell darauf vorbereiten, sind die Schulen von morgen – die SmartSchools. Das Kapitel beschäftigt sich mit grundsätzlichen Überlegungen zur Digitalisierung und den Auswirkungen auf Schulen.

Menschen, Häuser, Städte, Fabriken, Gesundheitswesen – die Digitalisierung zieht verstärkt in alle Lebensbereiche ein und verändert sie zu SmartBodys, SmartHumans, SmartCities, SmartHomes, SmartFabrics und SmartHealth und transformiert unser Leben zu einem SmartLife!

Auch wenn Schulen, Politiker, Gewerkschaften, Eltern und viele andere sich noch nicht trauen, das Wort in den Mund zu nehmen – SmartSchools sind die Schulen von morgen!

> **Die Digitalisierung kommt nicht mehr – sie ist bereits da!**

© Springer Fachmedien Wiesbaden GmbH, ein Teil von Springer Nature 2019
D. Steppuhn, *SmartSchool – Die Schule von morgen,*
https://doi.org/10.1007/978-3-658-24873-4_1

Der bereits seit Jahren initiierte technologische Wandel nimmt an Tempo zu und alle Schulen – insbesondere aber Berufskollegs – müssen sich dieser Herausforderung zeitnah stellen. In der Zukunft werden Menschen nur noch für das gebraucht werden, was Automaten, Roboter und Computer nicht können. Die Wirtschaft beschreibt diesen Paradigmenwechsel als „Industrie 4.0" – die Politik beschreibt diesen Konzeptionswechsel für die Schulen als „Bildung 4.0".

Schulen müssen dieser Entwicklung Rechnung tragen durch gesamtheitliche Konzepte und speziell ausgerichtet auf die Digitalisierung durch entsprechende Medienkonzepte. Die notwendigen „digitalen" Kompetenzen, sich auf vorherrschende Technologien einzulassen und gut mit ihnen zu arbeiten und umzugehen, bringen unseren Schülern in Zukunft entscheidende Wettbewerbsvorteile auf dem Arbeitsmarkt. Denn der technologische Wandel zieht einen gesellschaftlichen und bildungspolitischen Wandel nach sich. Schüler müssen heute auf lebenslanges Lernen vorbereitet werden, da viele in der Zukunft aufgrund der Automatisierung der Berufsfelder durch Robotik und Künstliche Intelligenz ihre klassischen Berufe verlieren werden und Berufe werden ausüben müssen, die es heute noch gar nicht gibt. Auch heutige Berufe müssen dem Trend der Digitalisierung folgen, und fast jeder Wirtschaftsbereich ist davon betroffen: In der Automobilbranche kommt man um die Themen autonomes Fahren, ConnectedCars, Industrie 4.0, Exoskelette und Navigation nicht mehr herum. In der Pflegebranche werden die Themen Robotik, SmartHealth, SmartBody und SmartPills diskutiert.

In der Landwirtschaft verändern Robotik und Drohnen die Berufe. In der Geldwirtschaft wird es vielleicht bald kein Bargeld mehr geben. Blockchain, kryptische Währungen und Softwaresysteme mit Unterstützung von Künstlicher Intelligenz wickeln mehrere 100.000 Transaktionen pro Sekunde ab und prägen den digitalen Finanzmarkt. Im Militärwesen spielen Exoskelette, autonome Drohnen, bionische Wesen, Virtual Reality und Gedankensteuerung eine immer größere Rolle.

Alle Wirtschaftsbereiche unterliegen heute bereits dem Cyberterrorismus, nur ist dies noch nicht weithin bekannt. Jeder Internetserver unterliegt dauerhaften Angriffen, und je interessanter der Server, desto aufwendiger und häufiger werden die Attacken. Datenschutz und

Datensicherheit werden noch mehr zur Schlüsselbranche werden – wir alle werden mehr und besseren Schutz benötigen. Security by design wird die Schlüsseltechnologie für alle kommenden digitalen Produkte sein. Das gilt für alle eingesetzten Medien wie SmartPhone, Smart-Watch, Virtual-Reality--/Augmented-Reality-Brille, SmartCar, Smart-Home und auch die SmartSchool. Wir werden in verschiedenen Welten leben: einer realen, einer hybriden und einer virtuellen Welt. Wie weit die Welten miteinander verschmelzen werden oder in welcher Welt wir uns überwiegend aufhalten werden, wissen wir noch nicht. Aber wir wissen, dass die Welten kommen werden. Falsch – die Welten sind bereits da, wir wissen nur noch nicht, für welche Welten wir uns entscheiden werden.

Industrie 4.0, Berufsbildung 4.0, Ausbildung 4.0, Medizin 4.0, Arbeit 4.0, Politik 4.0, Gesellschaft 4.0, Bildung 4.0 – was davon hat Schulen bereits erreicht und wird im Unterricht behandelt oder sogar eingesetzt? Jede Schule wird hierauf unterschiedlich antworten, aber in der Summe aller Schulen werden wir einen sehr geringen Prozentsatz zusammenbekommen. Und ich erwähne hier explizit den Unterricht, nicht Rahmenlehrpläne oder didaktische Jahresplanungen der Schulen, die der Praxis noch weiter hinterherhinken. Selbst die gerade neu angepasste „Erste Verordnung zur Änderung der Verordnung über die Berufsausbildung im Bereich der Informations- und Telekommunikationstechnik" (darunter fallen beispielsweise die IT-Berufe Informatikkaufmann und IT-Systemkaufmann), welche am 01.08.2018 in Kraft trat, zeigt erschreckende Lücken auf. Kommende dominierende Themen der Digitalisierung wie beispielsweise Virtual und/oder Augmented Reality, Robotik und Künstliche Intelligenz werden mit keinem Wort erwähnt und sollen somit für diese Berufe anscheinend keine Bedeutung haben [1].

Warum ist das so? Schulen sind nach meiner Einschätzung und Erfahrung – ich unterrichte jetzt seit über 30 Jahren – eines der langsamsten Systeme in der mir bekannten Umwelt. Gründe dafür gibt es wahrscheinlich in großer Zahl, in späteren Kapiteln möchte ich mich auch damit beschäftigen.

Studien zufolge besitzen ca. 80 % der Deutschen einen Internetzugang und über 60 % nutzen das Medium täglich ([2], S. 3). Voraussetzungen für eine schnellere Anpassung sind augenscheinlich gegeben.

Digitalisierung alleine reicht aber nicht aus! Die alleinige Fokussierung auf Digitalisierung wird zu einem Bumerang und bringt mehr Widerstände hervor als Vorteile. Schulen benötigen ganzheitliche Konzepte, in denen Themen wie die Erhaltung und Förderung der Gesundheit, die Vermittlung von umfassenden Handlungskompetenzen (bspw. auf der Grundlage der 21st Century Skills), die Persönlichkeitsbildung durch Berufsbildung, die Einbeziehung von Nachhaltigkeit, ökologische und ökonomische Überlegungen, Menschlichkeit und Menschsein, Integration und Inklusion, Lernortumgestaltung und -erweiterung, Kooperationen und vieles mehr eine wichtige Rolle spielen.

SmartSchools sollen „kluge Schulen" sein – in jeder Beziehung! Es zählt nicht die Vollständigkeit des Konzeptes – es zählt das Bemühen, diese Konzepte zu entwickeln und diese Konzepte zu leben!

Bildung 4.0 ist derzeit kein gesamtheitliches Konzept. Kurz gefasst handelt es sich im Moment um die Verfügbarkeit von vielen Milliarden Euro (bspw. Gute Schule 2020 in NRW [3] oder den Digitalpakt des Bundes 2019 [4]) für den Schulbereich mit dem Fokus auf Digitalisierung. Konzeptionell fehlt es an Fortbildungs-, Evaluations- und Unterrichtgestaltungskonzepten, wie digitale Medien sinnvoll in den Unterricht integriert werden können.

In diesem Buch möchte ich Ihnen an vielen Beispielen das Smart-School-Konzept des Erich-Gutenberg-Berufskollegs (EGB) aus Köln vorstellen und beschreiben. Dort unterrichte ich seit vielen Jahren und nehme die Stelle als Leiter Neue Technologien und Medien ein. Das Erich-Gutenberg-Berufskolleg wurde mehrfach für sein Engagement im digitalen Bereich ausgezeichnet. Ein besonderes Augenmerk fällt dabei auf das Fortbildungskonzept my eWorld (Abschn. 6.4), welches über den Tellerrand von Schulen hinausblickt und es ermöglicht, die Grundkonzepte einer Schule mit den Treibern der Digitalisierung und möglichen Projekten zu verschmelzen. Alle Beispiele sind auf der Webseite des Erich-Gutenberg-Berufskollegs[1] veröffentlicht und für jeden Interessenten zugänglich.

---

[1]https://www.egb-koeln.de

> **Klein anfangen und Erfolgreiches multiplizieren!**

Als praktisches Werkzeug für Unterrichtskonzepte hat sich das Projektmodell bewährt, da man hier problemlos fächerübergreifend und – falls es die Ressourcen hergeben – mit Teamteaching arbeiten kann. Mit dieser Unterrichtsform hat man die Möglichkeit, Ideen im Kleinen einzuführen, zu testen und zu evaluieren. Erfolgreiche Projekte lassen sich dann später einfach in einzelne Bildungsgänge integrieren (am Erich-Gutenberg-Berufskolleg bspw. BYOD oder school@home) oder sogar schulweit implementieren (bspw. Lernplattform Office 365) und werden somit zu Basis-Anwendungen in einem SmartSchool-Konzept.

Digitale Medien sind am Erich-Gutenberg-Berufskolleg seit vielen Jahren zu einem wichtigen Bestandteil eines neuen individualisierten, chancengerechten, selbstgesteuerten und kooperativen Lernens geworden.

Die Entscheidung, die Digitalisierung im Schulalltag und im Unterricht schulweit zu integrieren, gründet sich auf der Flexibilität, der Mobilität, der Vielfältigkeit und dem hohen Individualisierungsgrad dieser Techniken.

Digitalisierung hat auch viele Gegner – insbesondere in Deutschland und insbesondere bei den Lehrkräften. So findet man Deutschland derzeit in keiner Statistik zum Thema Digitalisierung unter den ersten Zehn der Welt. Deutschland führt nur noch in einer Kategorie in der Digitalstatistik: „… bei den Bedenken von Lehrpersonen hinsichtlich des IT-Einsatzes im Unterricht (Platz 1)" ([2], S. 19). Bestätigt wurde dies 2013 in einer Untersuchung, die ergab, dass in keinem Land seltener ein Computer regelmäßig im Unterricht eingesetzt wird als in Deutschland [5]. Nun sollte man annehmen, dass sich von 2013 bis heute (Stand 2019) in Schulen einiges geändert hat. Nach meinen gemachten Erfahrungen aus Workshops, Fortbildungen und Öffentlichkeitsveranstaltungen ist das leider nicht der Fall. Zu ähnlichen Ergebnissen kommt auch eine vom Digitalverband Bitkom 2019 in Auftrag gegebene Befragung von 503 Lehrern [6].

> **Analog reicht nicht mehr aus – digital wird bleiben!**

Warum ist das so? Hier stoßen wir auf ein großes Missverständnis seitens vieler Lehrer. Viele Lehrer befürchten, dass eine Entscheidung zum Einsatz digitaler Medien bedeutet, dass sie diese Medien permanent einsetzen müssen, d. h. in jedem Fach und für jede Lernsituation. Das ist natürlich ein Irrtum!

Digitale Medien sind auch nur Medien (das stimmt nicht wirklich, sie sind auch Lerninhalt) – genau wie ein Stift, ein Blatt Papier, ein Taschenrechner oder eine Tafel. Ein Taschenrechner wird nur dann eingesetzt, wenn man ihn benötigt und er in dieser Lernsituation auch einen „Mehrwert" – sprich eine Kompetenzanbahnung oder Kompetenzverbesserung – bewirkt. Genauso müssen auch digitale Medien eingesetzt werden! Digitale Medien sind aber auch Lerninhalte, dazu gehören bspw. die Kenntnisse über die Funktionsweise der unterschiedlichen Endgeräte, des Internets, der Social Medias oder die Themenbereiche Datenschutz und Datensicherheit.

In unserem konföderierten Bildungssystem haben frühe Ansätze zur Digitalisierung für jedes Bundesland zu unterschiedlichen Lösungen für unterschiedliche Schulformen geführt. Viele Schulträger schmieden jetzt Einheitskonzepte für all ihre Schulen. Das hat viele Vor-, aber auch Nachteile. Einheitskonzepte sind schnell erlernbar und für den Beschaffungsbereich ideal. Schulen sind aber individuelle Systeme, auf die häufig keine Einheitslösungen passen.

Viele Schulträger haben noch kein umfassendes Konzept, hier ist es in der Regel so, dass jede Schule ihre eigene individuelle Lösung entwickelt. Das hat den Nachteil, dass viele Schulen das Rad immer wieder neu erfinden und der Schulträger gar nicht unterstützend – bspw. beim Support der technischen Lösungen – eingreifen kann. Dies kostet viel Kraft, Ressourcen und Zeit. Hier müssen sich alle Beteiligten konsequent und zeitnah der neuen Internet-Philosophie „Erleben – Festhalten – Teilen" bedienen. Erfahrungen sind wertlos, wenn sie nicht geteilt werden.

## Das EGB

Damit Sie meine Ideen und Tipps besser nachvollziehen können, möchte ich Ihnen auch Hintergrundinformation zu der Schule an der ich tätig bin, dem Erich-Gutenberg-Berufskolleg in Köln [7], geben. Die geschichtliche Entwicklung der Digitalisierung am Erich-Gutenberg-Berufskolleg lässt sich anhand eines Dokuments darstellen, welches ich 2015 anlässlich der 50-Jahr-Feier am Erich-Gutenberg-Berufskolleg verfasst habe.

Sollte Sie das nicht interessieren, überspringen Sie den folgenden Abschnitt einfach und starten mit Kap. 2.

### Hintergrundinformation

### Technik am Erich-Gutenberg-Berufskolleg

Lochkarten und programmierbare Taschenrechner waren der erste Einstiegsversuch der Schulen in die digitale Welt der Computertechnologie.

### C64, Atari, Amiga, Apple – Computer der ersten Generation …

… suchte man am Erich-Gutenberg-Berufskolleg in den Jahren 1982 bis 1991 vergeblich. C64 – noch kein wirklicher Computer für die kaufmännische Büroarbeit, Atari und Amiga – eher Spielekonsolen als Büromaschinen, Apple – zu teuer für Schulen.

Deshalb startete das Computer-Zeitalter am Erich-Gutenberg-Berufskolleg 1992 mit dem ersten IBM-PC, dem XT, ausgestattet mit dem PC-Betriebssystem Microsoft DOS und den Anwendungen Microsoft Multiplan (Tabellenkalkulation) und Microsoft Word (Textverarbeitung) – programmiert wurde mit Microsoft Cobol. Die beigefügten Novell-Netware-Server dienten als Druck- und Dateiserver – mehr ging damals nicht. Die ersten beiden DV-Räume besaßen jeweils ein eigenes Netzwerk mit Novell Netware 3.1. und wurden als Insellösungen betrieben.

Das Internet war damals noch nicht vorhanden. Es hätte auch noch nicht funktioniert, da Novell damals noch mit dem Protokoll IPX/SPX arbeitete und TCP/IP noch nicht unterstützt wurde. Einen Schutz vor Veränderung für die Schüler-PCs gab es damals noch nicht, also wurden die Konfigurationsdateien von DOS verändert und angepasst, sodass keine oder nur sehr geringe Änderungen seitens der Schüler auf dem Desktop möglich waren.

**8**     D. Steppuhn

## Der Kaiser und Microsoft schauen vorbei

Die erste dramatische Veränderung des Erich-Gutenberg-Berufskolleg-Netzwerkes erfolgte im Jahr 1995 – das Netzwerksystem Novell wurde abgelöst durch Microsoft Windows NT. Alle bis dahin hinzugekommenen PC-Räume wurden unter Windows NT zu einem – dem ersten – Erich-Gutenberg-Berufskolleg-Netzwerk zusammengeschaltet. Die hausweite Verkabelung wurde damals noch von Lehrern und dem Hausmeister realisiert.

Die erste Schutzvariante für Schüler-PCs kam auf den Markt und auch an unsere Schule: Das Systemhaus Dr. Kaiser entwickelte die Kaiser-Karte, und somit konnten die betroffenen Lehrer nachts besser schlafen, stellten diese Karten doch jederzeit einen regulären Betrieb der PCs sicher, da der Schüler den PC nun nicht mehr verändern konnte.

## Microsoft steigt ein

Mit dem Umstieg auf Windows NT kam gleichzeitig das Internet in die Schule. Am Erich-Gutenberg-Berufskolleg bildete sich die erste Internet-AG aus Schülern des damaligen Ausbildungsberufes der Datenverarbeitungskaufleute. Mit dieser Truppe zeigte sich das Erich-Gutenberg-Berufskolleg auch erstmalig in der Öffentlichkeit – 1996 besuchte eine DV-Klasse eine spanische Schule in Málaga, und es gab die erste Videokonferenz mit den beiden Schulleitern. Im gleichen Jahr eröffnete das Erich-Gutenberg-Berufskolleg das erste Internet-Café aller Kölner Schulen und wurde Mitglied im Microsoft-NT-Arbeitskreis.

Die Internet-AGs begannen, Webseiten für Unternehmen zu programmieren, und mithilfe der eingegangenen Spenden konnte eine 64-Kilobit-ISDN-Standleitung für das Internet angemietet werden. Das Erich-Gutenberg-Berufskolleg konnte dadurch 1997 als eine der ersten Schulen weltweit einen Webserver im eigenen Haus betreiben.

## Terminator und Forrest Gump zu Besuch am Erich-Gutenberg-Berufskolleg

Durch die Programmierung der Webseiten für bekannte Unternehmen bekam das Erich-Gutenberg-Berufskolleg eine große Medienaufmerksamkeit – daraus folgte 1998 eine Einladung von Silicon Graphics nach München. Silicon Graphics stellte damals erfolgreich High-End-Grafik-Workstations her, auf denen alle Special Effects für Filme wie Abyss, Forrest Gump, Gladiator, Herr der Ringe, Jurassic Park, Shrek, Star Wars, Terminator und Toy Story gerendert wurden. Dort wurden Web-Entwürfe der Schüler für eine SGI-Intranet-Seite begutachtet. Aus diesem Treffen folgte eine jahrelange Partnerschaft zwischen

## 1 Einleitung    9

SGI und dem Erich-Gutenberg-Berufskolleg – das Erich-Gutenberg-Berufskolleg wurde sogar die einzige SGI-Patenschule. SGI-Server und -Workstations mit einer MIPS-CPU liefen unter dem Betriebssystem IRIX. Zu den bekanntesten Computern von SGI gehören die Modelle Indy, Indigo, Indigo2, O2, Octane, Octane2, Fuel, Tezro, Onyx und Origin. Viele dieser Maschinen finden sich noch heute in unserem IT-Projektraum Betriebssysteme wieder.[2]

**eScouts auf neuen Wegen**
1998 entstand das Projekt „eScouts" in Kooperation mit dem eco-Verband. Der eco-Verband der deutschen Internetwirtschaft ist mit rund 800 Mitgliedsunternehmen mittlerweile der größte Verband der Internetwirtschaft in Europa. Die Schüler der Internet-AGs des Erich-Gutenberg-Berufskollegs gaben Kurse, in denen Basiswissen im Umgang mit elektronischer Geschäftsabwicklung vermittelt wurde. Unterrichtet wurden interessierte Schüler und Lehrer des Erich-Gutenberg-Berufskollegs sowie auch anderer Schulen.

**Finanzielle Förderung vom Land**
„Fast eine Million Mark für modernes Netzwerk" – so lautete am 3. Januar 2001 eine Schlagzeile in der Presse. Das Erich-Gutenberg-Berufskolleg bekam dank der Unterstützung des damaligen SPD-Landtagsabgeordneten Marc-Jan Eumann knapp 1 Million DM vom Land NRW für die Modernisierung des Erich-Gutenberg-Berufskolleg-Computernetzwerks. Damit konnte das Erich-Gutenberg-Berufskolleg sich technisch auf einem sehr hohen Level einpendeln, welches bis zum heutigen Tage gehalten wird.

Es wurde eine strukturierte Verkabelung mit Cat 7 und LWL umgesetzt, die Anzahl der PCs stieg auf knapp 500 Rechner, es wurde eine SDSL-Standleitung angebunden, in jedem Klassenraum wurde mindestens ein PC platziert. Die Anzahl der DV-Räume und Multimediaecken stieg rasant auf 20. Drucker, Plotter, Beamer, Layer3-Switche und Firewalls komplettierten die Ausstattung.

**Das WWW ist so wichtig wie das ABC**
Und wieder fand ein weiteres Erich-Gutenberg-Berufskolleg-Projekt große Aufmerksamkeit in der Öffentlichkeit.

P@P – Pänz an die PCs – ein Projekt, das in dieser Form bundesweit einmalig war und bis heute ist. Seit dem Jahr 1999 treffen sich Dritt- und Viertklässler der

---

[2]https://www.egb-koeln.de/index.php/aktivitaeten-aktuelles/egb-digital/it-highlights

GGS Alte Wipperfürther Straße und IT-Auszubildende (Paten) des Erich-Gutenberg-Berufskollegs einmal wöchentlich und erkunden gemeinsam den Computer und das Internet. Viele Auszeichnungen und Preise folgten – bis hin zur Einladung von Microsoft zur Eröffnung des STIC am 28. Juni 2011 in Köln. Das Projekt läuft immer noch und erfreut sich großer Beliebtheit bei allen Beteiligten.

**Das Ministerium schaut vorbei**

Die damalige NRW-Schulministerin Ute Schäfer besuchte das Erich-Gutenberg-Berufskolleg am 28. Juni 2003. Nicht nur alle bis dahin durchgeführten Projekte fanden in Düsseldorf ihre Aufmerksamkeit – nun wurde in einem neuen Projekt eine klassische Domäne des Erich-Gutenberg-Berufskollegs – die Wirtschaft – mit einer technischen Lösung verknüpft.

Nicht mehr zeitgemäße PCs wurden dank modernster Software in die Lage versetzt, mit modernster Anwendungs-Software zu arbeiten. Realisiert wurde dies durch den Einsatz eines Microsoft Terminal Servers und der Ergänzungs-Software Citrix. Unsere Vorführung durch IT-Auszubildende fand ein großes Echo, es folgte eine Einladung für drei IT-Schüler und eine Lehrkraft zur Microsoft-Zentrale in Deutschland nach Unterschleißheim.

**eScouts vernetzen Mülheimer Schulen**

In den Jahren 1998 bis 2006 vernetzten unsere eScouts (Schüler der Internet-AGs) in Zusammenarbeit mit dem Verein Mülheim-Online benachbarte Schulen in Köln.

**Erstes Kölner-Lernportal im Einsatz**

Im Jahr 2006 entschied sich das Erich-Gutenberg-Berufskolleg für den Einsatz eines Lernportals. In Kooperation mit Microsoft wählte man das Produkt IQon als Plattform aus und entwickelte in Zusammenarbeit mit dem Unternehmen Conciety – dem Hersteller von IQon – das erste im Einsatz befindliche Lernportal an einer Kölner Schule.

Diese wegweisende Entscheidung – und das war uns allen damals noch nicht bewusst – trägt bis heute ihre Früchte. Alle Kollegen und Schüler arbeiten heute zwanglos und selbstverständlich mit unserem Lernportal und integrieren digitale Medien seit vielen Jahren in ihren Unterricht. Das Portal unterstützte Dateiverwaltung, Mail, Infoboards, Terminalserver, Klassenraumsteuerung und Vertretungspläne.

## 1 Einleitung 11

Doch leider zeigte es sich, dass die Zeit für Lernportale noch nicht gekommen war – besser: noch nicht erkannt wurde – und so stellte der Pionier der Lernportale, das Unternehmen Conciety, das Produkt 2010 ein. Das IQon-Portal wurde für weitere zwei Jahre noch am Leben erhalten und 2012 erfolgte ein Komplettumstieg auf Office 365.

**Neue Wege beim individuellen Lernen – unser Selbstlernzentrum**
2013 wurde in Zusammenarbeit mit der Stadt Köln und dem Bildungsbüro Mülheim 2020 das Selbstlernzentrum eröffnet. Ausgestattet ist es mit einem Microsoft Pixelsense (einem riesengroßen Tablet-Tisch), 20 Microsoft Surfaces, 20 Acer Iconias und einem interaktiven Whiteboard von Legamaster.

So können sich die Schüler in neue Themengebiete einarbeiten, Referate und Projekte entwickeln oder den Unterricht vorbereiten. Durch den Umgang mit innovativer Technik und den unterschiedlichen Medien (CD-ROM, Internet usw.) wird ihre Medienkompetenz gefördert und effektiv geübt.

Dafür wurden flexible Einzel- und Gruppenarbeitsplätze sowie PC-Arbeitsplätze eingerichtet. Mit der Einrichtung des Selbstlernzentrums wird der Unterricht gezielt ergänzt und werden die Lernenden in ihrer Selbstlernkompetenz gefördert.

**Deutschland wird Weltmeister im Fußball – das Erich-Gutenberg-Berufskolleg wird deutscher Meister der Schulen**
Das Jahr 2013 startete mit einer Einladung seitens Microsoft auf die Bildungsmesse didacta in Köln. Dort wurde erstmalig die Projekt-Idee BYOD – „Bring Your Own Device" präsentiert. Schüler bringen ihre eigenen Devices (Computer/Tablets) mit zum Unterricht. 2013 wurde das Projekt in fünf Berufsschulklassen umgesetzt (Bürokaufleute und IT-Systemkaufleute). Das Erich-Gutenberg-Berufskolleg bekam dadurch sehr viel Aufmerksamkeit seitens Microsoft, der Stadt Köln und der Medien. 2014 konnte das Projekt auf weitere sechs Klassen ausgeweitet werden.

Eine der renommiertesten Computerzeitschriften Deutschlands – die c't – berichtete in einem zweiseitigen Artikel [8] über das BYOD-Projekt, und Microsoft kürte das Erich-Gutenberg-Berufskolleg als einzige deutsche öffentliche Schule zu einer Microsoft Mentor-School. Es wurden weltweit nur 80 Schulen ausgewählt, in Deutschland wurde als weitere Schule nur noch die private Internatsschule Schloss Neubauern zur Mentor-Schule ernannt.

Der außergewöhnliche Ansatz des BYOD-Projektes zielt auf die Heterogenität aller Endgeräte ab. Es werden alle Geräte/Devices zugelassen – egal

## 12    D. Steppuhn

ob Apple, Android oder Windows. Alle Geräte mit bestimmten technischen Voraussetzungen werden unterstützt und docken an die Lernplattform Office 365 an.

**Das Erich-Gutenberg-Berufskolleg wird Weltmeister …**

Im Winter 2014 erfährt das Erich-Gutenberg-Berufskolleg, dass es zu einer Microsoft Worldwide Showcase School ernannt wurde. Gleichzeitig werden fünf Kollegen zu Microsoft Innovative Expert Educators (MSIEEs) ernannt – so viele MSIEEs besitzt weltweit keine andere Schule!

Die damals „verpassten" Computer der ersten Generation C64, Amiga 500, Atari und Apple finden Sie heute im IT-Projektraum Betriebssysteme funktionsfähig vor. Es soll doch nicht heißen, das Erich-Gutenberg-Berufskolleg hätte irgendeinen Trend im Computerzeitalter verpasst.

2014 gab es einen Relaunch der Homepage (www.egb-koeln.de) und es wurde eine Vertretungs-App für alle Plattformen (IOS, Android und Windows) entwickelt. Über einen Microsoft FWU-Vertrag (eine besondere Lizenzform für Schulen) und eine Microsoft IT-Academy-Mitgliedschaft dürfen alle Schüler Microsoft Office 2010/2013 kostenlos zu Hause einsetzen und sich weitere Software (Betriebssysteme, Server, Applikationen) ausleihen. Das WLAN steht allen Schülern kostenlos zur Verfügung. An der Schule werden im Rahmen der IT-Academy-Mitgliedschaft regelmäßig Microsoft Server-Zertifizierungskurse angeboten.

**Was die Zukunft uns bringt …**

Das geplante Schulprojekt „school@home" wartet derzeit auf die Genehmigung der Bezirksregierung – Unterricht über Videokonferenzen von zu Hause bzw. dem Ausbildungsbetrieb aus … eine spannende Vision! Das Erich-Gutenberg-Berufskolleg hofft auf eine Unterstützung seitens der Bezirksregierung – die Ausbildungsbetriebe und die Auszubildenden warten bereits mit Spannung auf den Startschuss und zeigen eine hohe Bereitschaft, das Schulprojekt zu fördern.

Was seit 2015 am Erich-Gutenberg-Berufskolleg passiert ist, erfahren Sie in den folgenden Kapiteln – und vieles mehr…

**Zusammenfassung**

- Die Digitalisierung kommt nicht mehr – sie ist bereits da.
- Digitalisierung alleine reicht aber nicht aus.
- Lernende müssen sich auf vorherrschende, digitale Technologien einlassen und mit ihnen arbeiten und kollaborieren können, um digitale Kompetenzen aufzubauen.
- Lehrende müssen sich auf vorherrschende, digitale Technologien einlassen und mit ihnen arbeiten und kollaborieren können, um digitale Kompetenzen vermitteln zu können.
- Schüler müssen auf lebenslanges Lernen vorbereitet werden, da sie in der Zukunft aufgrund der Automatisierung der Berufsfelder durch Robotik, Künstliche Intelligenz, Virtual Reality und Big Data Berufe werden ausüben müssen, die es heute noch gar nicht gibt.
- SmartSchools müssen unsere Schüler auf deren Zukunft mit Robotik, Künstlicher Intelligenz, Virtual Reality und Big Data vorbereiten.
- SmartSchools müssen sich mit eigenen Konzepten – wie beispielsweise my eWorld – der Digitalisierung um die Themen Robotik, Künstliche Intelligenz, Virtual Reality und Big Data stellen.
- Bildung 4.0 muss ein gesamtheitliches Konzept werden, damit es sich sinnvoll in die Konzepte Industrie 4.0, Berufsbildung 4.0, Ausbildung 4.0, Medizin 4.0, Arbeit 4.0, Politik 4.0, Gesellschaft 4.0 und Mensch 4.0 einbinden lässt.
- SmartSchools sind die Schulen von morgen!

# Literatur

1. IT-Bildungsnetz e. V (2018) Änderung der Ausbildungsordnung zum 1. August 2018. https://www.it-bildungsnetz.de/aktuelles/newsansicht/news/aenderung-der-ausbildungsordnung-zum-1-august-2018-1.html. Zugegriffen: 2. Juli 2018
2. Kollmann T, Schmidt H (2016) Deutschland 4.0 Wie die digitale Transformation gelingt. Springer, Wiesbaden
3. NRW.BANK (2019) NRW.BANK.Gute Schule 2020. https://www.nrwbank.de/de/foerderlotse-produkte/NRWBANKGute-Schule-2020/15839/nrwbankproduktdetail.html. Zugegriffen: 5. März 2019
4. Handelsblatt GmbH (2018) Bund will ab 2019 für Digitalisierung von Schulen zahlen. https://www.handelsblatt.com/politik/oekonomische-bildung/bildungs-offensive-bund-will-ab-2019-fuer-digitalisierung-von-schulen-zahlen/22697616.html?ticket=ST-462864-C2YeFEhoBNJjY9Az0W7X-ap6. Zugegriffen: 16. Juli 2018

5. Lehrerfreund GmbH (2015) Computernutzung an deutschen Schulen völlig unterentwickelt. https://www.lehrerfreund.de/schule/1s/computer-nutzung-schule-deutschland/4590. Zugegriffen: 3. Juni 2019
6. Bitkom – Bundesverband Informationswirtschaft, Telekommunikation und neue Medien e. V. (2019) Lehrer sehen deutsche Schulen digital abgehängt. https://www.bitkom.org/Presse/Presseinformation/Lehrer-sehen-deut-sche-Schulen-digital-abgehaengt. Zugegriffen: 3. Juni 2019
7. Erich-Gutenberg-Berufskolleg (2019) https://www.egb-koeln.de. Zugegriffen: 1. Dez. 2018
8. Bager J (2014) Gewollter Wildwuchs. c't 6/2014:168–169

# 2

# Was ist eine SmartSchool?

**Zusammenfassung** SmartSchools müssen sich der Digitalisierung und den digitalen Medien stellen, sich mit Ihnen vertraut machen und die Transformation vorbereiten, damit Schüler sich in einer digitalen Welt im Alltag und im Beruf zurechtfinden. Doch was genau ist eine SmartSchool und was macht eine Schule zur SmartSchool? Das Kapitel greift erste Konzepte auf wie beispielsweise die 21st Century Skills und bemüht sich um die Definition einer SmartSchool.

Das Buch trägt den Titel „SmartSchool – die Schule von morgen"! Was aber ist eine SmartSchool?

Eine exakte Definition dafür gibt es nicht. Das ist auch nicht notwendig. Der Begriff passt in unsere Zeit und zeigt an, dass es aktuell viele Veränderungen gibt, deren Treiber die fortschreitende Digitalisierung ist.

SmartCities, SmartHomes, SmartFabrics, SmartHealth, SmartHumans, SmartLife – alles wird smart (klug, sinnvoll, zeitlich angepasst) und vermehrt digitalisiert.

Die immer rasantere Digitalisierung wird auch nach sich ziehen, dass die Innovationszyklen von Produkten und Dienstleistungen kürzer werden als die Ausbildungszyklen in Betrieben und Schulen. Fort- und

© Springer Fachmedien Wiesbaden GmbH, ein Teil von Springer Nature 2019
D. Steppuhn, *SmartSchool – Die Schule von morgen,*
https://doi.org/10.1007/978-3-658-24873-4_2

Weiterbildungen werden nicht immer ausreichen, um den Kompetenzbedarf zu stillen. Der technologische Wandel zieht deshalb auch einen gesellschaftlichen und bildungspolitischen Wandel nach sich. Schüler müssen auf lebenslanges Lernen vorbereitet werden.

- Doch wie wird das zukünftige Bildungssystem aussehen, um unseren Schülern am Arbeitsmarkt zum Erfolg zu verhelfen?
- Wird es in Zukunft einen periodenhaften Wechsel zwischen Schule und Arbeitswelt geben?
- Wie müssen zukünftige Lernorte gestaltet sein?
- Welche Kompetenzen oder Skills benötigen unsere Kinder, Jugendlichen, Auszubildende oder Erwachsene im Bereich der Fort- und Weiterbildung in den nächsten Jahren oder Jahrzehnten?

Im Fokus all dieser Fragen und aller möglichen Antworten stehen die Schüler und die Lehrer. Sie kann man nicht austauschen, und sie müssen sich den Veränderungen stellen. Schüler und Lehrer (dazu zähle ich auch Praktikanten und Referendare) stehen aber nicht allein in diesem System. Sie agieren und interagieren im System Schule mit den Medien, den Lernorten, den Schulgebäuden, den Lehr- und Lernmethoden, dem Bildungssystem, Schulpartnern, den Eltern, Seminaren und vielen weiteren – teils nicht sichtbaren – Einflüssen, um ein einziges Ziel zu erreichen: den Schülern die notwendigen Kompetenzen zu vermitteln, um sich heute in der Welt von morgen zurechtzufinden.

Es existiert keine abschließende Liste der benötigten Kompetenzen, und es kann auch keine abschließende Liste geben, denn genau das ist ein Problem der Digitalisierung: wir wissen nicht, wie sie sich entwickelt und was der Mensch benötigt, um mit ihr umgehen zu können.

Einig sind sich alle Experten über notwendige Kompetenzen in den Bereichen

- Kreativität,
- kritisches Denken,
- Kollaboration und
- Kommunikation,

das sogenannte 4K-Modell bzw. die 4C-Skills aus den 21st Century Skills.

Übersetzt oder integriert man die 4Ks in ein Handlungsmodell, dann sollte die Kompetenz Kreativität dazu führen, dass Schüler neue Ideen oder Inhalte denken, neue Ideen oder Inhalte lernen und mit neuen Ideen oder Inhalten arbeiten können. Dazu gehören auch die Kompetenzen Flexibilität und der Anpassungsfähigkeit.

Übersetzt oder integriert man die Kompetenz kritisches Denken in ein Handlungsmodell, dann sollte die Kompetenz kritisches Denken dazu führen, dass Schüler selbst denken, selbst lernen und selbst arbeiten können.

Übersetzt oder integriert man die Kompetenz Kollaboration in ein Handlungsmodell, dann sollte die Kompetenz Kollaboration dazu führen, dass Schüler mit anderen zusammen denken, lernen und arbeiten können.

Übersetzt oder integriert man die Kompetenz Kommunikation in ein Handlungsmodell, dann sollte die Kompetenz Kommunikation dazu führen, dass Schüler das eigene Denken, das eigene Lernen und das eigene Arbeiten mitteilen können [1].

Ergänzt werden muss das 4k-Modell um die Methoden- und Medienkompetenzen. Da die Notwendigkeit von Fachwissen im Zeitalter von Wikipedia und Google-Suche in den nächsten Jahren immer weiter abnehmen wird, bedeutet das auch die Abnahme von Fachkompetenzen, insbesondere von Detailwissen. Das Gedächtnis der Schüler wird in Zukunft – in großen Teilen ist dies bereits geschehen – in die Cloud ausgelagert werden. Im Gegenzug dazu wird die Notwendigkeit guter Methodenkompetenz zunehmen. Schüler müssen wissen, wie und wo sie Fachwissen finden, und sie müssen in die Lage versetzt werden, dieses Fachwissen umzusetzen und auszuwerten.

Doch unsere Schüler benötigen weitere, sehr wichtige emotionale und mentale Kompetenzen wie zum Beispiel die Ich-Stärkung. Dazu gehören Bereiche wie ein gesundes Selbstwertgefühl, Empathie und Menschlichkeit, Frustrationstoleranz oder Persönlichkeit und Persönlichkeitsbildung. Sie benötigen ein positives Weltbild mit Hoffnung und Vertrauen in die Zukunft.

„How can we teach kids to be more creative and do things that machines cannot do? Machines have chips, but human beings have hearts ... Education should move in this direction." Jack Ma (Mitbegründer der Internet-Plattform Alibaba) [2].

Und sie benötigen die Kraft, um Strukturen und Regeln in ihr Leben einzubauen und Teile, Abschnitte oder nur kurze Phasen des Lebens ohne digitale Medien zu verbringen – das sind Ruhepausen oder die sogenannten heiligen Orte und heiligen Zeiten, um die ständige Rufbereitschaft oder Erreichbarkeit zu unterbrechen (s. auch Abschn. 6.4.6).

Den Auf- und Ausbau einer informationstechnischen Grundbildung beispielsweise auf der Grundlage der 21st Century Skills (Abb. 2.1), der sogenannten Tools for Working (ICT), sehe ich heute als notwendig an, um in der aktuellen und künftigen Berufswelt konkurrenzfähig zu bleiben oder zu werden. Ob es dafür ein eigenes Unterrichtsfach Digitalkunde geben oder ob das Fach Programmierung in allen Schulformen auftauchen muss, sei an dieser Stelle noch unentschieden. Es gibt bereits viele Stimmen, die Programmierung als zweite oder dritte Fremdsprache einfordern und die „alten" Sprachen wie Latein oder Altgriechisch ersetzen wollen.

Welche Kompetenzen erwarten zukünftige Arbeitgeber von ihren Mitarbeitern – unseren heutigen Schülern? Auf dem World Economic Forum 2019 im schweizerischen Davos wurden die zehn notwendigsten Kompetenzen gesammelt. Dazu gehören das

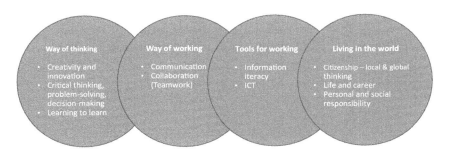

**Abb. 2.1** 21st Century Skills

- Lösen komplexer Probleme,
- kritisches Denken,
- Kreativität,
- Personalmanagement,
- Teamkoordination,
- emotionale Intelligenz,
- Urteils- und Entscheidungsfähigkeit,
- Dienstleistungsmentalität und
- Verhandlungsgeschick.

Vergleicht man die Kompetenzanforderungen von Schule und Wirtschaft, so findet man eine hohe Übereinstimmung und die Bestätigung, dass Schule sich hier auf dem richtigen Weg befindet [3].

**Warum nutze ich den Begriff SmartSchool?**
SmartSchools sind meiner Ansicht nach Schulen, die sich den gesellschaftlichen und technologischen Entwicklungen stellen und versuchen, gesamtheitliche Konzepte zu planen und umzusetzen. In Deutschland verpassen gerade sehr viele Schulen den technologischen Fortschritt – warum auch immer. Schuldzuweisungen – egal in welche Richtung – helfen den Schulen und Schülern nicht weiter.

SmartSchools sollen an dieser Stelle als Leuchtturm-Schulen Wege aufzeigen und anderen Schulen als Vorbild, Pate oder Unterstützer zur Seite stehen.

> Schulen und Lehrer, die sich der digitalen Entwicklung verweigern, handeln fahrlässig und schaden ihren Schülern!

Dass immer mehr Schulen den Mut haben, öffentlich zu zeigen, dass sie die Herausforderungen angenommen haben, wird seit vielen Jahren von Unternehmen und Verbänden unterstützt. Der Bildungsbereich von Microsoft verfolgt seit langer Zeit diesen Weg der Unterstützung in Form eines Wettbewerbs und der Auszeichnung zu Microsoft Mentor Schools und Microsoft Showcase Schools. Der Bitkom-Verband hat im

Jahr 2017 ebenfalls einen Wettbewerb zur SmartSchool gestartet, um solche Schulen zu finden. Beide Wettbewerbe finden bundesweit statt. Die Stadt Köln startete in gleicher Intention regional in Zusammenarbeit mit der Universität Duisburg/Essen das Projekt Digital Schools Cologne. Dort findet man Kölner Schulen, die sich bereits auf den Weg gemacht haben, um sich den gesellschaftlichen und technologischen Veränderungen zu stellen.

> **Chancen sind wichtiger als Risiken!**

Natürlich birgt das digitale Medium sowohl Risiken als auch Chancen – ähnlich wie bei jedem anderen Medium auch. Für mich waren die Chancen immer wichtiger als die Risiken. Mit Chancen kann man sich entwickeln und gute Dinge tun. Risiken kann man oft nur erkennen, wenn man Chancen ausprobiert hat.

> „Es muss nicht darüber nachgedacht werden, was es zu vermeiden gilt, sondern darüber, was zu tun ist", so der Wirtschaftspädagoge Frederik G. Pferd. „Lass uns einfach mal hier anfangen und etwas ausprobieren und einfach sehen, ob das funktioniert" (aus [4], S. 233).

Diesem Weg bin ich als Leiter Neue Technologien und Medien am Erich-Gutenberg-Berufskolleg immer gefolgt: Techniken ausprobieren, bewerten und dann entweder multiplizieren oder zurückstellen, weil die Zeit noch nicht reif dafür scheint, oder sie verwerfen.

> **Einfach mal machen und einfach machen!**

In diesem Buch berichte ich über viele Erfahrungen, zeige Praxis und Theorie, angereichert durch Bücher, Filme, Links und Produkte, die mich zum Thema Digitalisierung begeistern. Insbesondere Science-Fiction-Romane und -Filme haben mich oft motiviert, die Digitalisierung in der Schule weiter voranzutreiben. Alle Bücher von Jules Verne und

H.G. Wells, *Schöne neue Welt* von Aldous Huxley, *1984* von George Orwell, *Blackout* und *Zero* von Marc Elsberg, *The Circle* von Dave Eggers oder die Filme bzw. Serien *Raumschiff Enterprise, 2001: Odyssee im Weltraum, Blade Runner, Matrix, Star Wars* und die schwedische Serie *Human* beschreiben Ideen, die heute fast alle realisierbar sind – mehr oder weniger. Dazu gehören Raketen, der Flug zum Mond, U-Boote, der Überwachungsstaat, humanoide Roboter, Star-Trek-Tricorder, von Computern gesteuerte Raumschiffe, Holodecks, SmartPhones, Iris-Scanner, Sprachsteuerung, Computer-Gehirn-Schnittstellen, autonomes Fahren, und, und, und – und dieser Fortschritt passierte innerhalb von knapp 70 Jahren (ich beziffere den digitalen Startschuss mal vorsichtig auf das Jahr 1941 mit dem Z3 von Konrad Zuse [5], nimmt man den Personal Computer als Startschuss, dann wären es gerade einmal knapp 40 Jahre [6])!

Schaut man sich die menschliche Entwicklung an, dann entsprechen die 70 bzw. 40 Jahre Digitalisierung nur ungefähr 0,03 % unserer Menschheitsgeschichte. Und ich bin mir sicher, dass die Entwicklung jetzt nicht auf einmal enden wird, sie wird sich vielmehr in den nächsten Jahren dramatisch steigern.

---

**Zusammenfassung**

- SmartSchools müssen sich der digitalen Entwicklung anpassen, denn nur so haben unsere Schüler die Möglichkeit, sich auf die Zukunft und die Gesellschaft einzustellen, in der und mit der sie leben werden.
- SmartSchools sind Schulen, die sich den gesellschaftlichen und technologischen Entwicklungen stellen und versuchen, gesamtheitliche Konzepte – beispielsweise my eWorld – zu planen und zu leben.
- Digitalisierung gehört in den Schulalltag und in den Unterricht aufgrund der Flexibilität, der Mobilität, der Vielfältigkeit und des hohen Individualisierungsgrades dieser Techniken.
- SmartSchools sollen als Leuchtturm-Schulen Wege aufzeigen und anderen Schulen als Hilfe, Pate oder Unterstützer zur Seite stehen – das Rad muss nicht immer wieder neu erfunden werden!

---

Und los geht es mit der Technik …, denn damit starten viele Schulen, ohne dass sie ein Konzept für deren Einsatz haben.

# Literatur

1. Muuß-Merholz J (2017) Die 4K-Skills: Was meint Kreativität, kritisches Denken, Kollaboration, Kommunikation? https://www.joeran.de/die-4k-skills-was-meint-kreativitaet-kritisches-denken-kollaboration-kommunikation/. Zugegriffen: 19. März 2019
2. Parker C (2019) Do sleep, don't have doubts. Jack Ma's guide to sanity and success. https://www.weforum.org/agenda/2019/01/do-sleep-dont-have-doubts-jack-mas-guide-to-sanity-and-success/. Zugegriffen: 21. März 2019
3. Wolking S (2016) Berufschancen: Diese Fähigkeiten brauchen Sie morgen. https://karrierebibel.de/berufschancen/. Zugegriffen: 21. März 2019
4. Schulz T (2015) Was Google wirklich will. Deutsche Verlags-Anstalt, München
5. Wikimedia Foundation Inc. (2019a) Computer. https://de.wikipedia.org/wiki/Computer. Zugegriffen: 15. März 2019
6. Wikimedia Foundation Inc. (2019b) Personal computer. https://de.wikipedia.org/wiki/Personal_Computer. Zugegriffen: 30. Dez. 2018

# 3

# Technik

**Zusammenfassung** Schulen benötigen für die Einbindung der Digitalisierung in den Unterricht eine technische Infrastruktur. Um eine strukturierte und übersichtliche Vorstellung der unterschiedlichen Medien und eine mögliche Priorisierung für den Schuleinsatz zu erhalten, werden in diesem Kapitel die unterschiedlichen Medien, aufgeteilt in Basis- und Aufbautechnologien, beschrieben und unterschieden. Basistechnologien werden schulweit eingesetzt, wohingegen Aufbautechnologien meist noch in Projektform ausprobiert und später bei erfolgreicher Umsetzung auch zu Basistechnologien werden können.

An sehr vielen Schulen, bei sehr vielen Politikern und Entscheidungsträgern wird über technische Aspekte gestritten. Oft bekommt man den Eindruck, dass die gewählte Technik die Schlüsselkomponente für guten Unterricht darstellt. Das ist natürlich ein Irrtum, nur durch ein gesamtheitliches Konzept wird die Intergration der Digitalisierung in den Unterricht gelingen.

Warum glauben trotzdem viele Beteiligte, dass die Technik „es macht"? Ganz einfach: Technik kann man schnell dazukaufen (wir werden später allerdings sehen, dass in einer Schule, selbst in einer SmartSchool, nichts schnell geht), Technik ist überschaubar und strukturiert. Man kann seine

© Springer Fachmedien Wiesbaden GmbH, ein Teil von Springer Nature 2019
D. Steppuhn, *SmartSchool – Die Schule von morgen,*
https://doi.org/10.1007/978-3-658-24873-4_3

Wünsche schnell und auf den Punkt formulieren – zum Beispiel: „Wir brauchen ein WLAN mit 20 Access-Points und einer Management-Konsole. Die Kosten liegen beim Einsatz von Produkt X bei 6000 EUR." Das Funktionieren der Technik ist nicht von Menschen abhängig, nur ihre Nutzung! Technik lässt sich leicht zur Verfügung stellen, und wenn sich der Fortschritt nicht einstellt, dann war es halt die falsche Technik. Und Technik kann sich nicht wehren, wenn man ihr die Schuld am Misserfolg gibt.

Technik veraltet leider auch sehr schnell – und das wird auch für Schulen zu einem immer größeren Problem werden. Die Innovationszyklen werden immer kürzer – die Ausbildungszyklen werden dabei nicht mithalten können. Aus diesem Grund werde ich keine ausführlichen Beschreibungen zu jedem Produkt geben, sondern versuchen, Produktideen in Konzepte zu integrieren. Das Konzept kann bleiben, auch wenn das Produkt sich ändert. Dennoch werde ich Ihnen beispielhaft Produkte nennen, die sich in Schulen etabliert haben. So haben Sie die Möglichkeit, nach Produkten zu recherchieren und hierbei auch Produktalternativen zu finden.

Eine SmartSchool benötigt eine gewisse Anzahl von Basistechnologien, die schulweit eingesetzt werden, und Aufbautechnologien, die projekt- oder fachbezogen eingesetzt werden – Pflicht und Kür.

> Konzepte bleiben, Produkte verändern sich!

## 3.1 Pflicht: Basistechnologien

Zu den Basistechnologien gehören ein schulweites WLAN, eine 1:1-Learning-Ausstattung, eine digitale Projektionsmöglichkeit in jedem Klassenraum, eine schulweite Lernplattform, ein gutes Computermanagement sowie eine ausreichende Internetanbindung mit einem Webfilter (Abb. 3.1). Wer diese Basistechnologien betreut, ist an dieser Stelle erst einmal zweitrangig – mögliche Betreuungsszenarien werden in Abschn. 5.2 behandelt.

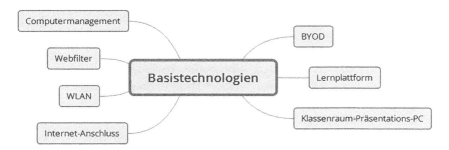

**Abb. 3.1** Mindmap

Wichtig für eine SmartSchool ist nur, dass die Basistechnologien stabil arbeiten und permanent verfügbar sind.

### 3.1.1 WLAN

In einer SmartSchool muss es ein schulweites WLAN geben, ausgehend von jedem Klassenraum, über die Lehrerzimmer, die Verwaltung, die Turnhallen bis auf den Schulhof. Das WLAN sollte managebar sein, d. h., eine zentrale Verwaltungskonsole zur Steuerung aller WLAN-Komponenten (in der Regel Access-Points) besitzen. Das WLAN sollte in mindestens zwei logische Netzwerke (sogenannte VLANs) aufgeteilt sein, ein Schüler- und ein Lehrernetz. Man könnte auch weitere VLANs für Gäste, Veranstaltungen oder für die Verwaltung erstellen.

Die Schule sollte vor der Erstinstallation ausgeleuchtet werden. Eine WLAN-Ausleuchtung dient dazu, die optimale Anzahl und die optimalen Standorte der Access Points zu ermitteln. Sollte das aus finanziellen oder sonstigen Gründen nicht möglich sein, leuchtet man die Schule halt selbst aus. Man platziert die Access-Points an strategischen Punkten, nimmt sich ein Notebook oder ein Tablet, geht durch die Schule und überprüft, ob man überall eine gute Verbindung hat. Falls nicht, korrigiert man den Aufstellpunkt des Access-Points – nicht die perfekte Methode, aber es funktioniert!

Das WLAN-Produkt sollte mit einer Management-Konsole zur zentralen Steuerung aller Access-Points arbeiten. Eine Management-Konsole wird spätestens ab zehn Access-Points dringend notwendig. Am Erich-Gutenberg-Berufskolleg haben sich die WLAN-Produkte des Herstellers Aerohive Networks im Einsatz bewährt.

Sollte es finanziell möglich sein, sollte in jedem Klassenraum ein Access-Point aufgestellt werden. Access-Points haben zwar technisch die Möglichkeit, mehrere hundert User aufzunehmen, aber hier kommt es schnell zu Bandbreiten-Problemen.

Rechnen Sie es einmal durch: Wenn Sie eine Klasse mit 30 Schülern haben und Sie nutzen ein BYOD-Konzept (BYOD, CYOD oder COPE – der Unterschied wird im nächsten Abschn. 3.1.2 erläutert) in Form von Tablets oder Notebooks, dann befinden sich jetzt mindestens 62 mobile Devices im Klassenraum, nämlich die 30 Tablets der Schüler, die 30 SmartPhones der Schüler, die beiden Geräte der Lehrperson (Tablet und SmartPhone) und vielleicht auch noch der WLAN-Drucker oder der WLAN-Beamer. Da ein Access-Point häufig für mehrere Klassenräume zuständig ist (meist zwischen drei bis fünf), kommen wir zu der stattlichen Anzahl von ca. 180 bis 310 Devices pro Access Point. Alle Geräte teilen sich dann die Bandbreite des Access-Points und auch die Bandbreite, mit der der Access-Point im Netzwerk angebunden ist. Hier ist die Bandbreite schnell ausgereizt, wenn Sie digitales Arbeiten oder Unterrichten umsetzen.

> **Fazit WLAN**
>
> WLAN ist die Voraussetzung für zukünftiges Unterrichten. Das Produkt bzw. der Hersteller spielt eine sekundäre Rolle – wichtig sind eine ausreichende Anzahl an Access-Points und ein Management dieser Infrastruktur.

## 3.1.2 Bring Your Own Device (BYOD) – 1:1-Learning-Ausstattung

Jedem Schüler sollte heute ein digitales Device im Unterricht zur Verfügung stehen. Das ist leider politisch noch nicht ausreichend gewollt und deshalb für viele Schulträger finanziell nicht umsetzbar. Das Erich-Gutenberg-Berufskolleg hat beispielsweise ca. 2300 Schüler – die Anschaffung und Verwaltung von 2300 digitalen, mobilen Endgeräten seitens der Schule ist organisatorisch und finanziell nicht realisierbar.

Die einzige Alternative ist aus meiner Sicht BYOD. Bring Your Own Device bedeutet, dass alle Schüler ihre eigenen Geräte, sofern sie eines besitzen, zur Schule mitbringen und damit im Unterricht arbeiten. Nach statistischen Umfragen besitzt heute jeder Jugendliche entweder ein SmartPhone, ein Tablet oder ein Notebook und somit ein digitales, mobiles Endgerät. Sollte im Einzelfall nicht jeder Schüler vor Ort ein eigenes mobiles Device besitzen, sollte eine SmartSchool Ausleihgeräte für die entsprechenden Schüler zur Verfügung stellen. Hier wird man aber mit einer überschaubaren Anzahl auskommen (das Erich-Gutenberg-Berufskolleg besitzt dafür mobile Geräte verschiedener Hersteller).

Viele Schulen nutzen ein ähnliches Konzept, nämlich CYOD oder COPE, geben es aber als BYOD aus. Beim CYOD-Konzept (Choose Your Own Device) stellt die Schule ausschließlich selbst beschaffte Geräte zur Verfügung, sehr häufig in Form von iPad-Koffern. COPE – Corporate-Owned, Personally Enabled – bezeichnet einen ähnlichen Ansatz, nur dass der Schüler sich aus verschiedenen Geräten (Android, Apple, Windows) dasjenige aussuchen kann, das am besten für ihn geeignet ist.

Spätestens, wenn man echtes BYOD einsetzen möchte, kommt die Kritik auf: „Wir können die Last bzw. die Verpflichtung zum 1:1-Learning nicht auf die Schüler abwälzen." Natürlich nicht! Aber solange der politische Wille zur Unterstützung eines 1:1-Learning nicht gegeben ist, gibt es zwei Alternativen: Wir verzichten auf das 1:1-Learning (Risiko) oder wir nutzen das, was machbar ist (Chance).

BYOD ist machbar und kann so lange als Überbrückungsmethode angesehen werden, bis der politische Wille für eine weitergehende Lösung da ist. Ideal wäre sicherlich die Lösung, jedem Schüler zur Einschulung ein mobiles Device zur Verfügung zu stellen, welches er während seiner kompletten Schullaufbahn im Unterricht einsetzen kann. Einen Verlust des mobilen Devices oder einen Defekt könnte man über Versicherungen abdecken. Nutzt man nun noch digitale Unterrichtsbücher, wird der Schulrucksack noch um ein paar Kilogramm leichter.

Lässt man sich auf BYOD ein – und ich spreche hier von echtem BYOD, nicht von CYOD/COPE oder RYOD –, gibt es allerdings viel zu beachten!

Echtes BYOD bringt beispielsweise eine große Heterogenität der Geräte mit sich.

Spätestens jetzt kommt der nächste Kritiker dazu: „Wie soll man als Lehrer so viele verschiedene Geräte im Unterricht unterstützen?" Das muss man gar nicht – die Schüler kennen ihre Geräte sehr gut. Sie nutzen sie jeden Tag zu Hause, in ihrer Freizeit und jetzt auch in der Schule. Fehlende Programme, die sie im Unterricht gebrauchen können, finden sie schnell und selbstständig. Und in neue Programme arbeiten sie sich auch schnell selbstständig ein – eine erste Umsetzung des didaktischen Konzepts des lebenslangen Lernens.

Natürlich erleichtern Gerätevorgaben ein erfolgreiches BYOD in der Schule. Von Vorteil ist es, wenn die Geräte mindestens ein Zehn-Zoll-Display, eine richtige Tastatur (eine virtuelle Tastatur nimmt fast zwei Drittel des Displays ein), einen Eingabestift und die heute gängigen Komponenten wie Audio, Kamera, USB-Anschluss und eine lange Akkulaufzeit haben (aus meiner Sicht der wichtigste Faktor). Und natürlich kommen Schüler ohne aufgeladene Geräte in die Schule, genauso wie sie heute keinen Stift oder kein Papier bei sich haben, von Unterrichtsbüchern ganz zu schweigen (das Thema digitale Schulbücher kommt noch). Das Problem kurzer Akkulaufzeiten wird in Schulen oft durch eine sternartig-lose Stromverkabelung nach Lasso-Manier gelöst – das ist keine gute Lösung. Sollte es hier einmal zu einem Unfall kommen, dann wird das große Probleme für die Schule und den Schulträger mit sich bringen.

Professioneller wird das Problem der kurzen Akkulaufzeiten bzw. das Vergessen des Aufladens seitens der Schüler von vielen Schulträgern gelöst, indem sie die Schulen mit sogenannten Medienmodulen ausrüsten. Medienmodule sind fest installierte, fertige Anschlusskästen im Klassenraum, die entsprechende Strom- und Netzwerkschnittstellen für mobile Devices vorhalten.

Insbesondere die Stift-Fähigkeit von mobilen Devices halte ich für sehr wichtig, damit Schüler weiterhin selbst schreiben üben und/oder schreiben lernen! Diese Kompetenz sollte auch im digitalen Zeitalter erhalten bleiben! Die Rechner der Microsoft Surface-Pro-Reihe zum Beispiel bieten die Kompaktheit von Tablets und die volle Funktionalität eines Notebooks – zusätzlich bieten die Geräte die Möglichkeit, mit einem Stift zu arbeiten.

Sollte BYOD nicht gegeben sein, dann wünschen sich viele Schulen eine private Anschaffung von BYOD-Geräten durch eine langfristige Finanzierung (meist zwischen zwei und drei Jahren), oft auch als RYOD (rent your own device) bezeichnet. Wir kennen dieses Konzept von den alten Notebook-Klassen. Es dauerte ewig, bis man sich auf ein Gerät einigen konnte, und wenn es dann einheitlich für eine Klasse angeschafft wurde, war es schon fast wieder veraltet. Abgesehen von den Einwänden, dass man doch bereits ein eigenes (jedoch anderes) Gerät besitzt und viel lieber mit einem Gerät des Herstellers A, B oder C oder dem Betriebssystem A, M oder W arbeiten möchte. Diese Alternative halte ich für sehr zeitaufwendig, zu langsam im Entscheidungsprozess und unbefriedigend für den Endnutzer, denn auf diese Weise erhält er häufig nicht sein Wunschgerät.

Die gleiche Diskussion wird oft bei der Anschaffung von Taschen-rechnern geführt – der Taschenrechner kostet viel Geld, und keiner will ihn. Natürlich muss man fragen, ob in Schulen noch einheitliche Taschenrechner für viel Geld angeschafft werden sollten, wenn man für das gleiche Geld ein Mehrzweckgerät wie ein Tablet erhält. Auch hier kommen wieder die Kritiker zu Wort – denn ein einheitlicher Taschen-rechner erleichtert den Unterricht und ist für Prüfungen unabdingbar. Doch realiter hat der alte Taschenrechner ausgedient und sollte gegen das Mehrzweckgerät mobile Device ausgetauscht werden.

**Wie stellt man für Prüfungen mit BYOD und einem Taschenrechner-Programm das gleiche Arbeitsumfeld zur Verfügung?**
Es gibt Techniken, die sich auch dieses Problems annehmen – Mobile Device Management (MDM). Mobile Device Management bei echtem BYOD ist aus datenschutzrechtlichen Gründen nicht empfehlenswert, und deshalb rate ich davon ab. Mobile Device Management funk-tioniert aber bei CYOD sehr gut, denn hier hat man eine homogene Geräteausstattung zur Verfügung und die Geräte gehören der Schule bzw. dem Schulträger. Die Lösung sieht also wie folgt aus: Schüler nut-zen BYOD für den Unterricht, für Prüfungen stellt die Schule über CYOD eine ausreichende Stückzahl an mobilen Geräten bereit – und schon ist man den heute ungeliebten Taschenrechner los.

Das Prüfungsumfeld muss und wird sich verändern – der externe Taschenrechner ist nicht mehr notwendig, er wird ausrangiert werden wie seinerzeit Langspielplatten, Videokassetten oder das Tasten-Handy. Die benötigte Funktionsvielfalt im Mathematik-Unterricht ist durch viele kostenlose Apps und Programme bereits verfügbar und erweitert den Unterrichts-Spielraum.

**Kann oder soll man auch SmartPhones im Unterricht einsetzen?**
Das Thema SmartPhones im Unterricht wird kontrovers diskutiert – von einem kompletten Verbot bis hin zu SmartPhone-Klassen. In deutschen Schulen herrscht noch große Furcht davor, das SmartPhone als Medium im Unterricht zu gestatten. Viele Lehrer befürchten durch den Einsatz von Smartphones ein hohen Ablenkungspotenzial. Nach Recherchen des Bitkom-Verbandes dürfen über 60 % der Jugendlichen ihr SmartPhone im Unterricht nicht einsetzen. Bei 18 % besteht sogar ein generelles Handyverbot in der Schule [1].

SmartPhones gehören heute zum Leben dazu, und sie bieten viele Chancen für einen sinnvollen Einsatz im Unterricht. Sie sind Lesegerät, Fotokamera, Videokamera, Diktiergerät, Taschenrechner und vieles mehr. Für schnelle Recherchen im Unterricht reichen normale SmartPhones aus, und wir sollten versuchen, sie in den Unterricht zu integrieren. Ablenken können sich die Schüler auch durch viele andere Gelegenheiten, angefangen vom Käsekästchen spielen bis hin zum Träumen.

SmartPhones eignen sich aber nicht für die Erstellung von Dokumenten wie Texten, Präsentationen, Kalkulationen, Bildern, Videos … Hier sollte man auch einen Blick in die nahe Zukunft werfen. Brillen, Wearables in der Form von Armbändern und Uhren, Kontaktlinsen mit Display, digitale Tattoos, unter die Haut eingepflanzte Chips werden die Kommunikation mit digitalen Endgeräten und somit auch BYOD erweitern. Am Körper aufgeklebte Digital-Tattoos oder Elektro-Tattoos, eine Entwicklung des renommierten MIT (Massachusetts Institute of Technology) in Zusammenarbeit mit Microsoft, oder auch eingepflanzte Chips dienen als Massenspeicher und werden ihre Inhalte auf Smartphones, Brillen oder Kontaktlinsen übertragen [2]. Die Konsequenzen durch den Einsatz der kommenden Technologien werden Prüfungen,

Tests und Klausuren massiv verändern. Die Prüfer werden es in Zukunft (und vielleicht auch jetzt schon) nicht mehr verhindern können, dass der Prüfling permanenten Kontakt zum Internet hat. Prüfungen und Leistungsstanderhebungen müssen sich zwangsläufig verändern und anpassen (s. auch Abschn. 6.1).

Digitale mobile Medien sind heute bereits multifunktional und sie werden in Zukunft immer mehr Funktionen aufweisen – hier gilt es für eine SmartSchool, die Chancen auszuloten und die Risiken beim Einsatz zu erkennen.

Am Erich-Gutenberg-Berufskolleg gab es BYOD-Klassen erst nur als Pilot im Bildungsgang IT-Systemkaufleute und Informatikkaufleute. Nach einigen erfolgreichen Durchläufen wurde das Konzept auf den kompletten Bildungsgang angewandt. Danach starteten Klassen im Bildungsgang Kaufleute für Büromanagement. Nach dem Teilzeitbereich (Berufsschulklassen) startete das Erich-Gutenberg-Berufskolleg auch im Vollzeitbereich mit Pilotklassen. Schulweit hat sich das Konzept am Erich-Gutenberg-Berufskolleg noch nicht zu 100 % realisieren lassen, aber immer mehr Lehrer nutzen digitale mobile Geräte in ihrem Unterricht, auch wenn sie es nicht BYOD-Klasse nennen. Einig sind sich fast alle Lehrer darin, dass wir in ein paar Jahren nicht mehr über BYOD sprechen müssen – jeder Schüler wird ein Gerät besitzen und es auch einsetzen wollen.

**Exkurs aus dem Fortbildungskonzept my eWorld Computer & Nanotechnologie (Abschn. 6.4)**

**Wie wird sich das Endgerät Computer in den nächsten Jahren entwickeln?**
Ich nutzte, seit ich im Studium meinen ersten Computer, einen IBM-kompatiblen AT, gekauft habe, überwiegend ein Windows-Betriebssystem von Microsoft. Angefangen bei Windows 3.0 bis hin zu Windows 10. Die Betriebssysteme habe ich viele Jahre lang auf meinen Desktop-PCs, auf meinen Notebooks und Tablets und sogar auf meinem SmartPhone eingesetzt. Natürlich habe ich zwischenzeitlich auch Alternativen getestet – OS/2, Nextstep, BeOS, Lindows, Linux, MacOS auf den Desktop-PCs, MacOS und Android auf den Notebooks oder Tablets und Symbian auf meinen ersten Nokia-Handys – gewechselt habe ich die Systeme trotzdem nicht. Wie Sie sehen können, war ich sehr lange Zeit ein „Windows-Sympathisant". Doch ich glaube, es wird das Windows-Betriebssystem für Endgeräte nicht mehr sehr lange geben.

Mein Windows-Phone musste ich bereits austauschen, da Microsoft das Betriebssystem Windows für SmartPhones eingestellt hat [3]. Trotz des Aufkaufs von Nokia konnte sich das Windows-Betriebssystem nicht durchsetzen. Android und MacOS teilen den Markt aktuell unter sich auf.

Wie sieht es bei den Tablets aus? Auch hier finden wir nur noch Android- und MacOS-Devices. Windows RT als reines Tablet ist nicht mehr am Markt verfügbar.

Windows OS läuft auf mobilen Geräten nur noch auf Laptops, Notebooks und sogenannten 2-1-Geräten. Doch diese Geräteklasse nimmt weiter ab zugunsten der Tablets. Ein Microsoft Surface ist ein tolles Gerät, aber nicht für den Massenmarkt gedacht. Welcher Schulträger kauft Microsoft Surfaces für seine Schulen als Standardgerät? Keiner, weil es zu teuer ist! Ich befürchte, dass Microsoft in naher Zukunft auch diesen Markt aufgeben wird.

Schauen wir noch in den altbewährten Markt der Desktop-PCs. Hiervon stehen in den Schulen noch sehr viele Endgeräte, und die meisten davon sind mit Windows bespielt. Diese Geräte sind aber unflexibel, nicht mobil, hässlich, unhandlich groß. Die Räume sind dadurch schlecht nutzbar für anderen Unterricht … und bald werden die Desktop-PCs nicht mehr notwendig sein.

Die mobilen Devices SmartPhone und Tablet sind die Endgeräte der Zukunft – und zu großen Teilen auch schon die der Gegenwart. Unsere Daten werden uns in Zukunft aus der Cloud folgen, wir werden sie nicht mehr lokal speichern. Wir werden die Daten mit jedem mobilen Endgerät, zu jeder Zeit von überall laden bzw. bearbeiten können – *working/learning with any device, anytime, anywhere*. Die Cloud-Anbieter verwöhnen uns mit so vielen Features, darunter automatischen Backups und Synchronisierung auf allen unseren Endgeräten, dass wir darauf nicht mehr verzichten möchten. Wer hat es nicht schon einmal erlebt: Das SmartPhone oder das Tablet erleiden einen Defekt, und man hat gar keine oder keine aktuelle Datensicherung gemacht. Die Cloud ist die Lösung des Problems: Es wird ein neues SmartPhone oder Tablet gekauft, die Konten werden eingerichtet und damit wieder alle Daten verfügbar gemacht!

Das einzige Argument für das Weiterbestehen der Desktop-PCs sind notwendige Prüfungsumgebungen bei IHK, HWK oder sonstigen Instituten. Doch auch diese Bildungspartner werden sich in Zukunft umstellen müssen. Prüfungen werden in naher Zukunft auch aus der Cloud kommen, dann wird kein Desktop-PC mehr benötigt.

Schauen wir noch in den Zukunftsmarkt der mobilen Endgeräte – das Internet der Dinge. Das Internet of Things – auch schon als das Internet of

Everything bezeichnet – wird eine noch größere Anzahl an zusätzlichen Endgeräten hervorbringen. Cisco schätzte 2015, dass bis 2020 50 Mrd. weitere Geräte dazukommen [4]. Und ich denke, der Wert wird sich heute bereits vergrößert haben. Brillen, Uhren, Fitnessbänder sind uns schon als Wearables bekannt, Fernseher, Blu-Ray-Player, Hemden, Turnschuhe, Kühlschränke, Toaster, Autos, Lampen und, und, und kommen noch dazu – derzeit bestückt mit Android oder MacOS. Hier gibt es kein Windows mehr. Und wie wir es schon im Mobilfunkmarkt erlebt haben, wird es auch hier kein Windows mehr geben.

Microsoft hatte einmal ein Windows für alle Endgeräte angekündigt, für den Desktop-PC, Notebooks, Tablets, SmartPhones, X-Box, Fernseher, Autos [5]. Davon hört man nichts mehr. Es gibt zwar das Gerücht eines neuen Betriebssystems von Microsoft namens Andromeda OS – aber ob es wirklich kommen wird und Android und MacOS auf den besetzten Märkten verdrängen wird? [6]. Daran glaube ich nicht. Microsoft hat veröffentlicht, dass Windows 10 das letzte offizielle Windows werden wird. Natürlich will man weiterhin Updates und Upgrades bringen – aber für mich klingt das nach einem möglichen Ende von Windows [7].

Das Unternehmen stellt die Entwicklung des fabelhaften Tools OneNote für den Desktop-PC ein und bietet in Zukunft nur noch eine Cloud-Variante von OneNote an [8]. Warum? Microsoft entwickelt Cortana für Android und MacOS. Warum? Microsoft unterstützt scheinbar immer mehr die Konkurrenzsysteme [9]. Warum? Eine mögliche Antwort könnte sein, dass es ein eigenes Betriebssystem für mobile Endgeräte in der Zukunft nicht mehr geben wird.

All unsere Daten werden in der Zukunft in der Cloud liegen und uns auf unsere Endgeräte folgen, egal ob es sich dabei um ein Smartphone, eine VR-/AR-Brille, Kontaktlinsen oder SmartWatches handelt. Das Endgerät wird beliebig sein – und der Markt der Endgeräte gehört zurzeit den Konkurrenten Google & Co – also Android-Geräten – und Apple.

Die Cloud wird somit zum eigentlichen Endgerät werden, und da positioniert sich Microsoft bereits heute. Microsoft engagiert sich massiv im Cloudgeschäft und ist derzeit nach Amazon Web Services (AWS) der zweitgrößte Anbieter von Cloud-Umgebungen [10]. Die Microsoft-Schlüsseltechnologien wie Active Directory, HyperV, SharePoint, Exchange, SQL, Office, OneNote, OneDrive oder Cortana stehen bereits in der Cloud durch Azure und Office 365 zur Verfügung und werden permanent ausgebaut – alle lokalen Technologien auf Endgeräten werden immer weniger gepflegt und ihr Marktanteil schrumpft.

34 D. Steppuhn

Die Betriebssystem-Konkurrenten Apple und Google stehen mit entsprechenden Techniken und Konzepten bereit und versuchen mit CarPlay, HomeKit, ApplePay oder AndroidCar, AndroidTV, AndroidWear, Nest und AndroidPay, die neuen Märkte unter sich aufzuteilen. Im Moment gibt es noch keine richtigen Gewinner, da es für das Auto und für das Internet der Dinge noch keine technischen Standards gibt, bzw. sich noch keine Technik zum Standard durchgesetzt hat.

Apple und Google haben hier auch zusätzliche Konkurrenten wie die Autohersteller, die natürlich lieber ihre eigenen Medialösungen verkaufen möchten und sich nicht noch die Konkurrenz ins eigene Auto holen wollen. Und man darf auch nicht vergessen, dass Apple und Google bereits seit vielen Jahren an autonom fahrenden Autos arbeiten und hier der Automobilindustrie bereits weit voraus sind.

Märkte ändern sich im Zeitalter der Digitalisierung schneller, als manche Unternehmen es sich vorstellen können – durch disruptive Technologien verdrängen kleine Unternehmen die Branchenführer aus dem Markt. Beispiele dafür gibt es genug – Kodak und die digitale Fotografie, Musikverlage und MP3s, Tageszeitungen und die Internet-Berichterstattung, Airbnb und die Hotelbranche und viele mehr.

Vielleicht schafft es Windows-OS, durch Mixed Reality zu überleben? Der Mixed-Reality-Player und das dazugehörige Portal in Windows 10 machen zumindest mir Appetit darauf.

---

**Fazit BYOD**

BYOD ist derzeit die einzige realistische Umsetzung für ein 1:1-Learning. BYOD wird eine disruptive Technologie in der Schule werden und alle anderen Medien verdrängen. Skandinavische Schulen nutzen BYOD heute bereits als Qualitätsmerkmal und setzen sich dadurch von anderen Schulen ab [11]. Das sollten SmartSchools auch tun!

---

## 3.1.3 Projektionsmöglichkeiten

Voraussetzung für eine digitale Projektionsmöglichkeit in einem Klassenraum ist natürlich ein existierender Computer – egal, ob es sich um einen per Netzwerkkabel angebundenen Desktop-Computer handelt oder um ein mobiles Endgerät.

Der Overheadprojektor und die Schiefertafel haben ausgedient – analog reicht nicht mehr aus. In vielen Schulen findet man schon heute nur noch Whiteboards oder interaktive Tafeln vor. Whiteboards halte ich weiterhin als Schiefertafelersatz für sinnvoll.

Die meist eingesetzte Projektionsmöglichkeit stellen Beamer dar, am besten fest installiert unter der Decke. Die Qualität der Beamer unterscheidet sich in puncto Auflösung, Technik (LCD, LED, OLED), Schnittstellen (HDMI, USB, VGA, RJ45, WLAN), Bedienerfreundlichkeit und Lebensdauer der Lampe. Welchen Beamer nimmt man am besten? Egal, Hauptsache man hat einen Beamer im Klassenraum dauerhaft zur Verfügung.

Alternativ zu den Beamern sind heute interaktive Boards sehr beliebt. Die bereits installierten interaktiven Boards in den Schulen haben meist den Nachteil, dass sie von den Lehrern funktionell nicht so eingesetzt werden, wie es eigentlich geplant ist. Viele Lehrer nutzen sie als reine Beamerlösung am Lehrer-PC. Da es aufgrund der begrenzten finanziellen Möglichkeiten des Schulträgers in den meisten Fällen nicht zu einer einheitlichen Lösung in jedem Klassenraum kommt, herrscht meist das folgende Szenario vor: Es gibt vereinzelte, in Klassenräumen fest installierte (also nicht mobile), unterschiedliche interaktive Boards. Das hat zur Folge, dass man sich als Lehrer fest für den Raum einteilen lassen muss (am besten das ganze Jahr über und dann immer wieder in den gleichen Raum), damit man ein interaktives Board nutzen kann und in Übung bleibt mit dem funktionellen Umfang des Boards. Wird ein neuer Lehrer für den Raum eingeteilt, benötigt er meist eine Einführung oder eine Auffrischungsfortbildung, der bis dato eingesetzte Kollege verlernt die Nutzung.

Die Kosten für interaktive Boards liegen bei ca. 4000 bis 6000 EUR. Eine ganze Schule mit interaktiven Boards gleichzeitig auszustatten ist für die meisten Schulträger finanziell nicht realisierbar und aus meiner Sicht auch nicht sinnvoll.

Wie löst man dieses Dilemma? Eine gute Lösung stellte eine Zeit lang ein eBeam der Firma Legamaster dar, eine mobile interaktive Tafel. Es handelte sich dabei um eine SmartPhone-große magnetische Einheit, die man auf ein Whiteboard heftete, mit allen Funktionen einer fest installierten Tafel, angeschlossen per USB und bedienbar per Stift.

**36**     D. Steppuhn

Die Kosten dieser Lösung lagen bei ca. 1000 EUR. Technische Voraussetzung für ihren Einsatz waren ein Beamer im Klassenraum und eine Projektionsfläche (Wand, Schiefertafel oder Whiteboard). Der Stift führte diese Lösung in eine Sackgasse, da der Stift bei allen neuen interaktiven Boards durch den menschlichen Finger ersetzt wurde. Das war beim eBeam technisch nicht umsetzbar. Vielleicht findet sich in der Zukunft eine ähnlich geniale und kostengünstige Umsetzung.

Eine alternative Lösung zum interaktiven Whiteboard ist der Einsatz von Touch-Bildschirmen am Lehrerarbeitsplatz (Stift oder Finger). Dabei ist es egal, ob es sich um den Touchscreen eines mobilen Devices oder um feststehende Touch-Monitore inklusive eines Desktop-PCs als Lehrer-PC handelt. Nutzt man den Lehrer-PC in Verbindung mit einem Beamer, erhält man eine Art interaktive Tafel. Einigt man sich auf eine Software wie bspw. OneNote, dann hat man in jedem Klassenraum die gleiche Software im Einsatz und alle Lehrer können ohne Eingewöhnung damit permanent in jedem Klassenraum produktiv arbeiten. Diese Lösung lässt sich weitaus kostengünstiger umsetzen als eine 100 %ige Lösung mit interaktiven Whiteboards.

Der Trend geht derzeit zu Touch-Fernsehern, die zurzeit aber noch sehr teuer sind und zu kleine Bildschirmdiagonalen für große Klassenräume bieten. Sollte – aus welchem Grund auch immer – der Strom ausfallen, dann kann man sie noch nicht einmal als Tafel einsetzen. Natürlich kann man rechts und links der Touch-Fernseher noch kleine Whiteboards anhängen, aber ein großes Tafelbild ist damit nicht möglich und die Anschaffungskosten steigen noch einmal.

**Zusammenspiel von BYOD und Projektionsmöglichkeiten im Klassenraum**

Nutzt man BYOD im Unterricht und hat man in jedem Klassenraum eine Projektionsmöglichkeit, dann kommt rasch der Wunsch auf, die Displays der Schüler auf den Lehrer-PC zu übertragen. Im homogenen Umfeld kein Problem – Apple AirTV oder Google Chrome Cast stehen dafür als technische Lösungen zur Verfügung.

In einem heterogenen Umfeld steht man vor einem Problem. Ohne eine große Hardware-Umrüstung geht hier meist nichts. Eine mögliche Lösung stellt die Software Mirroring 360 der amerikanischen Firma

Splashtop dar [12]. Hierbei handelt es sich um eine Client-Server-Lösung, die einmalig gekauft wird (keine Mietvariante). Die Server-Software wird auf dem Lehrer-PC installiert, die Clients müssen sich die Anwendung in Form einer App oder eines Plug-in herunterladen.

Lizenziert wird nur der Server, der Client steht kostenlos zum Download zur Verfügung. Die Nutzung ist recht simpel: Bei Apple-Devices muss man nur Air Play aktivieren und sich mit dem Server (dem Lehrerarbeitsplatz) verbinden. Bei Android-Devices lädt man sich die entsprechende App aus dem Google-Store herunter und verbindet sich dann mit dem Lehrerarbeitsplatz (arbeitet mit Google Chrome Cast). Das aufwendigste Verfahren haben Windows-User, sie müssen – sofern noch nicht vorhanden – Google Chrome installieren, danach das Mirroring-360-Plugin und sich dann mit dem Lehrerarbeitsplatz verbinden. Nun kann jeder Schüler seinen Monitor auf den Lehrerarbeitsplatz übertragen. Diese Software-Lösung verursacht – im Gegensatz zu vielen anderen Lösungen – wenig Broadcasts im Netz und belastet dadurch das WLAN nur minimal.

Leider ist mir kein deutscher Vertriebspartner bekannt, und das macht die Anschaffung für einen deutschen Schulträger etwas kompliziert.

> **Fazit Projektionsmöglichkeiten**
>
> Jeder Klassenraum in einer Schule sollte heute bereits eine Projektionsmöglichkeit für ein digitales Medium besitzen. Zusätzlich sollten auch alle Schüler die Möglichkeit haben, ihre Bildschirminhalte im Klassenraum zu projizieren.

## 3.1.4 Lernplattformen

Lernplattformen (Abb. 3.2) sind ein häufiges Streitthema bei allen Beteiligten, vergleichbar mit dem Streit darüber, welches das beste Betriebssystem ist – Linux, MacOS oder Windows. Ohne Anwendungen kann man Betriebssysteme nicht sinnvoll einsetzen – bestes Beispiel sind hier die Betriebssysteme Nextstep und BeOS. Ihrer Zeit und ihren damaligen Konkurrenten waren sie weit voraus. Aber es gab keine bzw.

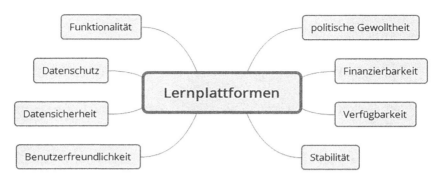

**Abb. 3.2** Lernplattformen

nur sehr wenige Anwendungen dafür. Man löst Aufgaben und Probleme aber mit Anwendungen, nicht mit dem Betriebssystem – und das war der Untergang der beiden technisch hochüberlegenen Betriebssysteme. Deshalb macht es auch heute keinen Sinn, darüber zu streiten, ob Android, iOS oder Windows das richtige System für ein mobiles Device ist.

Genauso verhält es sich bei den Lernplattformen. Es gab und gibt so viele verschiedene Plattformen wie den BSCW-Server, Lo-Net, Moodle, Fronter, IQon, Logineo, Office 365, und, und, und. Alle Plattformen haben aber für Schulen das gleiche Handicap – es sind nur leere Hüllen, Arbeitskonstrukte ohne Inhalte. Die Inhalte müssen von den Schulen, den Lehrern, den Schülern kommen, erst dann besitzt eine Plattform Leben, und man kann darüber streiten, welche denn nun besser ist als die andere.

Warum ist eine Lernplattform eine Basistechnologie? Zum einen hat man die Möglichkeit, von überall auf der Welt, zu jeder Zeit und mit jedem Device auf benötigte Informationen und Daten zuzugreifen. In Verbindung mit BYOD kommt man zum Konzept „learning with any device, anytime, anywhere".

Weiterhin kenne ich keine zweite Möglichkeit, Unterricht so transparent zu dokumentieren und Materialien zur Verfügung zu stellen wie über eine Lernplattform. Des Weiteren bieten Lernplattformen technisch die Möglichkeit, digital im Team zu arbeiten und zu kommunizieren – hierbei handelt es sich auch um Schlüsselqualifikationen der 21st Century Skills – *communication and collaboration*.

Da der Inhalt also nicht vom Hersteller oder Betreiber kommt, müssen andere Kriterien für die Auswahl herhalten. Dazu zählen

- Finanzierbarkeit,
- Verfügbarkeit,
- Stabilität,
- Benutzerfreundlichkeit,
- Datensicherheit und
- Funktionalität.

Zusätzlich kommt in Deutschland das Kriterium der politischen Gewolltheit hinzu, die sich leider häufig von Monopol- und Abhängigkeitsängsten treiben lässt.

Gehen wir die verschiedenen Kriterien einmal durch:

**Finanzierbarkeit** Hier unterscheiden sich die Plattformen in kostenlose und kostenpflichtige Angebote. Die kostenpflichtigen Angebote betreiben meist eine Mietvariante mit einem Mietpreis pro Benutzer pro Monat oder Jahr. Jede Variante, die hier ins Spiel kommt, ist für mittelgroße und/oder große Schulen bzw. für den Schulträger ein teures Unterfangen und häufig nicht finanzierbar.

**Verfügbarkeit** Eine genutzte Plattform sollte dauerhaft 365 Tage im Jahr, 24 h am Tag erreichbar sein. Es sollte keine oder nur wenige Downtime-Zeiten geben, die Plattform sollte zudem weiterentwickelt bzw. regelmäßig mit Updates versorgt werden.

**Stabilität** Die Plattform sollte stabil und ohne große Verzögerung arbeiten, egal, welches Device darauf zugreift, egal, wie viele Benutzer gleichzeitig darauf zugreifen. Fairerweise sollte man an dieser Stelle die Betreiber in Schutz nehmen – Verzögerungen ergeben sich meist durch die angebundene Internetbandbreite innerhalb der Schule und nicht durch die Plattform selbst.

**Benutzerfreundlichkeit** Die Nutzung der Plattform sollte intuitiv sein, alle Teilnehmer sollten ohne großen Fortbildungsaufwand die Plattform verstehen und damit arbeiten können.

**Datenschutz und Datensicherheit** Dies ist ein sehr umstrittenes Thema, insbesondere bei den Datenschutzbeauftragten der Schulträger. Wie heißt es im IT-Volksmund so schön: „Möchte man ein Projekt stoppen oder behindern, dann sollte man das Thema Datenschutz einbinden."

Die Datenschutz-Vorgaben sollten jetzt aufgrund der europaweit gültigen EU-DSGVO für alle europäisch gehosteten Plattformen identisch sein und damit als Unterscheidungskriterium ausscheiden. Tun sie häufig aber nicht – viele Datenschutzbeauftragten plädieren weiterhin für die Nutzung einer in Deutschland gehosteten Plattform, damit das Deutsche Bundesdatenschutzgesetz zum Einsatz kommt.

Vom Datenschutz unterscheiden sollte man aber den Begriff der Datensicherheit – hierbei geht es um den Punkt, ob die Daten vor Verlust geschützt sind bzw. vom Betreiber so gesichert werden, dass sie dauerhaft zur Verfügung stehen und nicht verloren gehen.

**Funktionalität** Lernplattformen sollten zumindest die Möglichkeit bieten, Kommunikation und Kollaboration darüber zu betreiben. Heruntergebrochen auf Funktionen heißt das, Datenspeicherung und Mail sollten mindestens möglich sein. Je öfter man mit einer Lernplattform arbeitet, desto mehr Funktionen wünscht man sich. Man wünscht sich Video- und Audiomöglichkeiten, virtuelle Klassenzimmer, Single Sign-on (einmal mit einem Benutzerkonto anmelden und alle Dienste darunter nutzen), Flexibilität, um bereits bestehende Anwendungen der Schule zu integrieren wie bspw. ein digitales Klassenbuch, einen Didaktischen Wizard (vgl. Abschn. 7.1), Vertretungspläne, Wocheneinsatzpläne, Kalender, virtuelle Gruppenarbeitsräume und vieles mehr.

Kommen wir zur Kardinalfrage: Welche Plattform bietet bzw. erfüllt alle diese Kriterien?
Antwort: Keine!
Welche Plattform sollte dann in einer SmartSchool zum Einsatz kommen?
Antwort: Die Plattform, die die Anforderungen der Schule erfüllt!

Viele Schulen arbeiten seit vielen Jahren mit digitalen Medien und haben sich im Laufe der Jahre entweder eine eigene Infrastruktur aufgebaut – mit oder ohne Lernplattform – oder bauen gerade eine Lernplattform auf. Eine grüne Wiese, auf der man heute eine digitale Infrastruktur aufbauen könnte, existiert in der Regel nicht mehr. Ich behaupte, dass jede Schule in Deutschland in irgendeiner Weise digitale Technik im Unterricht oder in der Verwaltung einsetzt, d. h., man nutzt bereits Schulverwaltungssoftware wie Untis oder einen Didaktischen Wizard oder einen Kalender oder einen Speicherort wie Google Drive, Dropbox oder Microsoft OneDrive.

## Die Lernplattform Office 365

Aus den oben genannten Gründen verzichte ich auf eine Gegenüberstellung bzw. einen Vergleich verschiedener Plattformen und stelle stattdessen die Office 365-Plattform vor, für die sich viele Schulen entschieden haben. Ich zeige Ihnen an einigen Beispielen, wie die Plattform im Unterricht eingesetzt werden kann. Und natürlich gibt es bereits viele Erfahrungswerte – positive wie negative –, die ich Ihnen nicht vorenthalten möchte.

Office 365 von Microsoft ist eine für Schulen kostenlose Online-Plattform (Plan A1 – Stand: 03/2019) mit vielen Funktionen, einer leicht zu bedienenden Oberfläche, viel Speicherplatz, einer hohen Stabilität und Verfügbarkeit und einer professionellen Datensicherheit. Schauen wir uns noch einmal die Kriterienliste an und überprüfen, welche Kriterien für Office 365 als Lernplattform sprechen.

**Finanzierbarkeit** Office 365 (Plan A1) ist für Schulen kostenlos – unabhängig von der Benutzeranzahl (Stand: 03/2019).

Sollten Sie Interesse am Einsatz von Office 365 haben, dann finden Sie hier einen ersten Einstieg: https://products.office.com/de-de/academic/compare-office-365-education-plans.

Achten Sie bitte auf die Bezeichnungen: Neben Office 365 gibt es noch Office Pro Plus – diese Funktion ist kostenpflichtig und ermöglicht einer Schule, ihren Schülern fünf Lizenzen von Office auf privaten Geräten zu installieren, solange die Schüler die Schule besuchen. Die Schüler erhalten keinen Lizenz-Key, sondern die Laufzeit wird an das Bestehen des eingesetzten Kontos geknüpft. Wird das Konto gelöscht, verliert der Schüler die Lizenz für Office. Alternativ gibt es noch den FWU-Vertrag, in dem sich auch ein Office 365 verstecken kann. Hierbei geht es aber primär um die Lizenzierung von Office auf Schul-PCs und privaten Lehrer-PCs. Das

Modell stellt eine Mietvariante dar, die Kosten werden anhand der Anzahl der Lehrer an der Schule berechnet. Hat man 100 Lehrer, aber bspw. 500 PCs in der Schule, so lizenziert man 100 Windows- oder Office-Versionen und kann sie dann auf 500 PCs und beliebig vielen privaten Lehrer-PCs installieren. Office 365 kann dann auch genutzt werden, es ist aber, wie schon oben angesprochen, kostenlos.

**Verfügbarkeit** Die Plattform ist 365 Tage im Jahr, 24 h am Tag erreichbar und wird gepflegt und weiterentwickelt (manchmal sogar zu schnell und zu intensiv) – ich habe bis zum heutigen Tag keinen Ausfall gehabt (abgesehen von einem selbst verursachten Ausfall – der aber richtig weh getan hat). Dank des Microsoft-Supports konnten damals aber fast 99 % aller Daten wiederhergestellt werden.

**Stabilität** Die Plattform ist stabil – es gab noch nie einen Abbruch während der Arbeit mit der Plattform.

**Benutzerfreundlichkeit** Die Einarbeitung und Orientierung innerhalb der Plattform erfolgt intuitiv und ist ohne großen Fortbildungsaufwand realisierbar.

**Datenschutz und Datensicherheit** Hierüber wird oft gestritten. Die europäischen und damit kostenlosen Server stehen in Irland und den Niederlanden. In Deutschland gibt es zwar noch die kostenpflichtige Alternative mittels der Deutschen Telekom als Treuhänder von Office 365, aber aus meiner Sicht scheidet diese Variante aufgrund des Finanzaufwands aus, denn diese Version ist für Schulen nicht kostenlos. Neuesten Meldungen zufolge wird Microsoft 2019 eigene Rechenzentren in Deutschland aufbauen und deutsche Schulen sollen in Zukunft kostenlos in deutschen Rechenzentren gehostet werden. Damit würde für Office 365-Plattform auch das Deutsche Bundesdatenschutzgesetz zum Tragen kommen – das sollte die Bedenken der Datenschutzbeauftragten ausräumen [13].

An dieser Stelle sollte man über die Daten sprechen, die man prinzipiell in einer Cloud-Plattform abspeichert. In einer Cloud-Variante sollte eine Schule nur Unterrichtsdaten abspeichern, d. h. Aufgaben,

Präsentationen, Unterrichtsprotokolle etc. Es sollten keine Notenlisten, keine Klassenlisten mit privaten Daten oder sonstige personenbezogene Dokumente gespeichert werden!

Die einzigen privaten Daten, die man Cloudanbietern zugänglich machen sollte, sind für den Lehrer nachvollziehbare Benutzernamen, bspw. der Klassenname und der Nachname der Schüler. Über eine Nutzerordnung kann man das Einverständnis dazu abfragen. Sowohl für Schüler als auch für Lehrer machen anonymisierte Konten keinen Sinn. Ein Schüler merkt sich dauerhaft keinen Anmeldenamen, der „a6gHpJ$1" oder ähnlich lautet. Er müsste ihn sich notieren oder fotografieren und die Info dazu dauerhaft verfügbar haben, um im Unterricht auch arbeitsfähig zu sein. Für Lehrer sind solche Kontennamen ebenfalls abschreckend. Würden sie kontrollieren wollen, ob auch alle Schüler die Hausaufgabe abgegeben haben, müssten sie ständig eine Zweitliste zur Verfügung haben, die den anonymisierten Benutzeraccount in den richtigen Namen auflöst. Absurd!

Schulträger bevorzugen Plattformen, die auf öffentlichen Rechenzentren gehostet werden wie bspw. Logineo NRW, mit den Argumenten des Datenschutzes und der Datensicherheit. Das ist im ersten Moment nachvollziehbar und verständlich. Man sollte an dieser Stelle aber auch im Blick haben, dass Cyberattacken in den kommenden Jahren massiv zunehmen werden. Davon werden auch öffentliche Rechenzentren betroffen sein, und an diesem Punkt sehe ich die Gefahr, dass öffentliche Rechenzentren weit weniger geschützt werden können als die Wirtschaftsplattformen von Amazon, Google oder Microsoft. Diese Anbieter unterliegen heute schon täglichen, massiven Angriffsversuchen und beschäftigen mehrere tausend Sicherheitsexperten zum Schutz und zur Sicherheit der gehosteten Daten. Diese Unternehmen können sich Sicherheitslücken schlicht und einfach nicht leisten – und investieren entsprechend viele Ressourcen in die Datensicherheit ihrer Plattformen.

Für die Plattform Logineo des Landes NRW wurden sogar die Verordnung über die zur Verarbeitung zugelassenen Daten von Schülerinnen, Schülern und Eltern (VO-DV I) und die Verordnung über die zur Verarbeitung zugelassenen Daten der Lehrerinnen und Lehrer (VO-DV II) angepasst, damit die Plattform im Schulbereich auch eingesetzt werden kann.

Erste Lebenszeichen von Logineo NRW gab es im Jahr 2015. Erste Informationsveranstaltungen sprachen von einer Basis-Infrastruktur für Schulen in NRW. 2017 wurde das Projekt seitens der Landesregierung aus technischen Gründen gestoppt. Im Herbst 2018 endete die Pilotphase und Logineo 1.0 wurde freigegeben. Die Aufnahme des Regelbetriebes mit der Version 1.5 für Lehrer und Bedienstete wurde auf den Februar 2019 gelegt. Schüler sollen im Schuljahr 2019/2020 mit der Version 2.0 Zugriff auf diese Plattform erhalten.

Logineo ist wie allen anderen Plattformen eine leere Plattform – erst durch die Schnittstelle zu Edmont NRW können viele tausend lizenzierte Unterlagen darüber genutzt werden. Um mit seinem eigenen Tablet oder Notebook mit Logineo arbeiten zu können, müssen alle Lehrer eine schriftliche Genehmigung zur Nutzung privater Endgeräte unterzeichnen (die sogenannte Logineo-Erklärung) – dazu gehören eine elfseitige Verpflichtungserklärung und eine 19-seitige Ausfüllanleitung.

Für Lehrer ist die Nutzung von Logineo kostenfrei und jeder Lehrer erhält 5 GB Speicherplatz – weiterer Speicher ist zubuchbar und somit kostenpflichtig. Zum Vergleich – jeder Office 365-Benutzer, egal, ob Lehrer oder Schüler, besitzt für sich alleine 1 TB Speicher, die Schule erhält zusätzlich pro Benutzer 10 GB Speicher.

Schülerkonten in Logineo sollen kostenpflichtig sein – abhängig von der Schülerzahl. Für eine Schule mit ca. 2000 Schülern ergeben sich nach jetzigem Stand Kosten von ca. 1760,00 EUR pro Jahr. Das wird für Schulen nicht finanzierbar sein – diese Kosten werden Schulträger übernehmen müssen. Oder man stellt komplett auf ein kostenfreies Lizenzmodell um.

Logineo NRW wird es unter den beschriebenen Vorgaben schwer haben sich zu etablieren. Die Entwicklung der Plattform erscheint sehr langwierig. Im Zeitalter der Digitalisierung, in der Produkte eine Halbwertszeit von durchschnittlich einem Jahr haben, stellt eine Entwicklungszeit von vier bis fünf Jahren meist ein K.O.-Kriterium für den Markt dar. Eine zwingende Nutzung für alle Schulen in NRW auf der Grundlage einer Verordnung seitens des Ministeriums würde viele Schulen – die bereits seit vielen Jahren mit Lernplattformen arbeiten – um Jahre zurückwerfen.

**Funktionalität** Es gibt keine vergleichbare Plattform, die solch einen hohen Funktionsumfang bietet wie Office 365. Aus diesem Grund möchte ich einen kurzen Blick auf die Plattform werfen und Ihnen die Funktionen beschreiben und erläutern, in welchen Projekten bzw. wo im Unterricht oder im Schulalltag die Funktionen zum Einsatz kommen könnten. Unterrichtsbeispiele dazu werden in Kap. 9 aufgezeigt.

**Office-Online** Die drei Office-Online-Anwendungen sind Word (Textverarbeitung), Excel (Tabellenkalkulation) und PowerPoint (Präsentationssoftware). Sie besitzen zwar weniger Funktionen als ihre Desktop-Versionen, für den normalen Unterricht reichen sie aber vollkommen aus. Man kann bspw. auch mit mehreren Personen an einem Dokument arbeiten.

**Outlook** Mail- und Kalenderfunktionen stehen hier zur Verfügung.

**OneNote Classbook** Das Programm stellt online weniger Funktionen bereit als die Desktop-Version, aber aufgrund der Abkündigung der Desktop-Version soll die Online-Version mit weiteren Funktionen erweitert werden. OneNote gibt es auch als App-Version für Android und MacOS. Sehr passend für echtes BYOD und der beste und einfachste Einstieg, mit Klassen in der Cloud zu arbeiten!

OneNote Classbook bietet drei verschiedene Arbeitsumgebungen an, die durch einen Assistenten automatisch konfiguriert werden, wenn Schüler oder Lehrer in das Classbook aufgenommen werden. Es gibt eine Arbeitsumgebung, in der Lehrer und Schüler gemeinsam schreiben und lesen dürfen, in einer zweiten Arbeitsumgebung dürfen nur Lehrer schreiben, die Schüler nur lesen. Die beiden Arbeitsumgebungen werden von allen Teilnehmern gesehen. Schüler erhalten jeweils einen eigenen, den dritten Arbeitsbereich, in dem sie lesen und schreiben dürfen. Diesen Arbeitsbereich können nur sie selbst sehen, d. h., sie sehen nicht die Arbeitsbereiche der anderen Schüler. Der Lehrer sieht alle Schüler-Arbeitsbereiche und kann darin lesen und schreiben. Im Prinzip handelt es sich um virtuelle Klassenräume mit unterschiedlichen Rechtestrukturen. Über den Assistenten lassen sich die Classbooks auch für Laien problemlos verwalten.

Starten Sie mit dem Programm OneNote Classbook – Sie erhalten ohne aufwendige Konfigurationsarbeiten eine virtuelle Arbeitsumgebung, in der der Lehrer mit allen Schülern kommunizieren kann und alle Daten einsehen kann. Die Schüler sehen nur die Lehrerdokumente und gemeinsam erstellte Unterlagen. Die Schüler besitzen alle einen eigenen Arbeitsbereich, den andere Schüler nicht einsehen können.

**Speichern mit SharePoint und OneDrive** Mithilfe des SharePoints kann man Teamwebsites erstellen, eine Speicherumgebung mit einer Rechtestruktur für mehrere Personen oder Gruppen, bspw. Klassen. OneDrive ist sozusagen die kleine Schwester von SharePoint – es handelt sich um einen individuellen Speicherbereich für eine Person, bspw. für einen Schüler oder einen Lehrer. Zugriff für andere Personen ist durch Teilen möglich. Der Aufbau einer SharePoint-Umgebung sollte gut geplant sein, da spätere Änderungen viele negative Folgen haben können wie bspw. Berechtigungsprobleme, Unübersichtlichkeit und daraus folgend mangelnde Akzeptanz bei den Anwendern. Insbesondere der Aufbau der Rechtestruktur spielt hier eine entscheidende Rolle. Rechte auf den Webseiten sollten nur an Gruppen vergeben werden. In einer Schulumgebung könnten dies bspw. Klassen oder Kurse sein. Die Vergabe von Einzelberechtigungen sollte man vermeiden. Es sollten auch nicht zu viele Ebenen genutzt werden – je mehr Ebenen man einbaut, desto tiefer wird die Sharepoint-Struktur und desto unübersichtlicher wird das Bewegen in dieser Struktur. Die SharePoint-Umgebung sollte übersichtlich gestaltet sein, d. h. wenige Ebenen, damit die Lehrer und die Schüler diese Umgebung auch fehler- und angstfrei einsetzen.

**Gruppenarbeit mit Office 365-Gruppen** Die Office 365-Gruppen sind etwas schwerer zu durchschauen. Sie basieren nicht auf Active-Directory Benutzern oder Gruppen, sondern sind eine Office 365-Eigenart. Über diese Funktionalität können Nutzer selbstständig und spontan „Arbeitsräume" erstellen und Benutzer dorthin einladen. Praktisch und sehr innovativ für Schüler und Lehrer, aber für Administratoren sehr unübersichtlich. Als Administrator in Office 365 kann man solche Gruppen aber deaktivieren bzw. verbieten. Am Anfang war ich in der Schulumgebung eher für das Verbieten, heute halte ich sie für sehr nützlich.

Sie ermöglichen den spontanen und schnellen Aufbau einer virtuellen Arbeitsumgebung für Schüler und Lehrer, ohne die zeitaufwendige Rücksprache mit Administratoren.

**Teams** Dabei handelt es sich um eine neue Arbeitsumgebung, zusammengesetzt aus Yammer, SharePoint, OneNote, Skype und einer Aufgabenverwaltung. Diese Anwendung eignet sich ideal für die Zusammenarbeit mit Klassen oder Arbeitsgruppen. Wenn man im Unterricht merkt, dass OneNote Classbook mit seiner Funktionialität nicht mehr ausreicht, sollte man zu Teams wechseln. Teams sollte für Berufsschulklassen die erste Wahl einer virtuellen Arbeitsumgebung darstellen.

**Skype for Business** Das Tool ist sicherlich hinreichend bekannt und bietet die Möglichkeit einer Audio- und Videokonferenz mit zusätzlichen Features wie der Nutzung eines gemeinsamen digitalen Whiteboards, der Übergabe von Programmen auf den lokalen Computer oder sogar der Übergabe des lokalen Computers an einen Teilnehmer. Die Steuerung der Konferenz behält der Referent. Er kann Audio- und Videofunktionen der Teilnehmer kontrollieren und steuern – sehr praktisch, wenn man auf diese Weise den Unterricht abhält – siehe dazu auch das Erich-Gutenberg-Berufskolleg-Projekt school@home, s. auch Abschn. 3.2.3. Das Einladen der Teilnehmer erfolgt über Outlook und die Authentifizierung über Office 365. Man muss am Endgerät keine Einstellungen ändern – auf den Einladungslink klicken und man ist drin! Skype gibt es als Desktop-Version, als Web-Version und auch als App für Android und MacOS. Das ist sehr passend für echtes BYOD!

**Forms** Mit diesem Tool lassen sich sehr einfach Web-Formulare, Befragungen oder Quiz erstellen. Die Auswertung kann man über Excel durchführen. Diese Anwendung wird sehr häufig im Evaluationsbereich eingesetzt.

**Delve** Hierbei handelt es sich um ein sogenanntes Datenkraken-Tool – es speichert fast alle Zugriffe: Wer hat wann wo etwas Neues erstellt oder darauf zugegriffen? Für eine deutsche Schule zu neugierig – man sollte es deaktivieren. Aber Vorsicht dabei: ein falscher Haken, und keine Microsoft-App funktioniert mehr in Office 365!

**48**     D. Steppuhn

**Sway** Sway ist ein Online-Präsentationsprogramm mit vielen Vorlagen und der Möglichkeit, viele unterschiedliche Medien wie Links, Bilder, Videos, Formulare in einer Weboberfläche einfach einzubinden.

Weitere Office 365-Tools wie Aufgaben oder Planner erweitern die Funktionalität, ich halte sie aber im Hinblick auf den Unterricht für nicht so elementar. Einige Funktionen wie Planner oder Aufgaben könnten aber in den Verwaltungen eine größere Rolle spielen. Der Funktionsumfang wächst in Office 365 stetig – neu hinzugekommen ist bspw. Flipgrid, ein Tool zur Erstellung von Lernvideos.

---

**Fazit Lernplattformen**

Dass Lernplattformen eine wesentliche Rolle im Lernprozess spielen werden, ist unumstritten. Nach lernpsychologischen Erkenntnissen schwächen sie zwar die persönliche Beziehung zwischen dem Lehrenden und dem Lernenden, aber fördern dafür das selbstorganisierte Lernen [14], S. 18].

Schulen werden in Zukunft nicht mehr ohne Lernplattformen auskommen. Die meisten Schulen nutzen schon seit ihrer Entstehung ein Learn-Life-Balance-Konzept (ähnlich dem heute entstehenden Work-Life-Balance-Konzept der Wirtschaft), d. h., Lernen beschränkt sich nicht nur auf den Lernort Schule, sondern findet auch an vielen weiteren Lernorten statt wie dem Zuhause, dem Ausbildungsunternehmen, dem Urlaubsort, dem Weg zur und von der Schule, bei Freunden … oder irgendwo unterwegs.

---

*Learning with any device (BYOD), anytime, anywhere* ist derzeit das Lernkonzept der Zukunft.

## 3.1.5 Internetanbindung und Webfilter

Es steht außer Frage, dass die Bandbreite der Internetanbindung ein entscheidendes Kriterium für die Akzeptanz beim Unterrichten und Arbeiten mit digitalen Medien darstellt. Speicherung, Kommunikation und Kollaboration werden auch in der Schule zukünftig über die Cloud erfolgen, egal ob der Anbieter ein kommunales Rechenzentrum, Google, Microsoft, Apple oder Amazon sein wird.

Schulen, die bereits so arbeiten, können sicherlich davon berichten, wie wichtig eine gute Anbindung für den Schulalltag ist. Was ist eine gute Bandbreite? In Deutschland ist das Thema Bandbreiten-Anbindung von Schulen ein beliebtes Wahlkampfthema, und es wird heftig diskutiert. Statistiken zeigen, dass wir hier nicht auf den vorderen Plätzen liegen, und das wird sich wahrscheinlich auch in den nächsten Jahren nicht ändern.

Und egal, welche Zahl ich jetzt als ausreichend definieren würde (20, 50, 100, 500 Mb/s), morgen ist sie bereits veraltet und überholt. Abhängig ist die benötigte Bandbreite von zwei Kriterien: den genutzten Diensten und der Anzahl der Nutzer. Die Anzahl der Nutzer kann oder sollte man nicht eingrenzen, dafür kann man aber die Dienste reglementieren. Sperren Sie hier Dienste, die eine hohe Bandbreite benötigen, wie bspw. Streamingdienste oder Videokonferenzen. Die Bandbreite sollte an die benötigten Unterrichtsszenarien angepasst werden, und hier sind sicherlich Recherche, Kommunikation in Form von Mail und Datenspeicherung die Basis. Diese Dienste müssen stockungsfrei arbeiten – sonst haben Sie viel Gegenwind vom Kollegium bzw. eine geringe Akzeptanz für digitales Arbeiten und Unterrichten. Auch hier hilft nur wieder die Aufmunterung: Das nutzen, was man hat, und nicht hadern über das, was man nicht hat.

Dennoch möchte ich diesem Thema noch etwas hinzufügen: Auch wenn die Bandbreite irgendwann einmal da ist, sollte man darüber nachdenken, diesen Zugang redundant über einen zweiten Anbieter zu realisieren. Was nützt einem eine digitale Schule mit 500-Mb-Anbindung, wenn die Leitung aus irgendeinem Grund ausfällt? Unterricht wird dann nur sehr schwer oder nur ineffizient möglich sein, wenn sich das Kollegium bereits auf digitales Arbeiten umgestellt hat. Schule ist in diesem Punkt nicht anders als ein Onlinehändler, eine Bank oder ein Supermarkt. Fällt dort die Technik aus, geht nichts mehr!

Eine unverzichtbare und notwendige Ergänzung zur Internetanbindung ist ein Webfilter. Auch hier gibt es eine Vielzahl von Anbietern, und auch hier wird täglich darüber gestritten, welcher Webfilter der Beste ist. Diesen Streit sollen andere ausfechten. Wichtig ist, dass Sie einen Webfilter haben, und am schönsten wäre es, wenn die Schule den Filter selbst einstellen könnte. Im Idealfall können Sie selbst entscheiden, welche Seiten aufgerufen werden können und welche nicht. Sexistische, nationalistische und radikale Seiten sind grundsätzlich zu sperren, aber für manche Unterrichtsfächer manchmal notwendig. Wie soll man über Themen diskutieren und unsere Schüler kritikfähig erziehen, wenn man keine Beispiele dafür zeigen kann? Ein guter, flexibler Filter lässt bspw. zu, dass man solche Seiten nur durch bestimmte Anwender oder Klassen für einen begrenzten Zeitraum ansteuern kann.

---

**Fazit Internetanbindung und Webfilter**

Die derzeitige politische Diskussion zum Thema Bandbreiten-Anbindung von Schulen zeigt zu Recht ein Defizit in deutschen Schulen – die Bandbreiten müssen auf die Anzahl der eingesetzten Devices abgestimmt werden. Eine Orientierung für die Errechnung einer benötigten Bandbreite wäre die folgende Formel: Anzahl der Schüler multipliziert mit 1 Mb bis 10 Mb (die Größe ist abhängig von den genutzten Diensten, von der Nutzung schlichter Webseiten bis hin zum Video-Streaming). Ein Webfilter muss insbesondere in Schulen zum Einsatz kommen, in denen minderjährige Schüler unterrichtet werden.

---

## 3.1.6 Computermanagement

In vielen Schulen stehen noch Desktop-PCs. Meine Prognose zum Thema Endgerät habe ich bereits in Abschn. 3.1.2 über BYOD vorgestellt – Desktop-PCs und Windows werden aussterben. Aber bis dahin wird noch eine gewisse Zeit vergehen und wir müssen uns um die bestehenden Computer kümmern. Wie geschieht das am besten, am kostengünstigsten und ohne viel Zeitaufwand?

Computermanagement-Lösungen, lautet die Antwort. Hier gibt es einige Lösungen auch für den Schulbereich, obwohl der eigentliche Markt für diese Lösungen der private Fort- und Weiterbildungsmarkt ist.

Was bedeutet Computermanagement und was ist darin enthalten? Kommen neue Endgeräte in eine Schule, muss in der Regel

- die Ware ausgepackt (1. Schritt),
- das Restmaterial entsorgt (2. Schritt),
- die Computer an den Zielorten aufgestellt (3. Schritt),
- auf allen Computern ein Betriebssystem installiert (4. Schritt),
- jeder Computer in das Schulnetz integriert und konfiguriert (5. Schritt),
- die Anwendungssoftware aufgespielt (6. Schritt) und
- alles lizenziert werden (7. Schritt).

Ob diese Schritte von Lehrern oder einem Support-Team durchgeführt werden, spielt erst einmal keine Rolle, die Aufgaben müssen auf jeden Fall erledigt werden. Das Thema Support, also im Klartext: „Wer macht es?" wird in Abschn. 5.2 behandelt.

Die Schritte 4 bis 7 können durch eine Computermanagement-Software erledigt werden. Hier stellt sich dann die Frage, wie elegant die Management-Umgebungen diese Aufgaben lösen und wie gut sie in die bereits bestehende Infrastruktur der Schule passen. Die Flexibilität zeichnet sich aus durch abschaltbare Funktionen, falls diese Funktionen bereits von anderen Programmen aus der Infrastruktur erfüllt werden.

Eine gute Wahl für eine Computermanagement-Software stellt meiner Meinung nach das Produkt OPSI von Univention Corporate Server (UCS) dar. Technisch gesehen handelt es sich um die Möglichkeit, Software-Pakete über das Netzwerk zu verteilen. Ist das Endgerät, d. h. der Client PXE-bootfähig, dann kann auch das Betriebssystem des Clients darüber installiert werden. Im Gegensatz zu Image-Lösungen weist UCS eine schnellere Performance beim Starten des Clients auf, was insbesondere auf älteren Clients bemerkbar ist. Beim Start eines PCs mit einer Image-Lösung dauert es oft einige Minuten, bis der Anwender sich anmelden kann.

> **Fazit Computermanagement**
>
> Ein Computermanagement-System erleichtert die Computer-Verwaltung und ist bei einer größeren Anzahl von Computern (ab 20 Computern) unabdingbar.

**52** D. Steppuhn

---

**Fazit Basistechnologien**

Eine SmartSchool von heute sollte alle Basistechnologien zur Verfügung haben und sie auch im Schulalltag einsetzen!

Es wird mit mobilen Endgeräten gearbeitet, je mehr Endgeräte, desto besser – also nutzen wir die Chance von BYOD. Es wird mit einer Lernplattform gearbeitet, d. h., die Daten sind dauerhaft und zu jeder Zeit von jedem Ort aus verfügbar – *learning with any device, anytime, anywhere*. Damit das möglich ist, benötigt man ein schulweites WLAN und eine ausreichende Internetanbindung mit einem Webfilter. Und natürlich sollte jedes digitale Ergebnis von jedem Endgerät für alle sofort sichtbar im Klassenraum sein. Computermanagement-Systeme sind heute noch Pflicht. Morgen, wenn BYOD sich durchgesetzt hat, sind sie aus datenschutzrechtlichen Gründen nicht mehr möglich und auch nicht mehr notwendig.

Damit arbeitet eine Schule zeitgerecht, in Ausstattung und Kommunikationsstrukturen vergleichbar mit privaten Unternehmen. So kann sie grundlegende, in heutiger Zeit notwendige Kompetenzen vermitteln. Es gibt keine Statistiken darüber, wie viele Schulen diesen Stand bereits erreicht haben. Und die Verfügbarkeit der Techniken alleine garantiert noch nicht, dass es auch entsprechende didaktische Konzepte dafür gibt oder dass diese Form des Unterrichtens auch in der Schule und im Kollegium gelebt wird.

---

Der digitale Fortschritt rast weiter voran und damit auch die Anzahl neuer Medien. Auch hier lohnt der prüfende Blick, ob diese Medien in den Unterrichtsalltag integriert werden können oder sollen oder sogar müssen! Welche Medien morgen das Licht der Welt erblicken, kann auch ich nicht vorhersagen. Ich möchte Ihnen aber bereits existierende Medien vorstellen, die durchaus auch den Weg in die Schulen finden können oder werden oder müssen.

## 3.2 Kür: Aufbautechnologien

Mit dem Begriff Aufbautechnologie (Abb. 3.3) ist eine Technik gemeint, die für eine SmartSchool (noch) keine Basistechnologie sein muss, aber eine werden könnte.

3 Technik 53

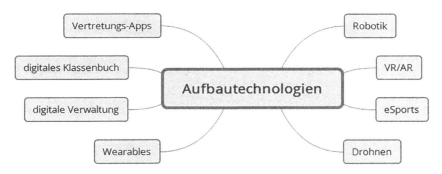

**Abb. 3.3** Aufbautechnologien

## 3.2.1 Robotik

Robotik (Abb. 3.4) sollte aus meiner Sicht bereits heute zu den Basistechnologien gehören, schaut man sich aber die tatsächliche Verbreitung von Robotern in Schulen an, dann sprechen wir hier aktuell von Exoten-Technologie. Im Gegensatz dazu spielt das Thema Robotik in Deutschland in der Industrie 4.0 und in der Medizin 4.0 bereits eine sehr wichtige Rolle.

Prozessorientierte Roboter wie bspw. der LEGO-Mindstorm und ähnliche Varianten werden bereits an vielen Schulen eingesetzt, erweitern das Unterrichtsszenario sinnvoll und bringen Spaß in den Klassenraum. Der Einsatz solcher Roboter beschränkt sich aber in der Regel auf die Fächer Informatik oder Programmierung. Unterrichtsbeispiele dafür findet man nur vereinzelt im Internet.

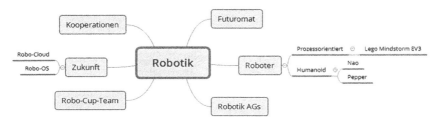

**Abb. 3.4** Robotik

## 54    D. Steppuhn

> Um einen spannenden Einstieg und einen guten Überblick zum Thema Roboter und Robotik zu erhalten, empfehle ich die Bücher *Aufstieg der Roboter* von Martin Ford oder *Smart Maschinen* von Dr. Ulrich Eberl. Spannende Unterhaltung zum Thema Roboter finden Sie in den Filmen *Blade Runner* und *Blade Runner 2049* sowie der schwedischen Serie *Human* – meinen absoluten Favoriten.

Von besonderer Bedeutung erscheint mir heute jedoch der Einsatz von humanoiden Robotern im Unterricht. Robotik ist – neben Künstlicher Intelligenz – die Antriebskraft im technologischen Wandel und zieht derzeit verstärkt in Arbeit, Gesellschaft und das alltägliche Leben ein. Roboter sind das Gegenstück zum menschlichen Körper und werden in naher Zukunft durch Künstliche Intelligenz – dem Gegenstück der menschlichen Intelligenz – vollständig autonom werden. Sie werden somit zum Konkurrenten auf dem Arbeitsmarkt aufsteigen und als Alternative im menschlichen Alltag zur Verfügung stehen. Menschen werden in naher Zukunft die Wahl haben, sich Roboter zu Freunden zu nehmen, Roboter als Dienstleistung zu mieten bis hin zur Überlegung, Roboter als Lebenspartner auszuwählen. Das klingt im ersten Moment befremdet, trotzdem finden sich erste Beispiele in Japan [15] und China [16], wo Menschen bereit sind, virtuelle Manga-Figuren und selbstgebaute Roboter zu ehelichen. Diese Beispiele finden in der heutigen Zeit noch keine gesellschaftliche Akzeptanz, aber auch das kann sich in naher Zukunft ändern.

Schüler müssen aus diesem Grund in ihrer schulischen und beruflichen Ausbildung die Möglichkeit haben, sich dem Thema zu nähern und mehr als Grundlagenwissen dazu zu erwerben. Das Lernen und Arbeiten mit Maschinen im Dialog soll die Schüler für das Thema Robotik sensibilisieren. Der Umgang damit und das Verständnis dafür können meines Erachtens nur durch einen handlungsorientierten Unterricht aufgebaut werden. Durch das Mit-Agieren mit humanoiden Robotern lernen die Schüler auch ihre möglichen zukünftigen Kollegen bzw. Konkurrenten besser kennen. Mit ganz simplen Aufgabenstellungen kann man damit Lernsituationen herbeiführen, die fächerübergreifend sind, ungeahnte Kreativität entfachen und in hohem Maße Sozialkompetenz fördern.

Eine Robotik-Unterrichtseinheit (s. auch Abschn. 9.1) basiert auf der Idee, ein 35-stündiges, fächerübergreifendes Unterrichtsprojekt zu entwickeln, das inhaltlich auf die Abschlussprüfung der IT-Systemkaufleute bzw. der Informatikkaufleute ausgerichtet ist. Das Projekt kann fächerübergreifend umgesetzt werden, Schnittstellen für die Fächer Anwendungsentwicklung, IT-Systeme und Deutsch sind im Projekt gegeben. Eine Ergänzung durch die Fächer Politik und Geschäftsprozesse wäre mit geringem Arbeitsaufwand möglich. Das Projekt basiert medial auf dem LEGO-Mindstorm-EV3-Roboter. Das Medium LEGO-Mindstorm kann aber problemlos gegen humanoide Roboter oder auch sonstige Kleinroboter ausgetauscht werden. Die Idee zu diesem Schulprojekt entstand durch die Teilnahme an einem Wettbewerb der Galeria Kaufhof GmbH. Die Wettbewerbsaufgabe wurde dann für den Unterricht erweitert. Die Schüler müssen ein Protokoll-Tagebuch führen, ein fünfminütiges Video erstellen sowie eine Projektdokumentation, angelehnt an ihre Abschlussprüfung, anfertigen. Das Konzept integriert zusätzlich neuro-didaktische Lernansätze, dazu gehört bspw. die gemeinsame Festlegung von Inhalten und Bewertungskriterien (Benotung). Arbeitsgrundlage für dieses Projekt sind das Arbeiten mit BYOD, der Einsatz der Lernplattform Office 365 und das Internet als Wissensquelle (Anleitungen, YouTube-Videos, Tutorials etc.). Die eigentliche Aufgabe, die im Projekt gelöst werden soll, ist austauschbar, erweiterbar und im Schwierigkeitsgrad einer Klasse, einem Bildungsgang oder möglichen Prüfungen anpassbar.

Die am Wettbewerb teilnehmende Klasse hatte im Vorfeld nur theoretische Kenntnisse über Programmierung (Programmablaufpläne und Struktogramme), sie konnte aber durch ihre Zusammenarbeit, durch die gemeinsame Kommunikation, durch ihr Miteinander, durch ihre Neugierde und Kreativität die anderen drei Teilnehmergruppen schlagen und durch ihr Konzept den Sieg davontragen [17].

Weitere Möglichkeiten, den Umgang mit humanoiden Robotern kennenzulernen, sind Robotik-AGs ohne Klassenverband oder die Aufstellung eines schulübergreifenden Robo-Cup-Teams (Thema eSports).

Das Erich-Gutenberg-Berufskolleg verfolgt zurzeit gemeinsam mit der University of Applied Sciences Düsseldorf Department of Media, Mixed Reality and Visualization (MIREVI) die Idee, Roboter im Fremdsprachenunterricht einzusetzen. Durch die verschiedenen Einsatzmöglichkeiten der humanoiden Roboter wird eine digitalisierte Form der Sprachförderung konzipiert. Hierbei sollen die humanoiden Roboter als

Vokabeltrainer eingesetzt werden. Humanoide Roboter involvieren aufgrund ihrer Beschaffenheit deutlich mehr Aufmerksamkeit und Emotionen – das erhöht den Grad und die Dauer der Aufmerksamkeit und fördert den Lernprozess aufgrund der emotionalen Bindung an dieses Medium. Humanoide Roboter besitzen des Weiteren den Vorteil, dass sie auf Knopfdruck bzw. durch einen Klick ihre Sprache umstellen können und so bei den Vokabel-Übungsphasen von Schülern mit Migrationshintergrund vielfältiger einsetzbar sind. Sie bieten die Möglichkeit einer Entkopplung von der emotionalen Bindung zu Lehrkräften. Dies kann dann von großem Vorteil für Schüler werden, wenn eine emotionale Bindung zur Lehrkraft nicht vorhanden oder sogar gestört ist.

In Zusammenarbeit mit dem Unternehmen Entrance GmbH ist derzeit das Konzept Kids Care in Planung, mit unseren humanoiden Robotern Kölner Kinderkliniken zu unterstützen [18]. Die NAO-Roboter sollen kleine Patienten zu Fitnessübungen motivieren, sie an die Einnahme von Medikamenten erinnern und sie auch mit Star-Wars-, Märchen-Erzählungen oder Tanzeinlagen unterhalten. Es gibt auch erste Ideen und Überlegungen, den PEPPER-Roboter im Bildungsgang E-Commerce-Kaufleute als Verkaufsassistenten in Kombination mit einem KI-Bot einzusetzen. Das dafür eingesetzte Tool FLOWmanager setzt keine Programmierkenntnisse im klassischen Sinne voraus. Die Programmierung eines humanoiden Roboters mit einer klassischen Programmiersprache wie Phyton oder Java würde eine lange Vorlaufzeit bzw. Unterrichtszeit beanspruchen, und es wäre nicht trivial, bis man nennenswerte Erfolge vorweisen könnte. Mit dem FLOWmanager benötigt man keine Programmiervorkenntnisse – es ähnelt einen LEGO-Baukasten-System. Man verknüpft über eine grafische Oberfläche verschiedene Abläufe und lässt sie auf dem Roboter ausführen. Das Tool wird somit aus der Perspektive eines Anwenders und nicht aus der Perspektive eines Programmierers genutzt – und damit eignet es sich für den Einsatz in allen Schulformen und Klassen.

Eine zweite fruchtbare Zusammenarbeit im Bereich Robotik könnte der Mix aus dem Unternehmen Humanizing GmbH, der University of Applied Sciences, Department of Media, Mixed Reality and Visualization (MIREVI) in Düsseldorf und dem Erich-Gutenberg-Berufskolleg werden. Inhaltlich geht es um die Einbindung und Verknüpfung von Robotik, Künstlicher Intelligenz und Virtual Reality im Unterricht, bspw.

durch die Entwicklung eines virtuellen Webshops für E-Commerce oder eines Sprachassistenten inklusive Sprachübersetzung bei der Integration von Migranten in Förderklassen.

Die aus meiner Sicht zu favorisierenden Medien für Unterrichtsprojekte aus dem Themenbereich Robotik sind LEGO-Mindstorm-EV3-Roboter oder die humanoiden NAO-Roboter der Herstellers Aldebaran. Die Empfehlung gründet sich auf die einfache Nutzung beider Roboter-Arten. Man benötigt keine speziellen Programmierkenntnisse in einer Programmiersprache. Die Programmierung erfolgt bei beiden Robotern über eine grafische Programmieroberfläche, beim LEGO Mindstorm ist das die Software EV3 [19] und beim NAO die Software Choreographe. [20]. Beide Programmier-Tools sind kostenlos verfügbar. Für beide Oberflächen stehen viele Tutorials und Beispiele im Internet zur Verfügung, die man schnell und leicht adaptieren kann. Die Installation ist einfach, beide Programmieroberflächen sind übersichtlich gestaltet, aufgrund der möglichen Arbeitsweise mit Drag and Drop kann man sehr schnell erste einfache Programme erstellen. Weder Lehrer noch Schüler benötigen Programmierkenntnisse für erste Schritte, man kann die Oberflächen problemlos mit der Trial-and-Error-Methode kennenlernen. Tiefergehende Programmierung mit einer objektorientierten Hochsprache, d. h. die Nutzung der Roboter ohne die firmeneigene Oberfläche, ist auch möglich. Hier stehen Java, C++ und Python zur Verfügung. Preislich liegen beide Versionen natürlich weit auseinander – der LEGO Mindstorm EV3 liegt in der Education-Variante bei ca. 350 EUR, der humanoide NAO bei ca. 6000 EUR.

Die Anschaffung und den Einsatz eines humanoiden Roboters halte ich – insbesondere in der Berufsausbildung – trotzdem für die bessere Wahl. Er involviert aufgrund seiner Beschaffenheit deutlich mehr Aufmerksamkeit und Emotionen – das erhöht im Unterricht den Grad und die Dauer der Aufmerksamkeit und fördert den Lernprozess aufgrund der emotionalen Bindung an dieses Medium [21].

### Exkurs

Trendsetter und technischer Vorreiter im Bereich Robotik ist derzeit Japan. Dort findet im Moment eine starke gesellschaftliche Konzentrierung auf dieses Thema statt. Grund dafür ist zum einen sicherlich die japanische Alterspyramide. In Japan werden bis zum Jahr 2025 2,5 Millionen Pflegekräfte fehlen. Aber auch Deutschland hat Probleme mit der Altersstruktur: Hier wird bis 2060 jeder Dritte über 65 Jahre, jeder Achte über 80 Jahre sein, und die Zahl der über 100-Jährigen wird sich verzehnfachen. Auch hier fehlen bereits heute Pflegekräfte und der Mangel daran wird in Zukunft sicherlich noch größer werden. Eine Lösung für dieses Problem ist zurzeit in Deutschland nicht in Sicht.

Derzeit ist auch eine wirtschaftliche Konzentration am Weltmarkt zum Thema humanoide Roboter zu beobachten. Der japanische Konzern SoftBank Group hat die innovativsten Hersteller von humanoiden Robotern aufgekauft, dazu gehören Aldebaran (NAO- und PEPPER-Roboter) sowie Boston Dynamics (ehemals im Besitz von Google bzw. Alphabet). Das Kerngeschäft der Soft-Bank Group ist die Verwirklichung der Informationsrevolution mit der Vision, das Unternehmen zu werden, dass die Menschen auf der ganzen Welt am meisten brauchen [22]. Finanziert wird die SoftBank Group zu großen Teilen aus Saudi-Arabien und Abu Dhabi. Hier einige Transaktionen der letzten Jahre:

- Im Jahr 2000 investierte Softbank 20 Mio. $ in den Kauf von 32 % der Anteile des Internethändlers Alibaba – Wert Stand Jan. 2018 114 Mrd $ [23]
- Anfang 2012 Kauf von rund 80 % der Anteile an Aldebaran Robotics (NAO/PEPPER) für 100 Mio $ [24]
- Im September 2016 Kauf des Chip-Entwicklers Arm für etwa 24 Mrd. Pfund [25]
- Im Juni 2017 Übernahme von Boston Dynamics – Höhe der Übernahme unbekannt [26]
- Im Januar 2018 Übernahme von rund 18 % der Anteile von Uber für 8,7 Mrd $. [27]

Man kann mit Sicherheit sagen, dass dieses Unternehmen Visionen hat und alle Anstrengungen unternimmt, diese auch zu realisieren. Auch Google hatte sich einmal kurzfristig für das Thema Robotik interessiert, es aber zwischenzeitlich wieder aufgegeben bzw. entsprechende Firmenanteile abgestoßen. Google plante eine Robotik-Cloud (2011) mit einem Open-Source-Betriebssystem für Roboter namens ROS (Robot Operating System) und war vor SoftBank Eigentümer von Boston Dynamics.

Über eine Robotik-Cloud könnte ich mir ein exponentielles Wachstum des Robotereinsatzes auch an Schulen vorstellen. Eine Gruppe oder Klasse entwickelt ein neues Programm bzw. ermöglicht dem

Roboter dadurch eine neue Fähigkeit, bspw. die Fähigkeit, mit Schülern Vokabeln zu üben [28]. Würde man die Intelligenz des Roboters (derzeit sind es nur laufende Computer mit begrenzter Rechenkapazität) nun in die Cloud verlagern, dann könnten sich tausende von Robotern in Sekundenschnelle diese neue Fähigkeit aneignen. Durch das Teilen von Software könnten somit Schulen und auch Universitäten enorme Fortschritte im Umgang mit dem Thema Robotik machen. Technische Voraussetzung dafür wäre ein standardisiertes Betriebssystem für Roboter oder ein Roboter-Standard.

Der NAO-Roboter hat derzeit die beste Chance, als Roboter-Standard übernommen zu werden, denn er ist mit ca. 10.000 Exemplaren der weltweit meistverkaufte humanoide Roboter [29]. Leider gibt es zurzeit sehr wenige deutsche Unternehmen, die sich diesem Thema ausführlich widmen. Und leider gibt es auch keinen politischen Willen, sich mit dem Thema Einsatz von humanoiden Robotern in Schulen ausführlicher auseinanderzusetzen.

---

**Fazit Robotik**

Dass Roboter in den nächsten Jahren vermehrt Einzug in Schulen halten werden, halte ich für mehr als wahrscheinlich. Dass dies auch in Form humanoider Roboter geschehen wird, die uns Menschen immer mehr ähneln werden, scheint auch immer wahrscheinlicher. Viele Autoren spielen momentan mit der Idee der menschlichen Entwicklung vom Menschen zum Cyborg bis hin zum Upload des Gehirns in die Cloud oder in einen Roboter hinein [30]. Schaut man sich den sehr kurzen Entwicklungszeitraum von humanoiden Robotern an, addiert die fortschreitende Entwicklung der Künstlichen Intelligenz dazu (die sicher nicht enden wird), glaubt an die Idee einer Robotik-Cloud nach Google als Austauschplattform von Software, dann braucht man nicht viel Fantasie, um sich zukünftige Roboter in den nächsten Jahrzehnten vorzustellen. Sie werden den Robotern aus Filmen wie *Blade Runner* oder der schwedischen Serie *Human* sehr ähnlich sein.

---

## 3.2.2 Virtual Reality und Augmented Reality

Meine erste Erfahrung mit einer 3D-Brille war vor vielen Jahren der Film *Avatar* von James Cameron – und auch hier wusste ich vorher nicht, was mich erwartet, und ich hätte es mir auch nicht vorstellen können. Aus meiner Sicht war dies der erste richtige 3D-Kinofilm – wirklich sehenswert!

Wie Virtual-/Augmented Reality (Abb. 3.5) auf Menschen wirkt zu beschreiben, ist so, als würde man versuchen, einem Blinden Farben zu erklären. Man muss es tatsächlich erlebt haben. Am Erich-Gutenberg-Berufskolleg habe ich bereits mehrere hundert Schüler und Lehrer mit diesen Brillen vertraut gemacht und die Reaktionen waren immer wieder identisch – keiner hatte sich vorstellen können, wie diese Brillen wirken!

> Sollten Sie noch keine VR- oder AR-Brille ausprobiert haben, testen Sie bei nächster Gelegenheit eine der VR-Brillen Oculus-Rift, HTC-Vive oder die AR-Brille Microsoft Hololens. Sie werden die Welten mit neuen Augen sehen und erleben!

Nach meinen ersten Erfahrungen spielt das Medium Virtual-/Augmented Reality-Brille in den meisten Schulen noch keine große Rolle. Aus meiner Sicht ist das ein großer Fehler, da es derzeit kein vergleichbares Medium gibt, das so viele Sinne gleichzeitig anspricht (immersives Medium) und damit ideal zu neuro-didaktischen Lernkonzepten passen würde. Alle bekannten Lerntheorien kommen zu dem Schluss, dass Lernen mit Emotionen und Lernen mit vielen Sinnen bzw. Emotionen die erfolgversprechendsten Lernmethoden sind ([31], S. 17). Das möchte ich hier festhalten, ohne einen Exkurs über Lern- und Gedächtnistheorie

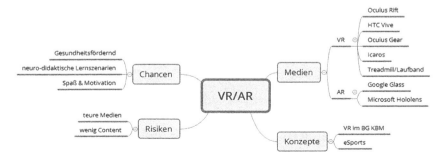

**Abb. 3.5** Virtual Reality/Augmented Reality

zu beginnen. Das einzige mir bekannte digitale Lernmedium, welches gleichzeitig viele Sinne und Emotionen ansprechen kann, ist derzeit eine Virtual-Reality-Brille.

Das Thema Virtual-/Augmented Reality besitzt ein ungemein hohes Potenzial für das Lernen, welches auch in der Bildungsinitiative „Bildung 4.0" entsprechend zum Ausdruck kommt. Schulen sollten hier die Notwendigkeit sehen, Auszubildende in ihrer schulischen und beruflichen Ausbildung auf das Thema Virtual Reality vorzubereiten, den Bereich der virtuellen Realität in den Unterricht zu integrieren und mehr als nur Grundlagenwissen zu vermitteln. Virtual-/Augmented Reality-Brillen unterscheiden sich jedoch sehr stark voneinander. Ich möchte deshalb kurz die wesentlichen Unterschiede aufzeigen.

Eine Virtual-Reality-Brille schließt die Realität aus und erzeugt eine virtuelle Welt. Die Qualität der virtuellen Welt ist abhängig von der Rechenleistung der Brille bzw. des angebundenen Computers. Virtual-Reality-Brillen, die mit einem SmartPhone gekoppelt werden, erzeugen eine unreale virtuelle Welt, da die Anwendungen aus der Ich-Perspektive entwickelt werden und die Bewegungen des Menschen nicht einbeziehen. Das ist auch der Grund dafür, warum vielen Menschen unter diesen Brillen schnell schlecht wird. Unser Gleichgewichtsorgan wird hier an der Nase herumgeführt. Ein Vertreter dieser Gattung ist bspw. die Samsung Gear VR-Brille.

Anders verhält es sich mit den Brillen Oculus Rift, der HTC Vive, der Windows Miced Reality oder der Sony Virtual-Reality-Brille. Diese Brillen werden mit einem Computer bzw. der PlayStation und Trackern bzw. Kameras gekoppelt. D. h., der Computer errechnet die virtuelle Welt auch auf der Grundlage menschlicher Bewegungen in einem begrenzten Raum. Dadurch fühlt der Brillenträger sich tatsächlich wie in einer anderen Welt. Im praktischen Schuleinsatz hat sich am Erich-Gutenberg-Berufskolleg die Oculus Rift-Brille am besten bewährt. Nach meinen Erfahrungen sitzt die Brille besser auf dem Kopf, d. h., die Gewichtsverteilung ist besser gelöst, und dadurch lässt sich die Brille angenehmer tragen. Die Tracker benötigen keine Stative oder Wandhalterungen wie bei der HTC Vive. Das wird dann problematisch, wenn Sie mehrere Virtual-Reality-Stationen in einem Klassenraum aufbauen wollen. Die Tracker der HTC Vive benötigen zusätzlich noch einen Stromanschluss, damit sie arbeiten können. Beim Einsatz mehrerer Brillen in einem Raum besteht die Gefahr von frei liegenden Stromkabeln im Raum, die dann schnell zu Stolperfallen werden können.

Sowohl der Oculus-Store als auch der HTC-Store bieten im Moment noch sehr wenige Programme, die unterrichtstauglich sind, sehr häufig auch nur in englischer Sprache. Noch schlechter sieht es beim Einsatz der Sony Virtual-Reality-Brille aus. Hierbei handelt es sich zwar um die günstigste Alternative, aber man findet dafür so gut wie keine schultaugliche App. Sony hat hier eindeutig einen anderen Markt im Auge, den Spielemarkt. Das Interesse an der Sony Virtual-Reality-Brille könnte aus diesem Grund auch wieder steigen, wenn eSports in Schulen öfter zum Einsatz kommt. Der Einsatz einer Oculus Rift oder HTC Vive hat aber einen Nachteil, denn man benötigt gute Rechenleistung, d. h. einen teuren PC, den man in dieser Ausstattung (sehr gute Grafikkarte, schnelle CPU, viel RAM) in einer Schule in der Regel nicht vorfindet. Eine ergänzende Technik sind Mixed-Reality- oder Windows-Virtual-Reality-Brillen. Im Grunde handelt es sich dabei um reine Virtual-Reality-Brillen, die genauso funktionieren wie die Oculus Rift oder die HTC Vive. Ein wesentlicher Unterschied besteht in der Positionierung der Tracker, diese sind hier in der Brille integriert. Ein wesentlicher Vorteil dieser Brillen ist der Installationsvorgang, Windows 10 ab dem Fall Creators Update (erhältlich ab dem 17.10.2017 – Version 1709) erkennt die Brillen automatisch. Aber auch hier bleibt abzuwarten, wie viel Software von Microsoft oder Entwicklern für Schulen zur Verfügung gestellt bzw. programmiert wird. Neben den oben genannten Brillen gibt es noch weitere Anbieter und Exemplare, die aber aus meiner Sicht keine Chance im Massenmarkt und somit auch in Schule haben werden [32].

Im Gegensatz zu Virtual-Reality-Brillen schließen Augmented-Reality-Brillen die Realität mit ein. D. h., man bekommt ein Bild der Realität gezeigt – zusätzlich dazu werden virtuelle Objekte eingebunden. Die bekanntesten Brillen dieser Art sind die Google Glass (sie wird zurzeit nicht mehr hergestellt) und die Microsoft Hololens. Die Hololens hat einen in die Brille integrierten PC, deshalb ist sie auch sehr teuer, sitzt dafür aber trotzdem sehr gut auf dem Kopf.

Die Möglichkeiten und Chancen beider Brillenarten, AR- und VR-Brillen, halte ich für sensationell, aber leider haben beide das gleiche Problem: Es gibt so gut wie keine sinnvollen Anwendungen, die sich in Schulen einsetzen lassen. Es gibt lediglich einige wenige Anwendungen für naturwissenschaftliche Fächer, die allerdings richtig gut sind. Leider sind die Angebote nicht immer in deutscher Sprache und auch nicht von den eigentlichen Schulinhaltsanbietern, den Schulbuchverlagen. Sie halten sich mit Angeboten sehr zurück und fürchten anscheinend das Risiko des Schulmarktes – doch dazu mehr in Abschn. 8.1.

Das Erstellen eigener Lernszenarien für den Einsatz von Virtual-/ Augmented-Reality-Brillen erweist sich im Moment noch als recht schwierig. Entweder man programmiert selbst (aber wer kann das schon?) oder man nutzt Frameworks oder Spiele-Engines. Für die Oculus Rift und die HTC Vive bietet sich die Spiele-Engine Unity an. Für diese Engine gibt es viele Beispiele im Netz und die Integration der Oculus- und HTC-Frameworks gelingt recht einfach. Die nicht kommerzielle Nutzung der Unity Engine ist (Stand März 2019) kostenfrei [33]. Für die Hololens ist mir eine kostenpflichtige Software namens PINS und STEPS eines deutschen Anbieters bekannt, der VISCOPIC GmbH aus München. Mit dieser Software kann man sich ohne Programmierkenntnisse eigene AR-Lernszenarien oder Unterrichtsinhalte zusammenbauen. Aber was machen beispielsweise kaufmännische Schulen mit dieser Technologie?

Das erste Projekt am Erich-Gutenberg-Berufskolleg war der Einsatz von Virtual-Reality-Brillen im Unterricht der Kaufleute für Büromanagement in der Lernsituation Arbeitsplatzgestaltung. Die Büros wurden bis zum Einsatz der VR-Brillen im Unterricht mit Hilfe von Microsoft Visio konzipiert und in 2D dargestellt – durch den Einsatz von Virtual-Reality-Brillen konnten die Auszubildenden erstmalig ihre konzipierten Büros anschauen und begehen! Anstelle von Microsoft Visio wird nun die Software Sweet-Home 3D eingesetzt – die Software ist kostenlos verfügbar.

Die Schüler entwickeln damit unter ergonomischen Gesichtspunkten Klein- und Großraumbüros, die sie in einer späteren Unterrichtsphase mithilfe der Virtual-Reality-Brillen begehen und bewerten. Da die Software SweetHome 3D keine eigene API für Virtual-Reality-Brillen besitzt, müssen die Büros erst exportiert werden und in ein anderes

Programm importiert werden. Dann besteht eine Möglichkeit, die Büros nach Unity, einer Spiele-Engine, zu importieren. Der Umgang mit Unity ist jedoch recht komplex und für Lehrer ohne Vorerfahrung schwer einsetzbar. Zusätzlich müssen die SDKs für die Virtual-Reality-Brillen installiert und konfiguriert sein. Das erschwert den Umgang mit dieser Software.

Durch umfangreiche Recherchen konnte eine andere Lösung gefunden werden. Die Software Sketchfab (ein 3D-Browser), kostenlos verfügbar, ermöglicht den Einsatz der Virtual-Reality-Brillen inklusive der Handcontroller ohne aufwendige Konfigurationen (Abb. 3.6).

Die optimale und beste Lösung wäre hier jedoch die Integration von Virtual-Reality-Brillen direkt, nativ in SweetHome 3D, dafür fehlt derzeit noch die geeignete Schnittstelle.

Das Bewegen innerhalb der Büros erfolgt mittels der Handcontroller, dort jedoch nur über „Teleportation", d. h., es ist keine echte Bewegung über mehrere Meter zu Fuß möglich. Die Einschränkung ergibt sich durch die kabelgebundenen Virtual-Reality-Brillen (max. vier Meter Handlungsfreiraum). Ein natürliches Bewegen im Raum, bspw. bei Großraumbüros, ist somit nicht realistisch möglich. Das Problem ist

**Abb. 3.6** Sketchfab – Beispiel

im Virtual-Reality-Bereich bekannt, die einzige Bewegungsmöglichkeit in fast allen Virtual-Reality-Anwendungen ist die Teleportation. Eine mögliche Lösung für das Problem sind Virtual-Reality-Laufbänder oder sogenannte Treadmills. Leider sind sie in Europa schwer erhältlich und somit für Schulträger wieder schwierig zu beschaffen. Das einzig mir bekannte Produkt ist der Virtualizer VR Treadmill von Cyberith. Der Virtualizer lässt sich recht einfach zusammenbauen und wirkt sehr stabil. Die Lauffläche wird von drei Streben begrenzt, die einen Ring in der Mitte halten. Der Einstieg in den Ring ist etwas umständlich und erinnert an eine Kinder-Lernlaufhilfe. Die Fortbewegung im Virtualizer ist anstrengend, man gleitet mehr als man eigentlich geht. Die Bewegungsmöglichkeiten im Virtualizer jedoch sind sehr realistisch und immersiv, sogar Sprünge sind möglich. Die Anbindung an einen PC erfolgt problemlos.

Eine Klasse des Bildungsgangs Kaufleute für Büromanagement hatte im Juli 2018 im Rahmen eines Wettbewerbs die Lernsituation Arbeitsplatzgestaltung bzw. SmartOffice um das Thema SmartHome erweitert. Die Klasse hatte im Fach Büroprozesse in einem Zeitfenster von ca. 35 h vom Kick-off bis zum Finale am Wettbewerb „Wohnen neu denken" teilgenommen und das eigentliche Wettbewerbsthema SmartHome „Wohnen neu denken" um das Thema SmartOffice – „New Work" erweitert. Beide Themen wurden im Büroprozesse-Unterricht zusammengeführt und verschmolzen im Thema Work-Life-Balance. Daraus leiteten die Schüler ihr SmartLife-Konzept ab (s. auch Abschn. 9.2).

Das Konzept der Klasse und die Präsentation wurden von einer Fach-Jury prämiert und sogar mit mehr Punkten bedacht als das Sieger-Konzept der Universitäten und Hochschulen, die in einer eigenen Kategorie angetreten waren. Dokumentiert wurde das Projekt in OneNote. Die Klasse hatte zusätzlich ein Bewerbervideo, eine Final-Präsentation in PowerPoint, zwei Kalkulationen für SmartHome und SmartOffice in Excel und zwei 3D-Planungskonzepte in SweetHome 3D erstellt. Diese in 3D skizzierten Räume wurden nach Sketchfab hochgeladen und konnten dann mit Hilfe eines Browsers und Virtual-Reality-Brillen (Oculus Rift und HTC Vive) begangen werden (Abb. 3.7).

Der Einsatz virtueller Technik im Klassenzimmer ermöglicht eine deutliche Steigerung des Kompetenzerwerbs. Die Kombination von Spaß

**Abb. 3.7** Virtual-Reality-Brille

und Lernen fördert nach neuro-didaktischen Erkenntnissen den Lernvorgang erheblich, und im Moment gibt es kein vergleichbares Medium, welches die Kreativität, die Neugierde, die Problemlösungsfähigkeiten sowie die Ausbildung von Kooperations- und Teamkompetenzen im Unterricht und auch im gesellschaftlichen Leben in annähernd gleichem Maße fördert. Die Schüler sind vom Einsatz der Virtual-Reality-Brillen immer wieder begeistert und hinterlassen oft Aussagen wie „Das habe ich noch nicht erlebt!" oder „Wahnsinn, man ist in einer anderen Welt!" (Kommentare von zwei Auszubildenden einer Unterstufe des Bildungsgangs Kaufleute für Büromanagement nach dem Erlebnis von Virtual-Reality-Brillen im Unterricht) [34].

Kombiniert man die VR- und AR-Brillen noch mit Erweiterungstechniken wie dem Icaros oder dem Virtualizer, erreicht man einen Immersionsgrad, der dem Erlebnishorizont der realen Welt schon sehr nahe kommt. In den nächsten Jahren werden sicherlich noch Techniken hinzutreten, um weitere Sinne wie das Riechen und das Fühlen zu virtualisieren. Im Umfeld der Pornoindustrie gibt es bereits marktreife Produkte wie den Ganzkörperanzug „Illusion VR" des Herstellers Tenga [35]. Weitere Ganzkörperanzüge (Holosuit und Teslasuit) ohne pornografischen Hintergrund sind angekündigt und sollen im Jahr 2019 verfügbar sein [36]. Die provokante Frage von Matthias Horx über Chancen und Gefahren von VR „Ist Virtual Reality mehr als nur Entertainment und Pornografie?" kann man nur mit einem eindeutigen „Ja!" beantworten [37]. Den Einsatz von Ganzkörperanzügen könnte man sich gut im Fachbereich Sport und Gesundheitsförderung vorstellen. Damit könnten Bewegungsabläufe von Schülern noch schneller und besser analysiert und auch visualisiert werden.

Aufgrund der Projektidee VR/AR im Bildungsgang Kaufleute für Büromanagement entwickelte sich auch das Pilotprojekt zwischen dem Erich-Gutenberg-Berufskolleg und der Stadt Köln „Kommende Einsatzmöglichkeiten von Virtual-/Augmented Reality in Schulen".

Hier eine Liste einiger interessanter Apps und Programme, die sich im Unterricht gut einsetzen lassen:

- Sternatlas (Star Chart)
- 3D Organon Virtual Reality Anatomy
- The Body Virtual Reality
- Google Earth Virtual Reality
- Athenian Acropolis
- Virtual Reality Multigames
- Calc Flow

Das Thema 3D-Drucker ist insbesondere für viele gewerbliche Schulen interessant und die Einsatzmöglichkeiten im Unterricht sind sehr groß. 3D-Drucker bieten sich auch zum Einbinden in Virtual-Reality-/Augmented-Reality-Projekte an. Leider sind die Anschaffungskosten von 3D-Druckern noch sehr hoch, zudem mindert die Druckgeschwindigkeit schnell die Begeisterung für dieses Medium im Unterricht. Trotzdem sollten Schüler auch dieses Medium in einer Schule kennenlernen, denn in der Berufswelt Industrie 4.0 wird es bald sehr häufig eingesetzt werden (Stichwort: 3D-Print on Demand).

## Fazit Virtual Reality und Augmented Reality

Virtual-Reality-Brillen und Augmented-Reality-Brillen und Erweiterungstechnologien wie der Icaros und der Virtualizer sind *die* Medien der Zukunft. „Virtual Reality ist der Ort, wo man selbst zum Gegenstand werden kann … Wenn man den ganzen Körper hineinbringen könnte, dann wäre man kein Beobachter mehr, sondern ein Bewohner! … Virtual Reality ist ein Instrument, das die eigene Welt verändert, um ein leichteres Lernen zu ermöglichen!" [38].

### 3.2.3 school@home

Im Zeitalter der Globalisierung müssen zukünftige Arbeitskräfte in der Lage sein, mit Kunden oder Mitarbeitern in virtuellen Teams zusammenzuarbeiten. Dazu benötigen sie die 21st-Century-Skills oder Kompetenzen Kommunikation und Kollaboration. Das Projekt school@home wurde dafür konzipiert, diese Kompetenzen realitätsnah zu erlangen [39]. Die Schüler und Lehrer verlegen an einem Projekttag den Lernort Schule nach Hause oder in den Betrieb und führen den Unterricht exakt nach Plan über eine Video-/Audio-Konferenz durch.

Die technische Umsetzung benötigt auf Schülerseite einen Computer mit einer Kamera, einem Mikrofon und einem Internetzugang. Idealerweise eignen sich hierfür Klassen, die bereits mit BYOD arbeiten (Abschn. 3.1.2). Die Lehrer halten sich an solch einem Projekttag in der Schule auf. Die dafür notwendige Kommunikationsplattform wird am Erich-Gutenberg-Berufskolleg über Office 365 realisiert. Das eingesetzte Programm Skype ist in Office 365 integriert, es steht aber auch für alle Betriebssystem-Plattformen als App oder Programm kostenlos zur Verfügung (Stand 03/2019).

Die organisatorische Umsetzung erfolgt auch über Office 365 – es wird im Kalender eine Skype-Sitzung eingetragen, die Teilnehmer werden dazu eingeladen, und dadurch erhält jeder Teilnehmer eine Benachrichtigung mit einem Link zur entsprechenden Konferenz. Es sind keine weiteren Konfigurationen auf den Endgeräten notwendig.

## 3 Technik 69

Die methodische und didaktische Umsetzung des Unterrichts sollte von Sitzung zu Sitzung gesteigert werden, um die notwendigen Funktionen kennenzulernen und die dazu gehörenden Kompetenzen zu erwerben.

Starten Sie in einer ersten Sitzung in der Schule mit einem Funktionstest und überprüfen Sie, ob alle Schüler eine Verbindung zu einer Konferenz aufnehmen können. Sind alle auftretenden Fehler ausgeräumt – und aus der Erfahrung lässt sich sagen, dass es in der Praxis am Anfang einige wenige Schüler oder Geräte nicht schaffen, sofort dabei zu sein – dann plant man die erste echte Konferenz. Hierbei ist zu berücksichtigen, dass alle Schüler, Eltern oder Ausbildungsbetriebe über solch eine Sitzung im Vorfeld informiert werden und zustimmen müssen, Stichwort DSGVO. Sind diese Hürden genommen, kann die erste „echte" Konferenz starten. Alle Schüler und der Fachlehrer treffen sich dann pünktlich zum Unterrichtsbeginn in der virtuellen Arbeitsumgebung. In meinen Konferenzen führe ich erst eine Anwesenheit durch, schalte alle Mikrofone auf lautlos und verständige mich mit den Schülern darauf, dass sie erst einmal nur den Chat nutzen, während ich über das Mikrofon spreche. Auch die Videofunktionalität der Schüler wird noch nicht genutzt, nur die des Lehrers, d. h. alle Schüler sehen mich, ich sehe die Schüler noch nicht. Damit die Audiokonferenz strukturiert abläuft, wird folgendes vereinbart: Haben Schüler einen Wortbeitrag, dann melden sie sich per Chat, und ich rufe den Schüler auf. Nach dieser Vereinbarung werden alle Mikrofone aktiviert, und die erste Unterrichtssequenz kann per Audiokonferenz stattfinden. Methodisch starte ich mit einem Advanced Organizer (ein Advance Organizer liefert einen Überblick über den kommenden Unterrichtsinhalt in Form eines Dokuments). Dazu nutze ich in der Regel eine Powerpoint-Präsentation, die innerhalb von Skype gestartet wird und somit für alle Schüler sichtbar ist. Alternativ kann man auch mit einem leeren Whiteboard starten und einen Advance Organizer gemeinsam mit den Schülern erstellen. Danach folgt eine Arbeitsphase der Schüler durch ein Arbeitsblatt, welches entweder über Skype verteilt werden kann oder im virtuellen Klassenzimmer im Sharepoint oder in einem OneNote-Classbook oder in einer Teams-Umgebung (aus der man auch direkt mit Skype arbeiten kann) abgelegt wird. Über das Arbeitsblatt erhalten die Schüler eine Aufgabe, die sie nun entweder in Einzelarbeit (dies ist am Anfang am sinnvollsten) oder in Partner- oder Gruppenarbeit (diese Arbeitsform sollte man erst wählen, wenn die Schüler sicher im Umgang mit Skype sind, also in einer späteren Sitzung) bearbeiten. Die Aufgabe sollte einen zeitlichen Umfang von mindestens 20 min haben. In dieser Arbeitsphase verbinde ich mich dann mit jedem Schüler einzeln per Video. Hierüber kann dann überprüft werden, ob der Teilnehmende auch wirklich der Schüler ist, und man kann Hilfestellung für die Aufgabe anbieten oder für Fragen zur Verfügung stehen. Nach der Arbeitsphase erfolgt die Vorstellung der Ergebnisse durch einzelne Schüler und eine Lernerfolgskontrolle. Die Ergebnisse speichern die Schüler in der Lernplattform ab.

Weitere Projekttage können dann methodisch durch Nutzung eines gemeinsamen Whiteboards, Partner- oder Gruppenarbeit oder der Rechnerübernahme – hierüber kann man Schülern vom Lehrer-Computer Handlungsschritte auf ihrem eigenen Computer zeigen – umgesetzt werden.

Neben dem Kompetenzzuwachs in Kommunikation und Kollaboration erweitern die Schüler ihre Methodenkompetenzen (wie geht man bspw. damit um, wenn Verbindungen abbrechen) und insbesondere auch ihre Sozialkompetenzen: In einer Audio-/Videokonferenz muss man sich zurücknehmen können und Rücksicht üben, nicht immer drauflosreden und strukturiert und diszipliniert arbeiten und handeln.

> **Fazit school@home**
>
> school@home bietet eine gute Möglichkeit, die heute notwendigen Kompetenzen Kommunikation und Kollaboration realitätsnah zu erlangen. Desweiteren bietet es kranken oder abwesenden Schülern die Möglichkeit, freiwillig den Unterricht zu verfolgen und daran teilzunehmen.

## 3.2.4 eSports und Gamification

Durch den Einsatz von Virtual-Reality-/Augmented-Reality-Brillen im Unterrichtsfach Büroprozesse kam am Erich-Gutenberg-Berufskolleg auch die Idee auf, Virtual-Reality im Fach Sport einzusetzen. Parallel dazu gab es bereits die Idee, ein eSports-Konzept aufzubauen [40].

Der Begriff eSports (englisch kurz für *electronic sports;* auch: E-Sport) bezeichnet das wettbewerbsmäßige Spielen von Computer- oder Videospielen im Mehrspielermodus.

eSports versteht sich entsprechend der klassischen Definition als eigene Sportdisziplin, welche sowohl Spielkönnen (Hand-Augen-Koordination, Reaktionsschnelligkeit) als auch taktisches Verständnis (Spielübersicht, Spielverständnis) erfordert.

Gamification oder Game-based Learning beschreibt das Einbinden spieltypischer Elemente in den Unterricht. Der Unterschied zwischen eSports und Gamification kann recht groß sein, beide Ansätze verfolgen aber das gleiche Ziel: Sie sollen die Motivation der Schüler am und im Unterricht erhöhen und Spaß (Stichwort: emotionales Lernen) in den Unterricht bringen.

Das didaktische Konzept bei der Zusammenführung von eSports und Virtual Reality basiert auf dem Stationenlernen und ist fächerübergreifend angelegt. Es gibt mehrere Lernstationen (Computer und Virtual-Reality-Brille), an denen die Schüler in Kleingruppen Sport-Apps ausführen, testen, bewerten und dokumentieren. Sie erstellen Videos, mit denen sie gemeinsam die Bewegungsabläufe besprechen, auswerten und mit realen Sportabläufen vergleichen. Im Fach Sport werden die benötigten Bewegungsabläufe besprochen und eingeübt. Im Fach IT-Systeme erhalten die Schüler ein Basiswissen über die Virtual-Reality-/Augmented-Reality-Technologie. Im Fach Wirtschafts- und Geschäftsprozesse erarbeiten die Schüler eine wirtschaftliche Betrachtung der eingesetzten Virtual-Reality-Technik. Eine Konzepterweiterung dieses Projektes durch biometrische Armbänder in Form von digitalen Wearables (Quantified-Self-Bewegung) ist, falls das Medium vorhanden ist, problemlos möglich.

Erweitert wurde das eSports-Konzept durch ein neues analoges/digitales Medium, den Icaros (Abb. 3.8). Der Icaros ist ein analoges Sportgerät, das mit einer Virtual-Reality-Brille erweitert werden kann. Setzt man zwei Icaros-Sportgeräte gleichzeitig ein, dann können die Geräte in einen Multiplayer-Modus agieren und im Unterricht in einen Wettkampf-Modus geschaltet werden. Zwei Schüler könnten somit je nach eingesetzter App gegeneinander fliegen oder tauchen.

**Abb. 3.8** Fitnessgerät Icaros

eSports in Verbindung mit Virtual-Reality-Brillen und dem Icaros ermöglicht neuartige, teils ungewohnte Wahrnehmungs- und Spiele-Erlebnisse. Zur Beherrschung der ausgewählten Virtual-Reality-/eSports-Angebote sind unterschiedliche, insbesondere koordinative Fähigkeiten und Sinneswahrnehmungsprozesse vonnöten. Dazu gehören Gleichgewichts-, Orientierungs-, Rhythmisierungs-, Reaktions-, Kopplungs- und Differenzierungsfähigkeit sowie optische, taktile, vestibuläre und kinästhetische Sinneswahrnehmungen. Sie alle sollen in ihrer Summe motivierend und gesundheitsfördernd wirken. Zusätzlich möchte ich an dieser Stelle eine Lanze für den Einsatz von Computerspielen im Unterricht brechen. Viele Computerspiele (nicht alle!) besitzen komplexe Lernumgebungen, wenn man sie sinnvoll einsetzt.

Warum sollen Computerspiele wie *Minecraft, Fifa, Civilization* oder *Anno* nicht auch im Unterricht eingesetzt werden? Sogar Spiele wie *World of Warcraft* oder *League of Legends* bieten großen Raum für notwendige Kompetenzaneignungen. In solch komplexen Spielen müssen oft mehrere Einheiten gleichzeitig gesteuert werden (das sogenannte Micromanagement), um die Kontrolle über die Geschehnisse auf dem Spielfeld zu behalten (das sogenannte Macromanagement). Viele Informationen müssen simultan erfasst und bearbeitet werden. Dabei kommt es häufig zu Verbesserungen der Konzentrationsfähigkeit, wenn komplexe systemische Zusammenhänge erfasst und verarbeitet werden. Mit der Möglichkeit, diese Spiele in Teams zu spielen, werden Kommunikations- und Sozialkompetenzen gefördert. Sogar die Teilnahme an Schulmeisterschaften ist möglich (s. auch Kap. 10).

Schüler lernen bei eSports oder Gamification mit Spaß – und Spielen liegt in der Natur des Menschen. Sie können durch spielerisches Handeln notwendige Kompetenzen in einem geschützten Raum erlernen und ausprobieren. Das Lerntempo, die Lernschwierigkeit (individuelles Lernen) und die Lernzeit richten sich nach den Lernenden. Schüler erfahren Selbstwirksamkeit, Autonomie und Bedeutung ihres Handelns mit sofortiger Rückkopplung. Auch der verantwortungsvolle Umgang mit digitalen Medien, insbesondere mit Computerspielen, wird erlernt und kann im Unterricht kritisch bewertet werden. Beim Einsatz von Computerspielen ist auch ein Rollenwechsel möglich, da viele Schüler die Spiele bereits kennen oder besser kennen als Lehrer. Schülern bereitet es großen Spaß, wenn sie das Lehrer-Schüler-Verhältnis umkehren können und so selbst zum Lehrer werden.

Die Einbindung in den Unterricht könnte bspw. im Erdkunde- bzw. Wirtschaftsunterricht durch Wirtschaftssimulationen erfolgen. Im Deutschunterricht könnte man Erzählstrukturen anhand von Abenteuerspielen erklären lassen. Computerspiele bieten eine sehr gute Basis für Diskussionsrunden und Referate innerhalb einer Schulklasse. Spielt man die Spiele im Original, dann besteht im Fremdsprachen-Unterricht die Möglichkeit, Anleitungen zu übersetzen oder in fremdsprachigen Blogs, Foren und Chats zu recherchieren bzw. zu kommunizieren. Das Fach Sport und Gesundheitsförderung bietet sich an, um Athletik und spezielle Übungen zu trainieren, die die Reflexe der Spieler verbessern sollen. Ernährungsberatung drängt sich geradezu auf! Gamer werden oft als Fastfood und Energydrink verzehrende Personen dargestellt, und das mag im Alltag auch oft stimmen. Betreibt man aber eSports in Richtung Wettkampf-Niveau, dann muss man körperlich fit sein und sich konzentrieren können. Das gelingt nicht durch Fastfood und Energydrinks, sondern nur durch gesunde Ernährung [41].

Hier eine Liste interessanter Apps und Programme, die sich im Fach eSport/Gesundheitsförderung gut einsetzen lassen:

- Eleven: Table Tennis Virtual Reality von For Fun Labs, verfügbar für Oculus und HTC
- Audioshield von Dylan Fitterer, verfügbar für Oculus und HTC
- Sparc von CCP, verfügbar für Oculus und HTC
- Icaros Deep und Icaros Flight, verfügbar für Samsung Gear VR, Oculus Rift, Oculus Go und HTC VIVE.

---

**Fazit eSports und Gamification**

eSports bietet so viele Möglichkeiten der Motivation bei Schülern, dass wir es beim Lernprozess nicht außen vorlassen dürfen. Zusammenfassend lässt sich festhalten, dass folgende Kompetenzen durch einen angemessenen Einsatz von Computerspielen aufgebaut und gefördert werden:

- die Sozialkompetenz durch den Kontakt zu anderen Spielern, das Bilden von Gruppen und Teams
- Fachkompetenzen durch gegenseitigen Wissensaustausch und Rollenwechsel (Schüler und Lehrer)
- die Medienkompetenz durch Kommunikation und Kooperation
- Entscheidungskompetenzen durch taktisches und strategisches Handeln
- Lernkompetenzen durch das selbstständige Lernen aus Erfahrungen, Recherchen und Übertragungen von Lernergebnissen an Teammitglieder

Der Einsatz von Computerspielen im Unterricht könnte eine Chance sein, die immer größer werdende Zahl von Spielinteressierten zu begleiten und vielleicht auch in kleinem Maße zu lenken, um möglichen Suchtgefahren vorzubeugen.

---

## 3.2.5 Drohnen

Im ersten Moment fragt man sich wahrscheinlich, wo man Drohnen sinnvoll im Unterricht einsetzen kann. Drohnen kennt man bisher nur aus den Schlagzeilen, nach denen Amazon und Google sie zur Auslieferung von Waren testen oder autonome Drohnen in militärischen Auseinandersetzungen eingesetzt werden. Das sind aber bereits zwei Gründe, Drohnen auch im Unterricht einmal kennenzulernen. Was kann eine Drohne? Wie leicht oder schwer ist es, eine Drohne zu steuern?

Glaubt man Veröffentlichungen, dann werden Drohnen in der Logistikbranche in Zukunft eine bedeutende Rolle spielen. Sie sollen Waren ausliefern oder bei der Inventur den Menschen ersetzen. Solche Szenarien kann man auch in der Schule handlungsorientiert ausprobieren und mit Schülern besprechen und diskutieren. In Ausbildungsberufen wie bei den E-Commerce-Kaufleuten, den IT-Kaufleuten oder in Ausbildungen der Logistikbranche könnte man Unterrichtsszenarien gestalten, die der Praxis entnommen sind. Drohnen fliegen Regale ab, fotografieren Bar- oder QR-Codes, werten diese über OCR- oder Mustererkennung aus, und abschließend holt ein Roboter das gesuchte Produkt aus dem Regal, oder man führt mithilfe dieser digitalen Medien eine Inventur durch.

Drohnen können auch im eSports-Umfeld eingesetzt werden. Dort könnten schuleigene Drone-Racings [42] veranstaltet werden – Interesse seitens der Schüler wäre sicherlich vorhanden. Dafür sollte man aber eher kostengünstige und robuste Modelle einsetzen, denn eine 1000-Euro-Drohne sollte man nicht aus Spaß gegen die Wand fliegen lassen. Durch den zusätzlichen Einsatz einer FPV-Brille (First-Person-View-Brille) erleben Schüler die Steuerung der Drohne aus der Sicht eines Piloten.

Eine weitere Einsatzmöglichkeit von Drohnen bietet sich in medialen Berufen an. Für die Erstellung von Filmen greift man in der Praxis immer häufiger auf Drohnen zurück. Warum überträgt man das Beispiel nicht auf die Schule und integriert Drohnen bei Videoproduktionen? Damit lässt sich sicherlich ein hübsches Promo-Video der Schule gestalten.

> **Fazit Drohnen**
>
> Auch Drohnen sollten in Schulen nicht mehr fehlen. Besonders wichtig ist dabei, dass die Schule eine entsprechende Versicherung für alle Schüler und alle Lehrer abschließt. Die Lehrer können sich unter Umständen auch über eine eigene Berufshaftpflicht absichern [43].

## 3.2.6 Wearables

Immer mehr Schüler besitzen und tragen Wearables in Form von Fitnessbändern im Umfeld der Quantified-Self-Bewegung. Schulen müssen dieses Medium kennenlernen und einschätzen können! Der Einsatz biometrischer Armbänder oder Wearables im Fach Sport und Gesundheitsförderung drängt sich natürlich auf. Nicht nur die Kicker unserer Nationalmannschaft werden damit körperlich gescannt, auch unsere Schüler könnten damit biometrisch ausgewertet werden. Im Projekt eSports wird am Erich-Gutenberg-Berufskolleg geplant, zusätzlich Messungen durchzuführen, die zeigen, ob Virtual-Reality-Sport dem Körper mehr abverlangt als realer Sport.

Auf der Grundlage einer prädiktiven Analyse (Abschn. 6.4.1) steht das Leistungsverständnis durch das Internet der Dinge – insbesondere durch Wearables – vor neuen Herausforderungen. Prüfungen müssen sich im Hinblick auf diese Techniken anpassen und verändern, wenn Schüler dauerhaften Zugang zum Internet durch Wearables haben. Es wird in naher Zukunft nicht mehr möglich sein, Medien für Prüfungen auszusperren oder wegzunehmen, da es nicht mehr nachvollziehbar sein wird, über welches Medium (Brille, Armband, Uhr, Kontaktlinse, Tattoo, Chip unter der Haut) ein Prüfling Zugang zu Daten hat.

> **Fazit Wearables**
>
> Auch Wearables sollten in Schulen für den Unterricht berücksichtigt und eingesetzt werden. Klassischer Sportunterricht als auch eSports kann sich durch den Einsatz von Wearables und den daraus erzeugten Daten und Analysen qualitativ enorm steigern.

## 3.2.7 Digitale Verwaltung

Auch der Verwaltungsbereich arbeitet heute digital, Untis und Schild sind in Nordrhein-Westfalen die bekanntesten Anwendungen. Auf der Grundlage des Datenschutzes muss aber auch hier überlegt werden, wie man die Prozesse für Schüler und Lehrer vereinfacht und optimiert. Alle Teilnehmer, die digital arbeiten möchten oder müssen, benötigen ein Benutzerkonto, und zwar am besten nur ein (!) Benutzerkonto für die Nutzung aller Dienste (das sogenannte Single-Sign-on). Das wird natürlich immer schwieriger, je mehr Systeme unterschiedlicher Hersteller zusammenarbeiten müssen.

Schülerdaten müssen in Nordrhein-Westfalen von *Schüler Online* (einer Internet-Plattform zur Unterstützung von Schulübergängen) in das Sekretariat gelangen. Dort sollen sie helfen, in einer Verwaltungssoftware Zeugnisse, Mitteilungen, Einladungen, Abmahnungen, Bescheinigungen usw. einfach und schnell erstellen zu können. Wir befinden uns jetzt noch im Verwaltungsnetz, welches vielleicht mit dem städtischen Netz verbunden ist. Vielleicht läuft die Verwaltungssoftware auch bereits zentral in öffentlichen Rechenzentren. Nun müssen die Daten auch dafür genutzt werden, Schülerkonten im pädagogischen Netzwerk zu erstellen. In pädagogischen Netzwerken wird dafür meist ein Verzeichnisdienst eingesetzt, Microsoft Active Directory, die Linux-Variante Samba oder das proprietäre System eines Anbieters (nicht empfehlenswert, weil man hierdurch oft Schnittstellen-Probleme bekommt!). Hat man die Konten im pädagogischen Netzwerk erstellt, dann müssen Konten eingerichtet werden für die Lernplattform, für das digitale Klassenbuch oder die Vertretungs-Apps. Deren Schnittstellen zu bedienen, ist oft nicht ganz trivial und leider oft auch sehr teuer, wenn sie eigens programmiert werden müssen.

Hier zeigen sich in der Praxis die meisten Probleme, denn Schulträger und Schulen haben ihre digitalen Umgebungen seit Jahren aufgebaut. Ganzheitliche Systeme waren anfangs nicht verfügbar, man hat vor vielen Jahren auch gar nicht so weit gedacht. Nun fällt es oft schwer, alle genutzten Systeme unter einen Hut zu bekommen. Aber ein „radikaler" Ansatz, alle alten Systeme auszusortieren und ein neues, ganzheitliches System zu installieren, scheitert entweder an fehlendem Geld oder einem Mangel an ganzheitlichen Systemen.

Aus der praktischen Erfahrung heraus würde ich die Schüler-Verwaltung für das pädagogische Netzwerk schulintern selbst handhaben wollen. Als Schule ist man somit schneller in der Lage, Änderungen am Schülerbestand

**78**     **D. Steppuhn**

durchzuführen (bspw. Datensätze für neue Schüler anlegen, Passwörter anpassen, Namen korrigieren). Die Verwaltung solcher Daten in einem Netzwerk erfolgt über einen sogenannten Verzeichnisdienst. An dieser Stelle spricht vieles für den Marktführer in diesem Bereich, das Active Directory von Microsoft. Dieser Dienst wird weltweit eingesetzt, ermöglicht an vielen Stellen ein Single-Sign-on und lässt sich einfach und übersichtlich über integrierte Management-Konsolen handhaben. Gruppenrichtlinien erweitern die Funktionalität und helfen recht einfach, Windows-PCs in einem Netzwerk zu steuern. Es sollte in einem Netzwerk mit mindestens zwei Active-Directory-Controllern gearbeitet werden, damit besitzt man eine Ausfallsicherheit dank der Replikationsdienste.

Eine mögliche Alternative aus dem Linux-Umfeld nennt sich Samba. Hierbei handelt es sich um einen Active-Directory-Klon, der sich Windows-Clients gegenüber als einen Microsoft-Domänencontroller (einen Active-Directory-Verwalter) ausgibt. Es spricht nichts gegen diese Lösung, sie hinkt dem Active Directory aber immer eine Entwicklungsperiode hinterher.

---

> **Fazit Digitale Verwaltung**
>
> Active Directory von Microsoft ist ein zuverlässiger und leicht bedienbarer Dienst, um alle Ressourcen in einem Netzwerk zu kontrollieren und zu steuern. Aufgrund der weltweiten Verbreitung und der sehr guten Zusammenarbeit mit anderen oft eingesetzten Microsoft-Diensten wie Mail, SharePoint, SQL-Server oder der Azure- oder Office 365-Cloud stellt Active Directory meiner Ansicht nach die erste Wahl eines Verzeichnisdienstes in einer Schule dar.

---

## 3.2.8 Stundenplan- und Vertretungs-App

Stundenplan- und Vertretungs-App sind aus meiner Sicht für eine moderne Schule ein Muss-Kriterium, eine Basistechnologie. Die großen Schulverwaltungs-Softwareanbieter haben das erkannt und bieten sehr häufig ein entsprechendes Modul an. Das ist in vielen Fällen aber kostenpflichtig und oft sehr teuer.

Die unterstützten Plattformen sind für Apps in der Regel MacOS und Android. Das ist für den SmartPhone-Markt heute meiner Ansicht nach ausreichend. Aber es gibt darüber hinaus auch noch Windows-Tablets. Und diese arbeiten bekanntlich auch mit Apps. Auch hier findet man wie beim Windows Phone kaum Angebote.

Dass es auch anders geht, zeigen drei junge Unternehmer des Unternehmens Triu (Anhang A.1), die für das Erich-Gutenberg-Berufskolleg eine Vertretungs-App programmiert haben, die für alle Plattformen verfügbar ist. Die Authentifizierung innerhalb der App ist variabel und erfolgt am Erich-Gutenberg-Berufskolleg über Office 365 (Single-Sign-on).

Über eine Vertretungs-App kann man über Unterrichtseinsätze kommunizieren und aktuelle Vertretungen mitteilen. Die Möglichkeit, Vertretungsregelungen mehrmals täglich aktuell in verschiedenen digitalen Medien zu veröffentlichen, hat in Verbindung mit dem zentralen Dateiablagesystem innerhalb einer Lernplattform vor allem den Vorteil, dass das Kollegium schnell und unkompliziert miteinander kommuniziert und dadurch auch Materialien zur Vertretung kurzfristig bereitstellen kann. Damit kann Vertretungsunterricht eine deutlich höhere Qualität gewinnen. Im Vertretungsfall haben die Schüler zudem in der Regel alle im Unterricht benötigten Unterlagen über die Lernplattform zur Verfügung.

> **Fazit Stundenplan- und Vertretungs-App**
>
> Stundenplan- und Vertretungs-App sind heute für eine moderne Schule ein Muss-Kriterium, eine Basistechnologie.

## 3.2.9 Digitales Klassenbuch

Auch der Einsatz eines digitalen Klassenbuchs sollte heute ein Muss-Kriterium darstellen und somit eher als Basistechnologie eingestuft werden. Leider hat es unendlich lange gedauert, bis eine Schule ein digitales Klassenbuch einsetzen durfte. Genauer gesagt: Man durfte es bereits seit langer Zeit nutzen, vorausgesetzt, man führte parallel dazu auch eine analoge Version. Dass dies weder Sinn machte noch ein Lehrer bereit war, alles doppelt einzutragen, liegt auf der Hand. Heute ist die dazugehörige Datenverordnung in Nordrhein-Westfalen angepasst und man braucht keine „doppelte Buchführung" mehr.

Die Vorteile eines digitalen Klassenbuchs liegen auf der Hand:

- Das Klassenbuch ist immer und überall über das Internet verfügbar, d. h., Einträge kann man *anywhere, anytime, with any device* vornehmen (Abschn. 3.1.2).
- Das Klassenbuch geht nicht mehr verloren, d. h., der Klassenlehrer muss einem verschwundenen Klassenbuch nicht mehr hinterherforschen.
- Eine Sicherung des Klassenbuchs geht sehr schnell – fotokopieren, scannen oder fotografieren entfällt.
- Die Fehlzeiten werden am Ende des Jahres automatisch errechnet – welch ein Segen für einen Klassenlehrer!
- Entschuldigungen können digital eingebunden werden – die meisten Entschuldigungen kommen mittlerweile in digitaler Form beim Klassenlehrer an.

Wichtig beim Einsatz von digitalen Klassenbüchern: Datenschutz und Datensicherheit müssen berücksichtigt werden!

Viele Anbieter digitaler Klassenbücher erweitern den Funktionsumfang immens. Mit ihren Angeboten können Sie Notenlisten, Auswertungen und vieles andere nutzen. Davon rate ich ab! Sie sollten ein digitales Klassenbuch erst einmal so einsetzen, wie sie auch das analoge Klassenbuch eingesetzt haben, d. h. den Einsatz auf das notwendige Maß reduzieren und zunächst Erfahrungen damit sammeln.

> **Fazit Digitales Klassenbuch**
>
> Ein Digitales Klassenbuch sollte heute für eine moderne Schule ein Muss-Kriterium darstellen und somit auch zu einer Basistechnologie einer Schule werden. Stundenplan- und Vertretungs-Apps müssen aufeinander abgestimmt sein, das spricht an dieser Stelle für den Einsatz und die Anschaffung der beiden Techniken vom gleichen Hersteller.

## Fazit Aufbautechnologien

Die Aufbautechnologien Robotik, Virtual Reality und Augmented Reality und eSports beinhalten so viel Potenzial, dass auch diese Technologien flächendeckender eingesetzt werden sollten. Gerade Robotik, insbesondere humanoide Roboter, und Virtual Reality und Augmented Reality als digitale Treibertechnologien müssen in Schulen vorkommen. Viele weitere Aufbautechnologien sind schulformabhängig, aber auch hier müssen Schule in die Möglichkeit versetzt werden, zukünftige Technologien zeitnah kennenzulernen.

## Zusammenfassung Technik

- SmartSchools sollten die Basistechnologien WLAN, BYOD, Lernplattform und digitale Projektionsmöglichkeiten in allen Klassenräumen, Internetanbindung, Webfilter sowie Computermanagement schulweit einsetzen.
- WLAN ist die technische Voraussetzung für zukünftiges Unterrichten.
- BYOD ist derzeit die einzige realistische Umsetzung für ein 1:1-Learning und wird eine disruptive Technologie in der Schule von morgen werden.
- *Learning with any device* (BYOD), *anytime* (Office365), *anywhere* (Office 365) ist das Lernkonzept der Zukunft – dafür ist eine moderne, multifunktionale und dauerhaft verfügbare Lernplattform wie Office 365 notwendig.
- Jeder Klassenraum sollte heute bereits eine Projektionsmöglichkeit für ein digitales Medium besitzen, die von Schülern und Lehrern genutzt werden kann.
- Die Internetanbindung muss für eine SmartSchool ausreichend dimensioniert (abhängig von der Anzahl der eingesetzten Devices) und ausfallsicher sein (eine zweite Backup-Leitung) sowie einen konfigurierbaren Webfilter und eine Firewall beinhalten.
- Ein Computermanagement-System erleichtert die Computer-Verwaltung und ist bei einer größeren Anzahl von Computern (ab 20 Computern) unabdingbar.
- SmartSchools sollten die Möglichkeit besitzen, Aufbautechnologien wie beispielsweise Robotik, Virtual/Augmented Reality, 3D-Druck, eSports, Drohnen, Wearables, digitale Benutzerverwaltung, Stundenplan-/Vertretungs-Apps oder ein digitales Klassenbuch (die Aufzählung ist nicht vollständig und wird sich immer wieder erweitern) testen zu können und bei Bedarf in eine Basistechnologie zu transformieren.
- Humanoide Roboter und Virtual-/Augmented-Reality werden neben BYOD die nächste disruptive Technologie in der Schule von morgen werden.

- Drohnen werden als digitales Schulmedium unterschätzt – die Anzahl der Einsatzmöglichkeiten wird in den nächsten Jahren ansteigen.
- Wearables werden in naher Zukunft eine Basistechnologie im Alltag wie auch im Schulleben werden und damit das Leistungsverständnis des Bildungssystems Schule vor neue Herausforderungen stellen – das Prüfungsumfeld (inhaltlich und organisatorisch) muss sich durch diese Techniken anpassen und verändern.
- SmartSchools sollten versuchen, die Benutzerverwaltung in eigenen Händen zu halten, um schnell und flexibel auf Datenänderungen reagieren zu können. Es sollte eine professionelle Benutzerverwaltung in Form eines Verzeichnisdienstes, wie beispielsweise Active Directory, zum Einsatz kommen.
- SmartSchools sollten auch im Verwaltungsbereich digital aufgestellt sein und eine kostenlose, plattformunabhängige Stundenplan- und Vertretungs-App für die Schüler und Lehrer zur Verfügung stellen und mit einem digitalen Klassenbuch koppeln.

# Literatur

1. Projektbüro Netzwerk Digitale Bildung c/o Häusler KG (2017) Smartphones im Unterricht. https://www.netzwerk-digitale-bildung.de/information/schule/smartphones-im-unterricht/. Zugegriffen: 16. März 2018
2. Wissen 2018 Spezial (2018) Das Jahrbuch Faszination Technologie 2018:46
3. Briegleb V (2017) Schade ists um Windows Mobile. https://www.heise.de/select/ct/2017/23/1510344720175713. Zugegriffen: 16. März 2019
4. Cisco Systems Inc. (2015) New Cisco Internet of Things (IoT) System provides a foundation for the transformation of industries. https://newsroom.cisco.com/press-release-content?type=webcontent&articleId=1667560. Zugegriffen: 16. März 2019
5. Hryciuk P (2014) Windows 10: Ein Windows für alle Geräte offiziell vorgestellt. https://www.giga.de/downloads/windows-10/news/windows-10-ein-windows-fuer-alle-geraete-offiziell-vorgestellt/. Zugegriffen:16. März 2019
6. Geiger J (2017) Windows Mobile ist tot: Microsoft schmeißt hin – und plant ein großes Ding. https://www.chip.de/news/Windows-Mobile-ist-tot-Jetzt-hat-Microsoft-wirklich-hingeschmissen_120357490.html. Zugegriffen: 16. März 2019
7. Quandt R (2015) Microsoft: „Windows 10 ist die letzte Version von Windows". http://winfuture.de/news,87008.html. Zugegriffen: 16. März 2019

8. Wischner S (2018) Microsoft Office 2019 ohne OneNote. https://www.heise.de/newsticker/meldung/Microsoft-Office-2019-ohne-One-Note-4026969.html. Zugegriffen: 19. Apr. 2018
9. Geiger J (2017) Die Zukunft von Windows: Microsoft setzt auf Apple, Android und Linux. https://www.chip.de/news/Die-Zukunft-von-Windows-Microsoft-setzt-auf-Apple-Android-und-Linux_114471917.html. Zugegriffen: 21. Mai. 2017
10. Barr J (2017) AWS named as a leader in Gartner's Infrastructure as a Service (IaaS). Magic quadrant for 7th consecutive year. https://aws.amazon.com/de/blogs/aws/aws-named-as-a-leader-in-gartners-infrastructure-as-a-service-iaas-magic-quadrant-for-7th-consecutive-year/. Zugegriffen: 16. März 2019
11. Klein W (2018) Das Ørestad Gymnasium arbeitet ganz ohne Papier. https://deutsches-schulportal.de/stimmen/digitale-schule-das-orestad-gymnasium-arbeitet-ganz-ohne-papier/. Zugegriffen: 11. Okt 2018
12. Splashtop Inc. https://www.mirroring360.com/. Zugegriffen: 16. März 2019
13. Nitschke M (2018) Microsoft stellt seine Cloud-Dienste ab 2019 aus neuen Rechenzentren in Deutschland bereit und reagiert damit auf veränderte Kundenanforderungen. https://news.microsoft.com/de-de/microsoft-cloud-2019-rechenzentren-deutschland/. Zugegriffen: 31. Aug. 2018
14. Ayan S (2017) Schnelles Wissen – Macht digital dumm? Gehirn & Geist Dossier 4(2017):18
15. SPIEGEL ONLINE GmbH & Co. KG (2018) Japaner heiratet Comicfigur. https://www.spiegel.de/panorama/gesellschaft/japan-35-jaehriger-heiratet-comic-figur-a-1241541.html. Zugegriffen: 19. Mai. 2019
16. Nagels P (2017) Ingenieur „heiratet" seine selbstgebaute Robo-Freundin. https://www.welt.de/kmpkt/article163506203/Ingenieur-heiratet-seine-selbstgebaute-Robo-Freundin.html. Zugegriffen: 19. Mai. 2019
17. Galeria Kaufhof GmbH (2016) Galeria Kaufhof Lego Mindstorms Challenge. https://www.youtube.com/watch?v=qAFXM0TYQ5g. Zugegriffen: 20. Dez. 2018
18. Erich-Gutenberg-Berufskolleg (2019) https://www.egb-koeln.de/index.php/aktivitaeten-aktuelles/719-projekt-kids-care-startet-mit-den-kooperationspartnern-entrance-gmbh-und-der-kinderklinik-der-krankenhaus-porz-am-rhein-ggmbh. Zugegriffen: 24. März 2019
19. LEGO System A/S https://www.lego.com/de-de/mindstorms/downloads/download-software. Zugegriffen: 16. März 2019
20. SoftBank Robotics Europe – NAO Software 1.14.5 documentation. http://doc.aldebaran.com/1-14/contents.html. Zugegriffen: 16. März 2019

84 D. Steppuhn

21. Lübke F (2017) „Kinder reagieren besser, wenn sie von einem Roboter korrigiert werden". https://www.welt.de/wirtschaft/karriere/bildung/plus168472282/kinder-reagieren-besser-wenn-sie-von-einem-Roboter-korrigiert-werden.html. Zugegriffen: 16. März 2019
22. SoftBank Group Corp. Vision. https://group.softbank/en/corp/about/philosophy/vision/. Zugegriffen: 20. Mai. 2019
23. Kopocz M (2018) Japans Technik-Star Softbank will wertvollstes Unternehmen der Welt werden. https://www.focus.de/finanzen/boerse/softbank-group-der-japanische-konzern-will-wertvollstes-unternehmen-der-welt-werden_id_8331845.html. Zugegriffen: 15. März 2019
24. Albert A (2017) Der Herr der Roboter. https://www.manager-magazin.de/unternehmen/personalien/masayoshi-son-der-herr-der-roboter-a-1158534-4.html. Zugegriffen: 20. Mai. 2019
25. Handelsblatt GmbH (2016) Softbank schließt Übernahme von Chip-Entwickler ab. https://www.handelsblatt.com/unternehmen/it-medien/arm-softbank-schliesst-uebernahme-von-chip-entwickler-ab/14501948.html. Zugegriffen: 20. Mai. 2019
26. Kopocz M (2018) Japans Technik-Star Softbank will wertvollstes Unternehmen der Welt werden. https://www.focus.de/finanzen/boerse/softbank-group-der-japanische-konzern-will-wertvollstes-unternehmen-der-welt-werden_id_8331845.html. Zugegriffen: 15. März 2019
27. Weddeling B (2017) Neue Hoffnung für Uber. https://www.handelsblatt.com/unternehmen/dienstleister/kommentar-zum-softbank-investment-neue-hoffnung-fuer-uber/20800826.html?ticket=ST-1824569-LKcYpr2cqoEmEBy7VcyF-ap1. Zugegriffen: 16. März 2019
28. Spiewak M (2017) Paulinas Englischlehrer. https://www.zeit.de/2017/28/roboter-sprachcomputer-sprachfoerderung-kita/komplettansicht. Zugegriffen:16. März 2019
29. n-tv Nachrichtenfernsehen GmbH (2017) Roboter verzückt im Altenheim. https://www.n-tv.de/mediathek/bilderserien/panorama/Roboter-verzueckt-im-Altenheim-article20343544.html. Zugegriffen: 9. Juni 2019
30. Harari YN (2017) Homo Deus. C.H. Beck, München oder Tegmark M (2018) -Leben 3.0. Ullstein, Berlin
31. Ayan S (2017) Wie wir besser lernen. Gehirn & Geist Dossier 4(2017):10–16
32. Janssen J-K (2019) Brillenschwemme Wegweiser durch den PC-VR-Headset-Dschungel. c't 13(2019):117
33. CHIP Digital GmbH – Unity. https://www.chip.de/downloads/Unity-Engine_58239140.html. Zugegriffen: 15. März 2019

## 3 Technik 85

34. Erich-Gutenberg-Berufskolleg – Virtual Reality. https://www.egb-koeln.de/index.php/aktivitaeten-aktuelles/egb-digital/virtual-reality. Zugegriffen: 16. März 2019

35. Krone Multimedia GmbH & Co KG (2016) Japaner entwickeln Virtual-Reality-Sexanzug. https://www.krone.at/504334. Zugegriffen: 15. März 2019

36. Grohganz T (2018) Teslasuit: Haptischer Ganzkörperanzug mit einzigartigen Features. https://www.vrnerds.de/teslasuit-haptischer-ganzkoerperanzug-mit-einzigartigen-features/. Zugegriffen: 30. Nov. 2018 und Bastian M (2018) Holosuit: VR-Ganzkörperanzug soll im November erscheinen. https://mixed.de/holosuit-vr-ganzkoerperanzug-soll-im-november-erscheinen/. Zugegriffen: 20. Dez. 2018

37. Horx M, Bastian M (2016) „Wir sind virtuelle Wesen". https://www.zukunftsinstitut.de/artikel/wir-sind-virtuelle-wesen-interview/. Zugegriffen: 15. März 2019

38. Lanier J (2018) – Anbruch einer neuen Zeit: Wie Virtual Reality unser Leben und unsere Gesellschaft verändert. Hoffmann und Campe, Hamburg

39. Erich-Gutenberg-Berufskolleg – schoo@home. https://www.egb-koeln.de/index.php/aktivitaeten-aktuelles/egb-digital/school-home. Zugegriffen: 16. März 2019

40. Erich-Gutenberg-Berufskolleg – eSports. https://www.egb-koeln.de/index.php/aktivitaeten-aktuelles/egb-digital/esports. Zugegriffen: 16. März 2019

41. m4k eSports GmbH (2018) Warum die Ernährung im eSports so wichtig für dich ist. https://mother4king-rampage.com/ernaehrung-im-esports/. Zugegriffen: 16. März 2019

42. Hussain A (2017) Piloten trainieren für Drohnenrennen. https://www.wz.de/nrw/duesseldorf/piloten-trainieren-fuer-drohnenrennen_aid-26679523. Zugegriffen: 16. März 2019

43. Westphal C (2017) Neue Drohnen-Verordnung im Jahr 2017. https://www.drohnen.de/14181/neue-drohnen-verordnung-ab-januar-2017/. Zugegriffen: 16. März 2019

*Es ist zu Ende mit den langen Wartezeiten, den verlorenen Zetteln und den untergegangenen Informationen. Du hast deinen Frieden gefunden.*

# Elternbrief

\* nach 1450    † 08.02.18 (Gründung Sdui GmbH)

Wir vermissen dich nicht:
- Alle **Lehrkräfte** des Landes
- Jegliche **Eltern**
- Die **Umweltbilanz** der Schule
- Das Budget für **Papierkosten**

In Liebe und Dankbarkeit nehmen wir Abschied und teilen wichtige Neuigkeiten ab sofort digital;
Innerhalb von 3 Sekunden über's Smarthpone mit allen Eltern, Lehrkräften und SchülerInnen.

Anstelle von Blumen bitten wir um aufrichtige Anteilnahme gegenüber allen Eltern,
die wochenlang vergeblich auf Informationen warteten, die sie niemals erhalten würden.

*Sdui*

Vom jugend-forscht Projekt zur Millionenfirma:
Erfahren Sie mehr über die revolutionäre
**App für Schulen und Schulträger** auf **sdui.de**

# 4

# Finanzierung und Schulträger

**Zusammenfassung** Die Umsetzung der Integration der Digitalisierung in Schule wird zu einem großen Anteil durch die Zusammenarbeit zwischen Schulträger und Schule definiert werden. Der am 19.03.2019 beschlossene Digitalpakt wird den Blick der Gesellschaft, der Öffentlichkeit, der Wirtschaft und der Politik auf diese Zusammenarbeit lenken. Eine erfolgreiche Umsetzung kann nur gelingen, wenn Schulträger sich auf Schule und Schule sich auf den Schulträger einlässt.

Die Zusammenarbeit zwischen Schule und Schulträger ist ein wichtiger Baustein zum Gelingen einer SmartSchool. Was nützen an dieser Stelle innovative Ideen aus einer Schule, wenn es aufseiten des Schulträgers kein Interesse gibt, diese Ideen umzusetzen bzw. zu fördern?

Der Schulträger ist eine Behörde, und Behörden sind aufgrund vieler Vorgaben und Regeln leider nicht die Schnellsten. Von der Beantragung eines Mediums bis zur Lieferung in die Schule vergehen oftmals Monate, wenn nicht sogar Jahre. Selbst Reparaturen bzw. der Austausch defekter Medien dauern in der Regel Tage bis Monate. Sehr häufig ist der Schulträger personell unterbesetzt oder überlastet.

Ausschreibungen sollen Missbrauch von Steuermitteln unterbinden, sie führen aber sehr, sehr häufig genau in die entgegengesetzte Richtung.

© Springer Fachmedien Wiesbaden GmbH, ein Teil von Springer Nature 2019
D. Steppuhn, *SmartSchool – Die Schule von morgen,*
https://doi.org/10.1007/978-3-658-24873-4_4

Meistens erhält der günstigste Anbieter den Auftrag, und sehr oft erhält die Schule dann „minderwertiges Material", also Material, welches nur den Mindestanforderungen des Ausschreibungstextes genügt. Handelt es sich um größere Anschaffungen, bspw. die Vernetzung einer Schule, die Ausrüstung mit WLAN oder interaktive Tafeln, dann passiert es sehr häufig, dass der gewählte Anbieter zwischenzeitlich, also zwischen Auftragsvergabe und Lieferung, in Konkurs geht und die Schule entweder keinen Support mehr erhält oder es inmitten der Umsetzung zum Stillstand kommt und somit zu einer sehr langen Wartezeit. Denn jetzt wird wieder neu ausgeschrieben, das Prozedere beginnt von vorn. Als Anschaffungs-Alternative kommen für den Schulträger dann noch Rahmenverträge ins Spiel, doch auch hier gibt es für die Schulen immer mehr Risiken als Chancen. Rahmenverträge kommen nämlich ähnlich zustande wie Ausschreibungen. Meistens erhält auch hier der günstigste Anbieter den Vertrag, meist mit einer Laufzeit von einem Jahr. D. h. der Missstand dauert dann ein ganzes Jahr an. Schulträgern sollte man aus den genannten Gründen größere Handlungsspielräume ermöglichen. Noch besser wäre es, die Schulen würden die Handlungsspielräume selbst erhalten und könnten die Produkte oder die Lieferanten direkt auswählen.

Damit Schulen dieses Dilemma umgehen können, gibt es aus meiner Sicht nur eine Lösung: Schulen brauchen ein eigenes Budget, mit dem sie Medien einkaufen können.

Das hätte den Vorteil, dass eine Schule viel schneller auf Bedürfnisse reagieren kann und sie das einkaufen kann, was sie tatsächlich braucht und möchte! Organisatorisch und rechtlich könnte man innerhalb der Schule eine Arbeitsgruppe, Lenkungsgruppe oder einen Beschaffungsausschuss ins Leben rufen, der sich um diese Angelegenheiten kümmert und darüber auch Rechenschaft ablegt. Wie viel Budget eine Schule erhält, ist ein anderes Thema, das sicherlich wieder politisch gelöst werden müsste.

Schaut man sich Schulträger an, so gibt es zwei unterschiedliche Ansätze für schulische Infrastrukturen, die dort verfolgt werden. Entweder streben Schulträger einheitliche Schulinfrastrukturen an, um einen Standard aufzubauen, der auch gewartet werden kann, oder es gibt keine Standards. Ein Ausstattungsschulstandard für alle Schulformen ist für den Schulträger ideal, sowohl, was die Anschaffung, als auch, was den Support betrifft. Für Schulen ist dieser Weg nicht immer der beste, denn Schulen sind individuelle Systeme, die man nicht über einen Kamm scheren darf. Viele Schulen haben bereits seit vielen Jahren unterschiedliche Konzepte verfolgt und auch realisiert. Schulträger, die erst sehr spät auf einheitliche Lösungen setzen, stehen im Moment häufig vor dem Problem, dass die technische Entwicklung so schnell verläuft, dass sie gar nicht mit der Standardisierung hinterherkommen.

Früher mussten sich Schulträger um sehr wenige Standards kümmern: Dazu gehörten die kabelgebundene Vernetzung einer Schule (meist mit Cat5 bis Cat7, topologisch als Stern realisiert mit einer entsprechenden Anzahl von Switchen), der Aufbau eines WLANs, die logische Verwaltung des Schulnetzes (Domänencontroller), d. h. die Benutzerverwaltung, die Desktop-PC-Ausstattung und die Internetanbindung. Heute gilt es, alles miteinander zu vernetzen und (am besten zentral) zu verwalten.

Dazu gehören heute BYOD mit Mobile-Device-Management für alle Plattformen, WLAN mit einer Verwaltungskonsole, Internetfilter oder Schulplattformen. Die Benutzerverwaltung all dieser Systeme stellt technisch eines der größeren Probleme für Schulen und Schulträger dar und kann nicht überall zufriedenstellend gelöst werden. In vielen Schulen gibt es doppelte, drei- oder vierfache Benutzerverwaltungen für die Anmeldung am Schulrechner, an der Lernplattform, am WLAN, an den Vertretungs-Apps. Die Wege der Schülerdaten sind in den letzten Jahren vielfältiger geworden, d. h. von der Anmeldung an die Schule bspw. über Schüler Online, zur Verwaltung der Benutzerdaten im Schulsekretariat, zur Übernahme der Daten in das pädagogische Netzwerk, zur Übernahme der Benutzerdaten in die Lernplattform, zur Nutzung der Benutzerdaten in Vertretungs-Apps, zur Nutzung der Benutzerdaten in Didaktischen Wizards oder digitalen Klassenbüchern.

Das alles zu standardisieren kostet Zeit, viel Geld und benötigt organisatorische und programmtechnische Schnittstellen. Dafür fehlt an vielen Stellen der politische Wille. Externe sehen oft noch nicht die Notwendigkeit, die Bedeutung und die Konsequenzen der Digitalisierung von Schulen, Schulträgern, Seminaren und weiteren Partnern im Bildungssystem. Hier fehlt es noch an vielen Stellen an Abstimmungen unter den Beteiligten.

90 D. Steppuhn

Vielleicht würden eigene „Digital-Dezernate" oder „Digital-Ministerien" in Zusammenarbeit mit den Schulen diese Probleme lösen können. Der im August 2018 gegründete Digitalrat der Bundesregierung könnte diese notwendigen Prozesse auf den Weg bringen! [1].

Das bringt uns zum zweiten Ansatz für schulische Infrastrukturen – es gibt keinen Standard. D. h., jede Schule hat ihre eigene mediale Lösung. Das ist einer der besten Ansätze für die Schulen, aber der schlechteste Ansatz für den Schulträger, sowohl im Beschaffungs- als auch im Wartungsbereich. Schulen, die diesen Weg gehen konnten und wollten, verwalten sich in der Regel selbst. Das bedeutet, dass Lehrer sich dieser Aufgabe angenommen haben und dies in ihrer unterrichts-freien Zeit erledigen oder durch Ermäßigungsstunden dafür frei-gestellt werden. Aus meinen Erfahrungswerten zu diesem Thema lässt sich festhalten, dass es für Lehrer, die sich für diese Tätigkeit gemeldet haben, ein reines Minusgeschäft ist. Die zugewiesenen Ermäßigungs-stunden decken in keiner Weise den zeitlichen Aufwand ab, den dieser Job mit sich bringt. Ein Vergleich zur Computerbetreuung in lokalen Netzwerken der Wirtschaft: Hier verwaltet ein Vollzeit-Administrator ca. 100 bis 200 Computer oder Netzwerkkomponenten wie Drucker, Switche, Router oder Access-Points. In Schulen liegt die Ermäßigung für solch einen Aufgabenbereich im Durchschnitt bei 0–5 Unterrichts-stunden pro Woche – wobei eine hohe Zahl von Ermäßigungsstunden eher eine Seltenheit darstellt.

Dieser Ansatz der Selbstverwaltung hat Risiken und Chancen bzw. Vor- und Nachteile. Die aus meiner Sicht bestechenden Vorteile sind das ideale – auf die Schule zugeschnittene – Medienkonzept und die schnelle Reaktionsmöglichkeit bei Problemen. Die Schule kennt ihr Netz, ihre Medien und auch das Kollegium, denn man hat es selbst aufgebaut, und kann dadurch bei Fehlern schnell reagieren und sie beseitigen. Der Nachteil ist sicherlich, dass man von einem kleinen Personenkreis abhängig ist, der technisch versiert sein muss. Hier gilt es, diesen Personenkreis zu pflegen und auch immer für Nachwuchs zu sorgen.

In letzter Zeit kommt ein weiteres Problem hinzu, welches in frü-heren Jahren weniger häufig auftrat: die Angst der Schulträger vor der Abhängigkeit von Marktführern wie Apple, Google oder Microsoft oder vor der massenhaften Kritik daran, sich in die Arme dieser Giganten zu begeben. Hier kommt von vielen Politikern der Ruf nach Linux und der Open-Source-Gemeinde.

Schauen wir doch einfach mal in die Wirtschaft. Dort arbeiten Unternehmen, die Medien und Techniken nutzen, um im Konkurrenzkampf zu überleben. Sie haben kein Problem damit, Techniken von Marktführern einzusetzen. Sie denken ergebnisorientiert und wirtschaftlich. Sie nutzen, was sie benötigen und was auch im Zusammenspiel funktioniert. Warum geht das nicht in Schulen?

Wenn Schulen gerne mit Apple, Android oder Windows-Tablets arbeiten wollen, warum sie nicht einsetzen? Wenn Schulen lieber mit Office 365 als mit einer anderen Plattform arbeiten, warum es nicht einsetzen? Wenn Schulen lieber mit Linux statt mit Windows arbeiten wollen, warum es nicht einsetzen? Wichtig ist bei der Entscheidung darüber, mit welchen Produkten eine Schule arbeiten möchte, nur der Umstand, dass das ausgewählte System funktioniert und auch gewartet werden kann.

Internetgiganten sollten – wenn sie es denn wollen – Unterstützer für Schulen werden. Auch sie müssen das Interesse haben, den Bildungsbereich besser auszustatten und zu schulen, denn Schulen bilden auch die zukünftigen Mitarbeiter und Kunden der Internetgiganten aus. Und nur, weil eine Schule eine Lösung eines Marktführers nutzt, heißt das ja nicht, dass die Schule ab morgen Bill-Gates-Schule oder Steve-Jobs-Schule heißen muss oder der Gigant ab morgen den Rahmenlehrplan gestaltet. Und realistisch betrachtet haben sowohl Schulen als auch die Wirtschaft nicht viele Handlungsspielräume, was die Nutzung von digitalen Medien betrifft. Möchte man an einer Schule mobile Endgeräte einsetzen, dann verbleiben zurzeit drei Alternativen: Windows-Notebooks, Apple-Tablets oder Android-Tablets. Hinter Android-Tablets stehen Unternehmen wie Samsung, Google, Huawei, Lenovo, Fujitsu und viele andere Unternehmen. Für einen dieser Giganten muss man sich entscheiden – hier gibt es keine weiteren Möglichkeiten. Selbst wenn man sich für Linux als Betriebssystem seiner Computer entscheidet, die Hardware kommt von einem der aufgezählten Giganten. Noch kleiner ist der Entscheidungsspielraum bei Smartphones – hier existieren nur noch 2 Plattformen: Apple und Android.

In der Öffentlichkeit herrscht oft der Glaube, dass die Internet-Giganten durch Sponsoring einen Einfluss auf die Schulen erhalten. Individuelles Sponsoring findet in den wenigsten Schulen tatsächlich statt. Ich kenne keine Schule, die von Apple, Google, Samsung, Fujitsu oder anderen Anbietern mobile Endgeräte, Drucker, Beamer oder sonstige Hardware-Komponenten geschenkt bekommt. Alle mir bekannten Schulen beantragen über den Schulträger die Technik ihrer Wahl, und die Geräte werden über den Schulträger beschafft und finanziert.

Schulen, die sich aus technischen Gründen für eine Alternative bei mobilen Endgeräten entschieden haben, werden in der Öffentlichkeit dafür sehr oft abwertend als „Microsoft-" oder „Apple-Schule" bezeichnet – obwohl hier überhaupt kein Sponsoring von Microsoft oder Apple stattfindet.

Die Handlungsspielräume der Internet-Giganten im Software-Bereich sind unterschiedlich ausgestaltet. Software-Unterstützung bieten die Internet-Giganten meist kostenlos an – die bekanntesten Beispiele sind hier Office 365 im Plan A1 (Stand 03/2019) oder die Google Cloud, die alle Schulen kostenlos nutzen dürfen. Es existieren im Bereich der Lernplattformen noch viele weitere kostenlose wie auch kostenpflichtige Produkte (Abschn. 3.1.4). Im Bereich der Suchmaschinen oder der Videoportale haben wir es mit einem Quasi-Monopolisten zu tun – Google und YouTube, also nur Alphabet (der Mutterkonzern von Google und YouTube). Merkwürdigerweise habe ich den Begriff der „Google-Schule" bisher nicht gehört, obwohl Produkte dieses Unternehmens in allen Schulen am häufigsten eingesetzt werden. Man denke – neben der Google-Suchmaschine und YouTube – an Google Maps, Google Translator, Google StreetView, Google Earth, Google Mail, Google Drive, Google Docs, Google Books … Für die kostenlose Nutzung all dieser Dienste zahlen wir mit unseren Daten und unseren Persönlichkeitsprofilen.

Die Hardware-Ausstattung der Schulen obliegt dem Schulträger, dieser entscheidet über die Anschaffungen. Schulen haben zwar die Möglichkeit, ihre Einkaufswünsche zu äußern, eingekauft wird jedoch exklusiv über den Schulträger, der entweder einen Rahmenvertrag mit einem Anbieter abgeschlossen hat oder gewünschte Komponenten ausschreiben muss. Der tatsächliche Einfluss der Schule geht dabei letztlich gegen Null. Bei einer guten Zusammenarbeit zwischen Schulträger und Schule (das ist beim Erich-Gutenberg-Berufskolleg und der Stadt Köln glücklicherweise der Fall), bemühen sich die Schulträger um die Realisierung der Schulwünsche. Aber auch ihnen sind viele Grenzen gesetzt in Form umfangreicher Ausschreibungsvorgaben.

Viele schulexterne Beteiligte – wie bspw. Journalisten, Politiker oder Eltern – haben Angst, dass die Schulen durch Sponsoring zum Einfallstor für die Internet-Giganten werden. Doch wie bitte soll eine Schule unter den Einfluss eines großen Sponsors kommen?

Wird der Sponsor ab sofort die Belange der Schule übernehmen?
Nein!
Wird der Sponsor die didaktische Ausrichtung bestimmen?
Nein!
Wird der Sponsor die Personalpolitik einer Schule beeinflussen?
Nein!

Fasst man das Thema Sponsoring zusammen, so lässt sich sagen, dass es an Schulen so gut wie nicht stattfindet. Die Entscheidung für die Anschaffung eines digitalen Mediums liegt beim Schulträger. Der Handlungsspielraum für die Auswahl digitaler Medien – insbesondere im Hardware-Segment – wird aufgrund der Konsolidierung im Markt auf wenige Anbieter immer kleiner. Der Wunsch der Schulen, kostenlose Software – wie bspw. Office 365 oder die Google Cloud – einzusetzen ist nachvollziehbar, insbesondere wenn diese Lösungen auch noch technisch vielen Konkurrenzprodukten weit voraus sind.

Aus meiner Erfahrung heraus sollte bei der Auswahl und Entscheidung für digitale Medien auch die Investitionssicherheit berücksichtigt werden. Entscheidet man sich für kleine Anbieter, so besteht hier schnell die Gefahr, dass der Anbieter sich im Schulmarkt nicht etablieren kann bzw. oft nicht das notwendige Kapital besitzt, einen langen Atem zu haben. Das bedeutet für Schulen dann die Einstellung von Supportleistungen, keine Weiterentwicklung des Produktes und somit einen notwendigen Wechsel auf ein anderes Produkt. Zeitliche Stabilität bei der Nutzung digitaler Medien ist im Schulumfeld aber dringend notwendig. Die Einführung eines digitalen Mediums in einer Schule benötigt viel Zeit, bis das Medium vom Kollegium angenommen und schulweit eingesetzt wird. In der Regel haben Sie auch nur eine Chance, das Medium einzuführen und zu etablieren. Erfüllt das ausgewählte Medium nicht die Erwartungen, zieht das Kollegium nicht mit. Es benötigt dann viel Überzeugungsarbeit, ein anderes Medium im Schulumfeld zu etablieren – doch meist scheitert ein zweiter Versuch.

Ein weiterer Punkt sollte an dieser Stelle noch erwähnt und berücksichtigt werden. Berufsschulen bilden für die Wirtschaft und Verwaltung aus – sie sollten sich deshalb bei der Auswahl der eingesetzten digitalen Medien auch am Nutzungsgrad der Medien in der Wirtschaft orientieren. Es macht keinen Sinn, die Auszubildenden in Programmen zu schulen, die wenig oder gar nicht in der Wirtschaft eingesetzt werden, wie bspw. Open oder Libre Office im Gegensatz zu Microsoft Office.

Die Open-Source-Bewegung ist im Software-Segment wichtig und sicherlich ein guter Gegenpol zu den Angeboten der Internet-Giganten. Dort, wo Open-Source-Programme in Schulen sinnvoll eingesetzt werden können, spricht auch nichts dagegen, wenn sich eine Schule dafür entscheidet. Wie schwierig Entscheidungen für oder wider Open Source sind, zeigt sehr eindrucksvoll das Beispiel liMux in München [2]. Hier wurde der Versuch unternommen, innerhalb der Münchner Behörden komplett von Windows auf Linux zu wechseln. Der Versuch scheiterte – aus welchen Gründen auch immer – und man wechselte ein paar Jahre später zurück auf Windows. Das Beispiel zeigt, dass das Erzwingen einer technischen Lösung nicht den optimalen Weg darstellt – egal, welche Lösung am Ende gewinnt.

Schulen sind heute auch Konkurrenten im Bildungsmarkt – jede Schülerin und jeder Schüler bringt einer Schule Geld und Lehrerstellen, im besten Fall sogar externe Unterstützung durch Eltern, Förderer, Spender, Kooperationspartner … jede Schule braucht heute eine Corporate Identity!

Aus diesem Grund sollten, nein, müssen Schulen sich heute im Bildungssystem auch vermarkten können. Sie sollten mit ihren Konzepten und Visionen in die Öffentlichkeit gehen. Dazu gehören Auftritte auf Messen, Veranstaltungen, Kongressen, Workshops, Wettbewerben und bei vielen anderen öffentlichen Gelegenheiten. Um dem veränderten Nutzungsverhalten von Schülern und Lehrern Rechnung zu tragen und die Kommunikation zwischen allen Beteiligten sowie Interessierten außerhalb der Schule zu fördern, sollten SmartSchools auf die Kommunikation über alle möglichen Social-Media-Kanäle (bspw. Facebook, Google+, Wikipedia) und die eigene Webseite setzen. Der Zugang zu den Karrierenetzwerken LinkedIn und Xing könnte für Schüler auch als Sprungbrett in die Berufswelt dienen. Auch können sich hier Lehrer mit Ausbildungs-Betrieben vernetzen und wichtige Kontakte knüpfen und pflegen. SmartSchools sollten bei allen Aktivitäten auf eine eigene Corporate Identity achten, um die Individualität der Schule hervorzuheben!

> Jede Schule braucht eine Corporate Identity – beginnen Sie frühzeitig und konsequent damit, eine Corporate Identity aufzubauen! Es wird Ihnen insbesondere im Umgang mit der Öffentlichkeit, d. h., Förderern, Sponsoren, Eltern, Ausbildungsbetrieben und Partnern helfen.

Natürlich kosten diese Maßnahmen Zeit, Energie und Mühen. Für Schulen bedeutet diese wichtige Öffentlichkeitsarbeit unter Umständen den Ausfall und Vertretung oder Betreuung von Unterrichtsstunden – was gegenläufig zu öffentlichen Vorgaben seitens der Ministerien ist und auch im Gegensatz zu der originären Aufgabe einer Schule steht, dem Unterricht. Hier besteht nicht nur für die Schulleitung ein Dilemma, sondern für das gesamte Kollegium. An diesem Punkt kann man nur hoffen, dass alle Beteiligten an einem Strang ziehen und die Bedeutung einer guten Öffentlichkeitsarbeit verstehen und sie unterstützen!

**Think – Pair – Share – Übertragbarkeit unserer Konzepte**
Aufgrund der Dokumentation, der Übertragbarkeit in den Schulalltag und der Implementierung der Konzepte an andere Schulen wurde das Erich-Gutenberg-Berufskolleg im Schuljahr 2013 als einzige staatliche deutsche Schule zur Microsoft Mentor School ernannt. Seit 2014 wurde es seitens Microsoft bereits fünf Mal zu einer Worldwide Showcase School ernannt – einer „internationalen Leuchtturmschule".

2015 gewann das Erich-Gutenberg-Berufskolleg in Kooperation mit Microsoft den Wettbewerb „SchuleWirtschaft – Das hat Potenzial!". Die Jury lobte die vorbildliche große Akzeptanz der Anwendung digitaler Medien in der Breite des gesamten Schulkollegiums. 2017 wurde das Erich-Gutenberg-Berufskolleg Preisträger *Gute Gesunde Schule NRW.*

Im Projekt „Lehren und Lernen mit digitalen Medien" der Stadt Köln (Digital Schools Cologne) in Zusammenarbeit mit der Universität Duisburg wurde das Erich-Gutenberg-Berufskolleg 2017 als „Leuchtturmschule" aufgenommen, damit hier gemachte Erfahrungen beim Unterrichten mit digitalen Medien an andere Schulen in Nordrhein-Westfalen weitergegeben werden können.

Im März 2018 ist das Erich-Gutenberg-Berufskolleg Preisträger im Wettbewerb „Smart School by bitkom" des Bitkom-Verbandes geworden mit der Begründung, das Erich-Gutenberg-Berufskolleg Köln habe mit seiner Bewerbung ein herausragendes Konzept vorgelegt und gehöre zu den bundesweiten Vorreitern der digitalen Bildung. Seit 2019 gehört das Erich-Gutenberg-Berufskolleg auch dem Netzwerk *Zukunftsschulen NRW* an.

Die Bedeutung und Wichtigkeit der Zusammenarbeit zwischen Schulträger und Schule wird sich in den nächsten Jahren am Beispiel des Digitalpakts Schule zeigen [3]. Die Bundesländer werden in den nächsten fünf Jahren 5 Mrd. EUR vom Bund erhalten, um die digitale Infrastruktur in Schulen auszubauen. Schulträger und Schulen haben nun die Möglichkeit, den technischen Standard in Schulen erheblich zu verändern. Die Gesellschaft erwartet erfolgreiche Auswirkungen, d. h., deutsche Schulen sollen konkurrenzfähiger werden und den Anschluss an die digitale Entwicklung nicht verpassen. Die Investitionen werden aber nur dann positive Auswirkungen zeigen, wenn die Anschaffungen der digitalen Medien in einer gemeinsamen Abstimmung erfolgen und das Kollegium darauf vorbereitet ist. Dazu gehören natürlich auch der dauerhafte technische Support für die angeschafften Medien (s. auch Abschn. 5.2) und die Fort- und Weiterbildung der Kollegen im Umgang mit den digitalen Medien (Kap. 6).

## 4 Finanzierung und Schulträger

> **Zusammenfassung Finanzierung und Schulträger**
> - Das deutsche Bildungssystem benötigt spezielle Digital-Dezernate und/oder Digital-Ministerien.
> - SmartSchools brauchen Sponsoren und Kooperationspartner.
> - SmartSchools benötigen ein eigenes Budget, das hilft, kurzfristig Ideen zu realisieren.
> - SmartSchools sollten alle verfügbaren Plattformen (Webseite, Social Media, Veranstaltungen) nutzen, um ihre Konzepte zu veröffentlichen und zu bewerben, um ihre Aufgabe als Leuchtturm zu bewerkstelligen – Think – Pair – Share.

# Literatur

1. Presse- und Informationsamt der Bundesregierung – Der Digitalrat – Experten, die uns antreiben. https://www.bundesregierung.de/Content/DE/Artikel/2018/08/2018-08-21-digitalrat.html. Zugegriffen: 16. März 2019
2. Krempl S (2017) Endgültiges Aus für LiMux: Münchener Stadtrat setzt den Pinguin vor die Tür. https://www.heise.de/newsticker/meldung/Endgueltiges-Aus-fuer-LiMux-Muenchener-Stadtrat-setzt-den-Pinguin-vor-die-Tuer-3900439.html. Zugegriffen: 16. März 2019
3. Norddeutscher Rundfunk (2019) „Digitalpakt Schule" kann kommen. https://www.tagesschau.de/inland/digitalpakt-bundesrat-101.html. Zugegriffen: 19. März 2019

# 5

# Infrastruktur, Support, SmartTeams und SmartPersons

**Zusammenfassung** Die erfolgreiche Umsetzung der Integration der Digitalisierung in der Schule steht im Spannungsfeld zwischen Technik und Menschen – übersetzt in die Sprache der Digitalisierung: aus Hardware und Software. Zur Hardware gehören die Gebäude, die Möbel und alle verfügbaren, digitalen Medien. Zur Software gehören die Menschen. Beide Komponenten bauen aufeinander auf und funktionieren nicht alleine, sondern benötigen eine sorgfältige Abstimmung und müssen zeitgemäß sein.

## 5.1 Infrastruktur

Der marode gebäudetechnische Zustand der meisten Schulgebäude in Deutschland ist bekannt. Gravierende und aufwendige Maßnahmen zur Renovierung sind sehr kosten- und zeitintensiv. Hier liegt eine Vernachlässigung über viele Jahre vor – ähnlich wie bei Bestandsbrücken oder geplanten Brückenneubauten. Alle Schulen mit einem Neubau auszustatten ist finanziell utopisch und würde auch sehr viel Zeit in Anspruch nehmen – Zeit, die wir eigentlich nicht haben.

© Springer Fachmedien Wiesbaden GmbH, ein Teil von Springer Nature 2019
D. Steppuhn, *SmartSchool – Die Schule von morgen,*
https://doi.org/10.1007/978-3-658-24873-4_5

Die deutschen Schulgebäude haben noch den weiteren Nachteil, dass sie architektonisch zu oft klassischen Beamtengebäuden entsprechen, d. h. bspw., dass sie lange unansehnliche Flure, gleiche Aufteilung der Räume in allen Etagen aufweisen und farblich sehr schlicht gehalten sind. Das bedeutet leider auch, dass sie nicht mehr den heutigen Anforderungen neuerer neuro-didaktischer Lernkonzepte entsprechen. Es bestehen aber Möglichkeiten, auch unsere alten, architektonisch nicht veränderbaren Schulgebäude schnell und mit geringen Kosten den Notwendigkeiten des neuen Lehrens und Lernens anzupassen.

Klassenräume sollten aufgelöst werden hin zu multimedialen Räumen mit Einzeltischen und der damit einhergehenden Möglichkeit variabler Tischanordnungen. Unsere Schulen sollten bunter und ergonomischer werden. Wir unterrichten Ergonomie und Farbenlehre – warum sind die Standardfarben für Wände und Decken grau und weiß? Ergonomische Stühle, Tische und Möbel sind in Schulen selten vorzufinden. Gemütliche Elemente, die in keinem Privat-Haushalt fehlen wie bspw. Pflanzen, Bilder, Kuschelecken oder Sessel fehlen in Schule. Erfolgreiches Lernen findet über Emotionen in einer Wohlfühlumgebung statt – die Wohlfühlatmosphäre fehlt aber im System Schule.

Es gibt in Deutschland bereits einige wenige Schulen, die durch neue Gebäude oder Strukturänderungen in den alten Gebäuden auf die Zukunft ausgerichtet wurden oder auf dem Weg dorthin sind. Dazu gehören bspw. das Gymnasium Bondenwald in Hamburg, die Gemeinschaftsschule Wutöschingen in Baden-Würtemberg oder die Medienschule Ernst-Reuter-Schule in Karlsruhe [1]. In diesem Bereich können wir sicherlich viel von unseren Nachbarn in England (Twickenham School) oder Dänemark (Ørestad Gymnasium in Kopenhagen) lernen, die bereits seit einigen Jahren ihre Erfahrungen mit neuen Lernumgebungen machen [2].

Individuelle kreative Förderungsmöglichkeiten sind dort durch Ruhe-, Musik-, Kreativ-, Start-up- oder Entdeckungsräume realisiert. Unternehmen wie Google nutzen ähnliche Raumansätze, gekoppelt mit einem innovativen Arbeitszeitmodell, um die Kreativität ihrer Mitarbeiter zu fördern – dass 20 % Prozent-Zeit-Modell. Die Google-Mitarbeiter können 20 % ihrer Arbeitszeit dafür verwenden, eigene Ideen oder Projekte zu entwickeln [3]. Solch ein Arbeitszeitmodell könnte auch für die Schule Pate stehen und viel Kreativität in die Schulen hineintragen.

## 5 Infrastruktur, Support, SmartTeams und SmartPersons 101

Die technische Infrastruktur in vielen Schulen ist nicht veraltet, sondern meistens gar nicht vorhanden. Hier hätte man gute Chancen, dies schnell aufzuholen. Zurzeit laufen dazu auch entsprechende Maßnahmen wie *GuteSchule 2020* in Nordrhein-Westfalen oder auch die Fördermaßnahme des Bundes, der Digital Pakt.

Dass diese Maßnahmen aber überwiegend nur auf materieller Basis stattfinden, ist ein großes Manko und muss schnellstens angepasst werden. Was nützt Material, wenn es keine Konzepte oder auf Lehrerseite keine Bereitschaft gibt, das Material einzusetzen? Die Bereitschaft auf Lehrerseite ist oft nicht gegeben, weil hier viele Ängste vorherrschen. Viele Lehrer nutzen digitale Medien nicht, weil sie befürchten, dass sie der Technik entweder nicht gewachsen sind, die Technik im Unterricht ausfällt oder Probleme verursacht, die man selbst nicht lösen kann oder dass Schüler besser mit der Technik umgehen können und so die Lehrer im Unterricht blamieren. Die Angst einer Blamage verringert sich zusehends durch die Veränderung des Lehrerbildes. Immer mehr Lehrer haben an sich selbst nicht mehr den Anspruch, alles zu wissen oder alles besser zu wissen. In unserem Informationszeitalter ist das auch nicht mehr möglich – der Lehr-/Lernprozess hat sich in Schule schon weitestgehend verändert. Das Lernen findet heute als Gesamtheit statt, viele wissen mehr als einer. Wenn es gelingen würde, hier in einen Dialog mit den Schulen zu kommen, individuell Hilfe zu leisten und Ängste zu nehmen, dann würde die Chance bestehen, Deutschland und seine Schulen in das digitale Zeitalter zu überführen. Dazu gehören neben Ausstattungsinitiativen auch Fortbildungs- und Supportinitiativen. Das Thema Fortbildung bestimmt das nächste Kapitel (Kap. 6).

Die Energieversorgung und der Energieverbrauch müssen im Zeitalter der Digitalisierung angepasst werden. Es gibt immer mehr digitale Medien in Schulen, bspw. durch BYOD, hier kann und sollte eine Energieversorgung durch eigene Solaranlagen realisiert werden. Gebäude und auch Fenster sollten gedämmt bzw. isoliert werden. Beschattung sollte zum Standard gehören. Heizungen sollten im Zeitalter von SmartHome und dem Internet of Things intelligent sein. Die Senkung des Energieverbrauchs kann durch Einstellungen auf den Computern im Bereich Energiesparmodus und Ruhezustand in Form von Gruppenrichtlinien angestrebt werden. Die technische Umsetzung lässt sich durch den Einsatz eines Verzeichnisdienstes wie des Active Directory einfach realisieren. Hiermit kann man allen Computern im Netzwerk Vorgaben bspw. im Bereich Energiesparmodus und Ruhezustand zukommen lassen, d. h. Computer und Monitore schalten sich nach einer vorgegebenen Zeit, in der keine Aktionen am Computer stattfinden, in einen stand-by-Modus. Dadurch kann der Energieverbrauch erheblich gesenkt werden.

Auch das künstliche Licht sollte besser gesteuert werden. Es sollte eingeschaltet sein, wenn Personen im Raum sind, und sich ausschalten, wenn der Raum verlassen wird.

SmartSchools sollten aus den oben genannten Gründen in die Smart-City-Konzepte der Städte integriert werden, die sich diesem Thema bereits widmen.

Das Thema ausfallsichere Stromversorgung entfällt an dieser Stelle, denn eine Schule ist kein Krankenhaus und muss vor einem Stromausfall nicht gefeit sein. Das Thema sollte aber im Netzwerkumfeld in der Schule eine Rolle spielen. Die notwendigen Server, Switches und Router sollten über eine oder mehrere USVs abgesichert sein, sodass sich im Falle eines längeren Stromausfalls die Server sauber herunterfahren.

Dass man nicht alle Schulen in so kurzer Zeit neu bauen oder umbauen kann – was wahrscheinlich bei 90 % aller Schulgebäude notwendig wäre –, ist offensichtlich und auch nachvollziehbar. Hier kommt wieder die Frage nach möglichen Chancen und Alternativen auf, also nach realistischen Lösungen, die sich auch zeitnah umsetzen lassen. Eine mögliche Lösung wäre die Umwandlung aller Klassenräume in Schulen in sogenannte Selbstlernzentren.

**Selbstlernzentrum**

Auch das Erich-Gutenberg-Berufskolleg besitzt ein (!) Selbstlernzentrum. Was zeichnet ein Selbstlernzentrum aus? Seine Vorteile zeigen sich in der Vielzahl der didaktischen Konzepte, die in solch einem Raum besser umgesetzt werden können als in einem normalen Klassenraum.

Ein Selbstlernzentrum sollte individuell gestaltbar sein, d. h., die Möbel sollten sich schnell für die benötigte Arbeitsform (Einzel-, Gruppen-, Team- und Klassenarbeit) umstellen und anordnen lassen. Die Möbel sollten Gemütlichkeit und Wärme ausstrahlen. Auch die farbliche Gestaltung

## 5 Infrastruktur, Support, SmartTeams und SmartPersons 103

der Wände und Möbel sollte das fördern. Moderne Technik sollte zur Verfügung stehen und auch individuell einsetzbar sein.

Das Selbstlernzentrum des Erich-Gutenberg-Berufskollegs ist ausgestattet mit einem Microsoft Pixelsense, Tablets, einem Lehrerarbeitsplatz, einer interaktiven Tafel, einem S/W-Laser- sowie einem Farbtintenstrahldrucker, einem Access-Point und an den Wänden sind Kabelkanäle mit vielen Strom- und RJ45-Dosen angebracht.

Ein Kollege von mir, Armin Wambach, hat 2010 eine schulinterne Momentaufnahme und einen didaktischen Leitfaden zum Thema Selbstlernzentrum verfasst. Der Leitfaden ist bis heute aktuell, deshalb möchte ich ihn an dieser Stelle einbinden:

### Selbstlernen am Erich-Gutenberg-Berufskolleg – Momentaufnahmen und ein didaktischer Leitfaden

Schon immer sind Lehrer bemüht, sich dem einzelnen Schüler, der einzelnen Schülerin zuzuwenden, sie als autonome, einzigartige und eigenwillige Persönlichkeiten anzunehmen, sie auf ihrem Weg durch die Schule hin zum Erwachsensein zu begleiten und zu unterstützen (Eckert E., Individuelles Fördern in: H. Meyer, Was ist guter Unterricht).

Ja, wie schon immer folgen wir der Handlungsmaxime, die Schüler dabei zu unterstützen, dass sie insbesondere selbstständiges und eigenverantwortliches Handeln lernen. Sie sollen für sich und gemeinsam mit anderen lernen und Leistungen erbringen. Der Unterricht soll die Lernfreude der Schüler erhalten und weiter fördern. Er soll die Schüler anregen und befähigen, Strategien und Methoden für ein lebenslanges nachhaltiges Lernen zu entwickeln.

Mit dem Schulgesetz für das Land Nordrhein-Westfalen (v. 15.02.2005, zuletzt geändert 13.11.2012) ist dieses Verständnis zu einem Rechtsanspruch geworden.

Der sinnstiftende bildungspolitische Wegweiser ist eindeutig! Wenn es nun zutrifft, was uns die lernpsychologische und -physiologische Forschung mitteilt, so gibt es weitere Überlegens-Aufträge. Zum Beispiel geht die Theorie der Persönlichkeits-System-Interaktionen [4] davon aus, dass für den Schulerfolg die Parameter Anstrengungsbereitschaft (zu 54 %), Konzentrationsfähigkeit (zu 20 %), Zielkonkretisierung (zu 13 %) bedeutsam sind. Danach ist anzunehmen, dass Selbststeuerungskompetenzen zu ca. 80 % für erfolgsorientiertes Lernen verantwortlich sein können. Im Umkehrschluss sind für den schulischen Misserfolg Anstrengungsvermeidung, Konzentrationsstörung und Zieldiffusion maßgeblich.

Die Nutzung bzw. Ausgestaltung der geforderten Selbstständigkeit bzw. der Autonomie des Individuums ist an die Fähigkeit zur Selbstreflexion gebunden, was Bewusstsein voraussetzt. Hier liefert uns der aktuelle Neurodiskurs bzw. die Hirnforschung einige Verunsicherungen. Wenn es zutrifft, dass sich unser Gehirn hauptsächlich mit sich selbst beschäftigt, 80 bis 90 % der neuronalen Verbindungen dem inneren Monolog gewidmet sind so ist zu anzunehmen, dass Prozesse in unserem Gehirn hochautomatisiert und völlig unbewusst ablaufen [5]. In neurophysiologischer Lesart kann es damit keine bewusste Selbstreflexion geben. Allerdings geht die Hirnforschung auch von einer grundsätzlichen Weltoffenheit des Subjekts aus [6].

Systemtheoretisch wird Letzteres durch die Annahme unterstützt, dass psychische Systeme Selbstreferenzen vollziehen, und dies wird in Form von Bewusstsein prozessiert [7]. Die Autopoiesis – also das Selbstschaffen – ist hier eine zentrale theoretische Begrifflichkeit und Grundlage für den induktiven Unterricht. Die Annahme, dass der Weltbezug des Individuums autopoietisch ist bzw. erwirkt werden muss, verweist auf die Weltoffenheit menschlichen Verhaltens [8]. Nach dem Konzept der Autopoise (Maturana/Varela) [9] ist der soziale und individuelle Bildungsprozess an individuelle Reflexionsleistungen sowie an den Erhalt der Selbstständigkeit des Individuums gebunden. Die Versöhnung mit der Hirnforschung liegt darin, dass sie auch von der Notwendigkeit der Selbstaktivität ausgeht, um neuronale Netze optimal zu entwickeln.

Die Schüler müssen also in induktiven Ansätzen wie dem selbstgesteuerten Lernen ihr eigenes „Lernnetz" spinnen, um Architekten ihres Lern- bzw. Schulerfolgs zu werden. Selbstgesteuertes Lernen ist daher immer auch im Zusammenhang von Selbstbestimmung und Selbstverantwortung zu sehen.

Das Qualitätstableau (NRW) analysierend und die Qualitätsanalyse erwartend, haben sich Kolleginnen und Kollegen am Erich-Gutenberg-Berufskolleg schon länger damit beschäftigt, wie Selbstlernen im schulischen Alltag nachhaltig sichtbar wird und wie ein „Selbstlernort" wohl gestaltet werden kann (siehe auch Erich-Gutenberg-Berufskolleg-Schulprogramm).

2008 begann unser Weg, das Projekt als bildungsbezogenes „Entwicklungsprojekt" in der Öffentlichkeit mit einer präventiven Intention zu präsentieren: „Weniger schulische Misserfolge, größere Chancen beim Übergang in eine berufliche Ausbildung, Senkung der Jugendarbeitslosigkeit im Stadtteil". Wir haben unser Projekt –Selbstlernzentrum (Selbstlernzentrum am Erich-Gutenberg-Berufskolleg) – auf verschiedenen politischen Ebenen des Stadtentwicklungsprogramms Mülheim 2020 vorgestellt und sind nach Entscheid der Bürgerversammlung Mülheim 2009 als förderwürdig befunden worden.

## 5  Infrastruktur, Support, SmartTeams und SmartPersons          105

Nach intensiven schulinternen Prozessen ist das Selbstlernzentrum in der Handelsschule im Schuljahr 2009–2010 als verpflichtender Differenzierungsbereich in den Fächern Deutsch, Englisch und Mathematik eingeführt worden. Nach vorausgehenden diagnostischen Erhebungen stellt sich das „Selbstlernen" am Erich-Gutenberg-Berufskolleg unterrichtsimmanent, unterrichtsadditiv oder eben auch über sogenannte Zwangskontexte dar.

Selbst lernend befanden und befinden wir uns in einem ständigen Entwicklungsprozess. Es ging darum, ob und wie wir eine wissenschaftliche Begleitung einbinden können, ob wir offene oder geschlossene Lernorte organisieren, wer welches „maßgeschneiderte" Lernmaterial erstellt, wer welche Lernsoftware auswählt, ob das „Selbstlernen der Schüler/innen" nur mit Lehrer/innenstunden und zusätzlicher psychosozialer Unterstützung machbar ist, ob und wie wir „Lernverweigerung am Selbstlernort" sanktionieren, wie die Rückkoppelung zum Fachunterricht formal und inhaltlich gestaltet werden kann, wie ein motivierender Lernort innenarchitektonisch gestaltet sein muss, welche Maßstäbe bzw. Normen der Informationstechnologie zu beachten sind, wie „Selbstlernen" mit wenig oder keiner Lern-Hardware funktionieren kann, wie eine konstruktive Medienkompetenz vermittelt werden kann, wie das andere Schulen gestalten, ob wir ein Gütesiegel beantragen können oder ob wir uns in der Überforderungsfalle befanden.

Selbstlernen initiieren und organisieren verstehen wir heute als personalen und organisatorischen Entwicklungsauftrag in den jeweiligen Bildungsgängen. Beispielhaft sei hier die Konstruktion für ein Bildungsgangprofil aufgezeigt.

Wir sind davon überzeugt, dass ein moderner Lernort, also ein zukunftsorientiertes Selbstlernzentrum von Schülern nur angenommen wird, wenn sich dort die Kommunikations- und Informationstechnologie als attraktiv und herausfordernd präsentiert.

Bei dem derzeitigen technologischen Entwicklungsstand, mit Blick auf die gestaltete Lernumwelt und mit der fachlich personalen Vorortpräsenz können wir sagen, dass das „Selbstlernzentrum am Erich-Gutenberg-Berufskolleg" ein „Vorzeigeprojekt" ist.

Da unser Schulnetznetzwerk in einer Domäne verwaltet wird, sind die sich im Eigentum des Schulträgers befindlichen Computer auch mit einem Microsoft-Betriebssystem ausgestattet. Aufgrund dieser Vorgaben scheiden an dieser Stelle aus technischen Gründen alle Tablets aus, die mit den Betriebssystemen IOS (Apple) oder Android betrieben werden.

Da die Umsetzung des Selbstlernzentrums in einem hohen Maß flexibel sein soll und eine hohe Mobilität bieten soll (s. auch die Möbelbeschaffung – flexible Möbel, mit denen man durch Umstellungen Individual-Lernplätze,

Insellösungen oder Gruppenlösungen realisieren kann), haben wir mobile Computer in Form von Tablets ausgewählt. Viele Tablets unterstützen Software-seitig nur Apps (kleine, abgespeckte Programme). Diese kommen für uns im Selbstlernzentrum nicht infrage, da wir auf den Geräten auch normale Schulsoftware wie Sprachensoftware, Mathematikprogramme, Übungssoftware für den Deutschunterricht, Lerntests zum Zehn-Finger-Schreiben, MindManager, Office, Project, Bildbearbeitung etc. einsetzen. Natürlich sollte das Tablet WLAN unterstützen (802.11/b/g/n), mindestens einen USB-2.0-Port, eine oder besser zwei Live-Cams, einen Micro-Karten-Steckplatz, eine Headset-Buchse, einen HD-Video-Out-Port, zwei Mikrofone und Stereo-Lautsprecher besitzen.

Das Display sollte nicht kleiner sein als zehn Zoll, die Auflösung sollte bis 1920*1080 Pixel erlauben. Beide Faktoren ermöglichen ein angenehmes Arbeiten am Bildschirm. Auch sollte das Tablet Multitouch gewährleisten und mindestens über ein Fünf-Punkt-Multitouch-Display verfügen. Dies würde nicht nur individuelles Arbeiten an einem Gerät unterstützen, sondern mit geeigneter Software könnten vorübergehend sogar Kleingruppen gleichzeitig an der Lösung von Aufgaben an einem Display arbeiten (bspw. könnten maximal fünf Personen an einem Zehn-Punkt-Multitouch-Gerät arbeiten).

Damit die eingesetzten Geräte sich dem individuellen Lernstand des Schülers anpassen, haben wir uns für Tablets und gegen Notebooks entschieden. Technisch haben Tablets auch den Vorteil, dass sie längere Laufzeiten (Akku) haben und somit der Lernfluss durch Wechsel oder Aufladung nicht unterbrochen wird. Der Umgang mit neuen Medien wie interaktiven Tafeln und Touchscreens erweitert die Handlungskompetenz der Schüler und verbessert deren zukünftige berufliche Chancen.

Aufgrund der eingesetzten und noch einzusetzenden Software sollte das Tablet aber zusätzlich eine Tastatur mitbringen. Somit kann didaktisch die Lerneingabe sowohl über einen Touchscreen als auch über die Tastatur erfolgen. Hiermit kann man sich dem Lernstand des Schülers am besten individuell anpassen. Somit kann man bspw. Übungen in Office-Anwendungen mit der Tastatur durchführen, Bildbearbeitung, Mindmapping und andere Kreativ-Software können über Fingereingabe mit dem Touchscreen erfolgen. Die Tastatur sollte sich leicht vom Tablet lösen und auch wieder anbinden lassen (am besten ohne Kabel).

Mithilfe des Microsoft/Samsung Pixelsense können komplexe Informationen anschaulich und durch die intuitive Bedienung für jeden verständlich visualisiert werden, denn die Applikationen reagieren auf bis zu 50 Berührungen gleichzeitig. Durch die verschiedenen Schnittstellen kann eine Verbindung beispielsweise mit einem Surface-Tablet, einem Notebook oder einem SmartPhone realisiert werden. Die Ausgabe kann zusätzlich dank einer HDMI-Schnittstelle auf einen Beamer oder ein digitales Board erfolgen. Inhalte können so direkt vom PC in den Samsung SUR40 eingespeist oder auf ihm gespeichert werden. Theoretisch könnte also eine ganze Gruppe oder Schulklasse an dem Display arbeiten. Die Lehrer könnten so den Lernerfolg in Echtzeit mitverfolgen, einzelne Schüler individuell fördern und bei Bedarf einzelne Arbeiten auf einer digitalen Tafel bzw. einem Beamer zeigen.

Dadurch, dass auch alle normalen Programme (bspw. Office mit Word, Powerpoint und Excel, Bildbearbeitung, Sprachensoftware) auf solch einem Pixelsense -Tisch laufen, steht genügend Software für den Einzel- oder Gruppenunterricht zur Verfügung. Dieser Tisch stellt aufgrund seiner technischen Fähigkeiten für die Schüler im Selbstlernzentrum eine ganz neue Lerndimension dar. An diesem Tisch kann durch den Einsatz von Edutainment-Software (bspw. QuizTouch der Fa. After-Mouse.com – das Programm lässt die Gestaltung eigener Fragen zu, somit kann man ein Quiz für die Fächer Deutsch, Mathematik oder Englisch anpassen) ein spielerischer Lernansatz mit hoher Motivation erfolgen. Projekt- und Gruppen- oder individuelle Rechercheaufgaben im Internet können gleichzeitig am Tisch durchgeführt werden. Die Suchmaschine Bing ist als Programm bereits für diesen Tisch optimiert worden und im Lieferumfang vorhanden. Schüler könnten bspw. auch für gute Mitarbeit belohnt und motiviert werden und an diesem Tisch nach erfolgtem Lernprozess eine Runde Sudoku oder Schach spielen.

## 5.2 Support

Technischer Support ist für eine Schule, insbesondere eine SmartSchool, lebensnotwendig. Doch wie sieht er aus?

Unterschieden wird der Support in die Bereiche First-Level-, Second-Level- und Third-Level-Support. Der First-Level-Support wird in der Regel vom Kollegium erbracht durch die Meldung einer Störung beim Support-Team oder das Kollegium löst das Problem alleine, bspw. durch das Betätigen des Power-on-Knopfes an einem „nicht funktionierenden" Computer. Second-Level- und Third-Level-Support sollten von externen Dienstleistern erbracht werden.

Im Prinzip ist das okay – die Frage ist nur: Wie lange wartet man auf den Second-Level- und Third-Level-Support? Wie lange wartet ein

Privatunternehmen auf Hilfe? Maximal einen Tag – meistens erfolgt sie innerhalb von Stunden. Zeit ist Geld! Im System Schule dauert der externe Support leider länger, in der Regel Tage, manchmal Monate. Vielleicht gibt es hier auch Ausnahmen, die mir aber aus der Praxis nicht bekannt sind. Doch eine Wartezeit von mehreren Tagen ist für eine SmartSchool und auch für andere Schulen keine akzeptable Lösung! Wenn Schulen die Digitalisierung nicht verpassen sollen, dann benötigen sie auch einen zeitnahen Support, genau wie wirtschaftliche Unternehmen.

Wenn ein Kollegium digitale Medien einsetzen soll – und das ist politisch und gesellschaftlich im Moment auch gewollt – dann müssen die Medien funktionieren, genau wie in einem Unternehmen. Trifft ein Kollege auf ein defektes Medium oder fallen die Medien im Unterricht regelmäßig aus oder sind sie in ihrer Konfiguration verstellt, dann werden die Kollegen immer weniger digitale Medien in ihrem Unterricht einsetzen. Und das ist nachvollziehbar und verständlich! Defekte oder nicht einsetzbare Medien in Schulen führen zu stetem Widerstand und zu konsequenter Ablehnung betreffend den Einsatz dieser Medien.

> Suchen Sie sich in den Schulen digital affine Personen heraus und bilden Sie ein eigenes Support-Team – ein digital arbeitendes Kollegium wird Ihnen sehr dankbar sein für den Bestand und die schnelle Hilfe im eigenen Haus!

Schulen dürfen aus diesen Gründen im Support keine Kunden zweiter Klasse sein. Genau deshalb plädiere ich für einen schulinternen Support in Form eines Administratoren-Teams. In einer Schule, die ihre Medien kennt und selbst verwaltet, steht Hilfe unmittelbar nach dem Einsatz des First-Level-Supports, d. h. direkt nach der Meldung, zur Verfügung! Dafür benötigt man noch nicht einmal ein Ticket-System, wie es im professionellen Umfeld eingesetzt wird. Eine simple Mail-Adresse reicht vollkommen aus.

Mit Reserve-Medien kann ein internes Support-Team dem Kollegium innerhalb von wenigen Minuten oder Stunden die benötigte Arbeitsumgebung wiederherstellen. Sollte es Standard-Lösungen der

Schulträger geben, die nicht von einem Support-Team verwaltet werden sollen, bspw. ein WLAN, kann man überlegen, das schuleigene Support-Team um externe Supporter zu erweitern. Hier könnte man Lösungen finden, die bspw. einen Springer einsetzen oder Schulen zeitweise (bspw. an zwei festen Tagen in der Woche) mit einem externen Supporter bereichern. In der Summe wird diese Lösung effizienter, schneller und wirtschaftlicher sein als Support-Verträge mit externen Dienstleistern. Vielleicht könnte sich auch ein Mix-Modell mit eigenem Support-Team in Kooperation mit einem externen Dienstleister etablieren? First- und Second-Level-Support leistet das schuleigene Support-Team, Ausnahmen im Second-Level und der Third-Level-Support werden von externen Dienstleistern realisiert.

Natürlich muss solch ein schuleigenes Support-Team auch finanziert werden – doch hier finden sich bei gutem Willen genügend Möglichkeiten zur Realisierung durch entsprechend definierte Lehrerstellen oder Ermäßigungsstunden, die vom Ministerium dafür bereitgestellt werden könnten.

## 5.3 SmartTeams und SmartPersons

Im vorherigen Kapitel habe ich erklärt, dass es meiner Ansicht nach Sinn macht, ein eigenes Support-Team im Hause zu haben. Und damit sind wir bei einem weiteren Baustein einer SmartSchool – den SmartTeams. Natürlich gehört auch ein Support- oder Administratoren-Team zu den SmartTeams.

In sehr vielen Schulen haben einzelne Personen die Digitalisierung initiiert, und auch heute noch finden sich in zahlreichen Schulen die lobenswerten „Einzelkämpfer" (sie gehören im Übrigen in das in Abschn. 5.2 erwähnte Administratoren-Team). Ohne sie würden viele Schulen noch weiter zurückliegen, allerdings gibt es dank dieser Einzelkämpfer bereits viele digitale Insellösungen. Damit meine ich Lehrer, die in einigen Klassen mit Tablets arbeiten, die Apps nutzen, die in der Cloud arbeiten, und, und, und.

Doch die Team-Definition „Toll, ein anderer macht's" kommt hier überhaupt nicht zum Zuge, da es meist keinen anderen gibt. Wie überall benötigen auch SmartSchools gute Teams, die es sich zur Aufgabe gemacht haben, in speziellen, ausgewählten Bereichen die Schule weiterzuentwickeln. Am Erich-Gutenberg-Berufskolleg sind das ein Support-/Administratoren-Team, eine Digitale Arbeitsgruppe, eine Arbeitsgruppe Gesundheit und ein Team Deutscher Schulpreis. Die Teams sollten aus Lehrern verschiedener Bildungsgänge, verschiedener Fakultäten, verschiedener Geschlechter bestehen und nicht zu groß sein (max. acht Personen pro Team).

Die SmartTeams Support, Digitalisierung und Gesundheit sehe ich als notwendige Gruppen an. Wenn sich die Ressourcen finden, sollte eine Schule auch ein Wettbewerbs-Team aufstellen: Lehrer, die Ausschau nach geeigneten Wettbewerben halten und die dann auch in Zusammenarbeit mit den betreffenden Lehrern und Klassen die Bewerbungen durchführen. Die Teilnahme an Wettbewerben ermöglicht es Schulen, konzeptionell zu wachsen und die Schule besser zu reflektieren (s. auch Kap. 10). Ein weiteres innovatives Team am Erich-Gutenberg-Berufskolleg ist das eScouts-Team. Dieses Team besteht nicht nur aus Lehrern, sondern auch aus einer Gruppe ausgewählter Schüler (s. auch Abschn. 6.3). Die eScouts sind eine Arbeits- und Projektgruppe, die es sich zum Ziel gesetzt hat, die digitalen Möglichkeiten des Erich-Gutenberg-Berufskollegs zielführend zu nutzen und das geschulte Wissen an Interessierte weiter zu vermitteln.

Das neueste, heterogenste und aus meiner Sicht inhaltlich spannendste Team arbeitet am Erich-Gutenberg-Berufskolleg am Konzept my eWorld. Hier soll über den Tellerrand geschaut werden, um Kooperationen mit externen Partnern wie dem Schulträger in Form der Ämter Informationsverarbeitung und Schulentwicklung, der IHK Köln, Universitäten und unseren Ausbildungsbetrieben zu intensivieren.

Überlegenswert ist sicherlich die Idee, das in der Wirtschaft eingesetzte Innovationskonzept „rasende Kollaboration" [10], S. 228] auf die Schule zu übertragen. Damit wären Schulen in der Lage, auf aktuelle Situationen schnell und ohne bürokratischen Aufwand zu reagieren. Man könnte zu jedem Schuljahr Freiwillige dafür suchen und bei Bedarf das Team aktivieren. Durch den regelmäßigen Wechsel der Teammitglieder würde man auch die Arbeitsbelastung begrenzen.

Des Weiteren benötigt eine SmartSchool die (gut!) besetzten Funktionsstellen Öffentlichkeitsarbeit, Evaluation, Fortbildung, Neue

## 5 Infrastruktur, Support, SmartTeams und SmartPersons **111**

Medien, die Funktionsstellen des Sicherheitsbeauftragten und des Datenschutzbeauftragten. Und natürlich braucht eine SmartSchool auch SmartLeaders – ohne die Unterstützung und ohne den Willen der Schulleitung kann kein Konzept funktionieren. Sie brauchen in einer SmartSchool eine Schulleitung, die abgeben und vertrauen kann, sowohl organisatorisch als auch entscheidungsbezogen. Das können wir natürlich immer weiter fortsetzen: eine Schule benötigt die Unterstützung des Hausmeisters (eine der am meisten unterschätzten Positionen), der Bildungsgangleiter, des Kollegiums … aber leider werden Sie als Digital-Treiber nicht die gesamte Unterstützung erhalten.

Es gibt immer und überall Bremser und Bedenkenträger. Oft ist das wichtig und auch gut so. Problematisch wird es meiner Ansicht nach für eine Schule, wenn die Bedenkenträger Leitungs- und Entscheidungsfunktionen innehaben. Eine SmartSchool braucht die Unterstützung der Leitungs- und Entscheidungsträger. Sie müssen in ihren Bildungsgängen, in ihren Verantwortungsbereichen die Digitalisierung fordern und fördern, sie müssen die Säulen der Schulen stärken und ihre Bereiche zukunftsfähig gestalten. Wenn sie es nicht tun, werden ihre Bereiche in naher Zukunft nicht mehr konkurrenzfähig zu anderen SmartSchools sein, die Schüler werden in der Folge abwandern. Gerade im Konkurrenzkampf mit anderen Schulen brauchen Schulen Alleinstellungsmerkmale oder Appetizer, um sich abzusetzen und Schüler, Eltern, Ausbildungsbetriebe, Sponsoren oder Kooperationspartner zu gewinnen. Erreichen kann man das nur mit entsprechender Öffentlichkeitsarbeit.

Probieren Sie Ihr Konzept aus und evaluieren Sie es, bewerten Sie dann Ihre Umsetzung! Starten Sie nicht direkt mit der Bewertung – bevor Sie es ausprobiert haben. Natürlich finden wir auch an dieser Stelle wieder einen sehr kritischen Punkt, der engagierte Teams und Mitarbeiter verhindert – die Entlohnung für die meist zusätzliche Arbeit und Initiative der Lehrer in den Schulen!

Eine Möglichkeit – und diese wird in vielen Schulen auch genutzt – wäre sicherlich eine zeitliche Entlastung der Lehrer von Verwaltungsarbeiten durch zusätzliche Verwaltungsangestellte, um den Lehrern dadurch eine erhöhte Zuwendung zu den zusätzlichen Aufgaben zu ermöglichen. Meist geschieht dies in Form von Ermäßigungsstunden.

# 112    D. Steppuhn

Aber auch hier wissen wir alle, dass nur begrenzte Kontingente und damit zu wenige Stunden dafür verfügbar sind. Aber auch hier wieder den Blick auf die Chance – jede Ermäßigungsstunde für zusätzliche Arbeit in Sachen SmartSchool bringt eine Schule nach vorne!

---

**Zusammenfassung Infrastruktur, SmartTeams und SmartPersons**

- SmartSchools benötigen neue, dem Lernprozess angepasste Lernumgebungen – bspw. durch den Umbau von Klassenräumen zu Selbstlernzentren.
- SmartSchools brauchen ein eigenes Support-Team, um dem Kollegium zeitnah eine funktionierende digitale Arbeitsumgebung zu bieten.
- SmartSchools brauchen SmartTeams und SmartPersons: je mehr, desto besser!
- SmartSchool benötigen die Unterstützung der Leitungs- und Entscheidungsträger.
- SmartSchools könnten mit dem Innovationskonzept „rasende Kollaboration" schneller auf neue und aktuelle Situationen ohne bürokratischen Aufwand reagieren.

---

# Literatur

1. Backhaus A (2019) Offene Denkräume. https://www.zeit.de/2019/05/schulgebaeude-gymnasium-architektur-innovation-freiraum. Zugegriffen: 20. März 2019 und Pallesche M Die Idee. http://www.innovation-lab.education/. Zugegriffen: 20. März 2019
2. Espoo education and cultural services – school as a service concept is the best Finnish school innovation. https://www.espooinnovationgarden.fi/en/espoo-innovation-garden/media/news/school-as-a-service-concept-is-the-best-finnish-school-innovation/. Zugegriffen: 20. März 2019 und Twickenham School. https://www.twickenhamschool.org.uk/. Zugegriffen: 20. März 2019
3. Jens (2017) Area 120: Googles interner „20 Prozent-Zeit Startup-Inkubator" sucht Tester für neue App-Ideen. https://www.googlewatchblog.de/2017/06/area120-googles-prozent-zeit/. Zugegriffen: 20. März 2019
4. Kuhl J Persönlichkeits-System-Interaktionen. https://www.psi-theorie.com/ Zugegriffen: 28. Juli 2019

## 5 Infrastruktur, Support, SmartTeams und SmartPersons          113

5. Siebert H Unser Gehirn, Spiegelneuronen und die Rekonstruktion von Wirklichkeiten. https://wb-web.de/material/lehren-lernen/Unser-Gehirn-Spiegelneuronen-und-die-Rekonstruktion-von-Wirklichkeiten.html. Zugegriffen: 28. Juli 2019
6. Hüther G (2006) Bedienungsanleitung für ein menschliches Gehirn. Vandenhoeck & Ruprecht, Göttingen
7. Luhmann N (1987) Soziale Systeme. Grundriß einer allgemeinen Theorie. Suhrkamp Verlag, Berlin
8. Giese T (2008) In Möglichkeiten Denken: Zu Zusammenhängen zwischen der Erkenntnistheorie des radikalen Konstruktivismus und supervisorischen Haltungen. VDM Verlag Dr. Müller, Saarbrücken
9. Maturana HR, Varela FJ (1991) Der Baum der Erkenntnis. Goldmann, München
10. Schulz T (2015) Was Google wirklich will. Deutsche Verlags-Anstalt, München

# 6

# Kompetenzerwerb durch Fortbildungen

**Zusammenfassung** Fortbildung wird bei der Integration der Digitalisierung in Schulen eine entscheidende Rolle einnehmen, um Digitalisierung in den Unterricht zu bringen und ihn dort auch zu etablieren. Fortbildung muss nicht immer durch externe Anbieter erfolgen – interne Fortbildungen sind aus der Erfahrung heraus effizienter, schneller, aktueller und genau auf die Schule abgestimmt. Ein Fortbildungskonzept muss auch nicht immer in der Konstellation Fortbilder-Lehrer oder Lehrer-Lehrer stattfinden, auch Schüler können Fortbildungen durchführen – hier stehen ungeahnte Ressourcen zur Verfügung, die eine Schule nutzen sollte! Dieses Kapitel referiert mögliche interne Fortbildungskonzepte, wobei das Konzept my eWorld eine besondere Rolle einnimmt, da es sich auf die Einbindung der Treibertechnologien Robotik, VR/AR, Big Data und Künstliche Intelligenz stützt und die Risiken und Chancen dieser Techniken für den Menschen und die Schule in den Fokus nimmt.

Das Thema Fort- und Weiterbildung ist meiner Ansicht nach im Moment eines der ganz wichtigen und dringenden Themen. Die Finanzierungsinitiativen zur Digitalisierung müssen durch ein Fortbildungs- oder Begleitungskonzept gestützt werden. Dabei ist es egal, ob es

© Springer Fachmedien Wiesbaden GmbH, ein Teil von Springer Nature 2019
D. Steppuhn, *SmartSchool – Die Schule von morgen,*
https://doi.org/10.1007/978-3-658-24873-4_6

sich um schulinterne Fortbildungen hin zu individuellen Fortbildungen vor Ort oder um externe Fortbildungsmaßnahmen handelt. Die großen Ängste vieler Lehrer vor der Digitalisierung – besser gesagt: vor dem Umgang mit der Digitalisierung – müssen angenommen und die benötigten Kompetenzen vermittelt werden.

Auch hier bevorzuge ich den schulinternen Ansatz, d. h. Fortbildungen durch Lehrer oder Lehrer-Teams der Schule. Die Begründung dafür liegt auf der Hand: Interne Fortbildungen können exakt an die Bedürfnisse des Kollegiums angepasst werden – man holt die Lehrer dort ab, wo sie stehen. Diese Maxime formulieren wir Lehrer gerne bei den Schülern, wir holen sie ebenfalls dort ab, wo sie stehen! Und zeitlich können die Fortbildungen dann angesetzt werden, wenn sie benötigt werden, ohne langen organisatorischen oder zeitlichen Vorlauf, der gerade bei externen Fortbildungen oft auftritt. Aber wir dürfen hier nicht nur von den Lehrern sprechen, wir müssen auch die Schüler im Blick haben – und das in zweifacher Hinsicht. Natürlich müssen wir die Schüler im Umgang mit digitalen Medien fortbilden. Das ist in der Regel einfach, da die Ängste der Schüler geringer sind und sie den digitalen Medien aufgeschlossener gegenüberstehen. Hier müssen wir den Schülern zeigen, welchen Nutzen digitale Medien im Unterricht haben und welchen Mehrwert sie für die Schüler in der Zukunft darstellen können.

Es ergibt sich eher das Problem, dass wir den Einsatz der Medien begrenzen und die Schüler über die Risiken der Digitalisierung wie bspw. Suchtgefahr und Cybermobbing sowie über Datenschutz und Datensicherheit aufklären müssen. Einen möglichen Partner in Bezug auf diesen Themenbereich stellt der Verein „Deutschland sicher im Netz" [1] dar, der viele gute Unterrichtsinhalte dazu erstellt hat, die man kostenlos einsetzen kann.

Auf der anderen Seite haben Schüler häufig mehr Kompetenzen im Umgang mit digitalen Medien als ihre Lehrer, schwerpunktmäßig im Anwendungsbereich. Diese Kompetenzen sollten SmartSchools durch entsprechende Projekte für sich nutzen. Schüler wechseln dann die Rolle und werden zu Lehrern.

Eine völlig vernachlässigte Perspektive sind Fortbildungen oder Workshops, die Schule und Kooperationspartner wie bspw. die Kammern,

# 6 Kompetenzerwerb durch Fortbildungen 117

Schulträger, Universitäten und Ausbildungsbetriebe betreffen. Durch das Miteinander in Abschlussprüfungen, Lernortskooperationen oder bei sonstigen Veranstaltungen wie Messen, Kongressen oder Events müssen auch „Gruppen-Kompetenzen" aktualisiert und/oder angepasst werden.

Am Erich-Gutenberg-Berufskolleg haben sich verschiedene Fortbildungskonzepte entwickelt in der Konstellation Schüler schulen Schüler (P@P-Projekt), Lehrer schulen Lehrer (Admin-Fortbildungen und Digitale Steuergruppe), Schüler und Lehrer schulen Schüler und Lehrer (eScouts-Projekt) und Partner schulen Partner (my eWorld), die ich im Folgenden gerne vorstelle.

## 6.1 P@P – Pänz an die PCs

„Das WWW ist so wichtig wie das ABC und das kleine Einmaleins" (Marc-Jan Eumann – SPD) – Kinder fit für die Zukunft machen [2].

Im Projektmodell *Pänz an die PCs* (PAP)[1] führen Berufsschüler, die ihre berufliche Ausbildung zu IT-Systemkaufleuten bzw. Informatikkaufleuten absolvieren, Schüler der benachbarten Grundschule Alte Wipperfürther Straße in die Welt der digitalen Medien ein. Die Grundschüler haben in der Regel einen Migrationshintergrund, stammen aus einem sozialen Brennpunkt und besitzen zu Hause keine oder völlig veraltete Geräte. Jedem Grundschüler steht bei diesem Projekt ein „Pate" oder eine „Patin" zur Seite.

Die Paten sind Auszubildende der Mittelstufe, die sich in ihrer Freizeit einmal wöchentlich 60 bis 90 Minuten mit den Grundschulkindern zusammensetzen und ihnen die Möglichkeiten der Nutzung moderner Medien nahebringen. Hierzu wurde von den Beteiligten ein medienpädagogisches und didaktisches Konzept entwickelt, das ständig weiterentwickelt bzw. verändert wird. In diesem Projekt werden die Komponenten eines PCs, das Betriebssystem und das Internet erläutert. Weiterhin stehen neben Spiel und Spaß ernsthaftes Lernen

---

[1]Anmerkung: Pänz ist ein „kölsches" Wort und steht für „Kinder".

an Lernprogrammen bis hin zur Beherrschung eines Textverarbeitungsprogramms und anderer Office-Anwendungen sowie Internetrecherchen im Mittelpunkt dieses Projektes. Auch über Nutzen und Gefahren des Internets werden die Grundschulkinder informiert.

Anlass für dieses Projekt war im Jahr 2000 die Idee, benachteiligten Kindern Chancengleichheit anzubieten und damit schon in ihren jungen Jahren Grundlagen für eine erfolgreiche Ausbildung gegen späteres Versagen in Schule und Beruf zu schaffen. Die beteiligten Grundschulen (Buchheim und Stammheim) liegen in sozialen Brennpunkten, die durch einen sehr hohen Ausländeranteil (mehr als 50 %), hohe Arbeitslosigkeit und eine große Zahl an Sozialhilfeempfängern charakterisiert sind. Gerade in diesen Stadtteilen haben die Kinder zu Hause kaum Möglichkeiten, mit dem Computer in Kontakt zu kommen. Die betreffenden Kinder leben zwischen zwei Kulturen und von den Eltern sind meist keine Hilfestellungen für Schule und Alltag zu erwarten. Die Kinder aus diesen Randgruppen fehlen schon früh viele Perspektiven. Deswegen müssen bereits in der Grundschule vermehrt Hilfen bzw. Hilfsprogramme für diese Gruppen entwickelt werden. Vielleicht können wir mit diesem Projekt neue Motivation und bessere Zukunftsaussichten schaffen, auch durch die Vorbildfunktion der jungen Auszubildenden.

Aber auch die Auszubildenden profitieren von diesem Projekt. Sie nehmen sich mit großem Engagement „ihrer Pänz" an, denn jedem Auszubildenden ist ein Grundschulkind anvertraut. Dies ist für die Auszubildenden eine völlig neue Erfahrung. Sie entwickeln eigene pädagogische und soziale Kompetenzen weiter, die ihnen auch im zukünftigen Berufsleben gute Voraussetzungen bieten können. Zudem reflektieren sie die Rollen ihrer Lehrer und Ausbilder. Der Einsatz von Computer und Internet im Unterricht ist immer noch eine Ausnahme in Deutschlands Grundschulen. Die Gründe dafür sind neben mangelndem Geld für Hard- und Software fehlende didaktische Konzepte für eine sinnvolle Nutzung von digitalen Medien im Unterricht und fehlende Fachleute zur Pflege und Wartung der Ausstattung.

Das Erich-Gutenberg-Berufskolleg leistet einen Beitrag, Zukunftschancen auch für die sehr junge Generation aufzuzeigen. Es unterstützt Schulen in sozialen Brennpunkten und stellt Ausstattung und Fachwissen für das Projekt zur Verfügung. 450 Auszubildende haben bisher an diesem Projekt teilgenommen, ca. 700 Grundschüler und Grundschülerinnen intensiv betreut und individuell geschult. Bis heute haben die Auszubildenden dabei über 13.700 Stunden ehrenamtlicher Arbeit geleistet.

Das Projekt hat bereits den Ehrenamtspreis der Stadt Köln gewonnen, einen Sonderpreis der Sparda-Bank, war Preisträger im *Digi-You*-Wettbewerb und erhielt den *Primus*-Preis der Stiftung Bildung und Gesellschaft.

## 6.2 Support-Team und Digitale Steuergruppe

Die internen Fortbildungen im Bereich Digitalisierung werden am Erich-Gutenberg-Berufskolleg von einem Support-/Administratoren-Team (vier Personen) und der Arbeitsgruppe Digitale Schule (acht Personen) sehr erfolgreich durchgeführt. Konkret erkennbar ist dies an den zahlreichen internen und externen Schulungen und Fortbildungen, die im Kollegium immer wieder nachgefragt und angeboten werden.

Im September 2017 wurde am Erich-Gutenberg-Berufskolleg ein pädagogischer Ganztag zum Thema Digitales Lernen und Lehren organisiert, an dem für das Kollegium insgesamt 33 Workshops bzw. Fortbildungen unterschiedlichster Art und Tiefe angeboten wurden. Für die Schule besonders bedeutsam war, dass die Moderation fast aller Workshops mit Lehrern des Erich-Gutenberg-Berufkollegs durchgeführt werden konnte.

Damit Sie sich einen Eindruck von solch einem Tag machen und diese Planung als Blaupause für einen eigenen pädagogischen Tag übernehmen können, finden Sie nachfolgend die Angebote des pädagogischen Tages im Original. Das Kollegium hatte die Möglichkeit, am Vormittag drei Basisworkshops (A) und am Nachmittag einen Fachworkshop (B) zu besuchen. Die Teilnahme an den Basisworkshops war freiwillig, am Nachmittag wurde das Kollegium teilweise bestimmten Workshops zugeordnet.

Die Beschreibung der Workshops wurde einheitlich durchgeführt. Durch die Kriterien wurden Inhalt, Voraussetzung und Adressaten spezifiziert.

# 120    D. Steppuhn

## Angebote des pädagogischen Tages am Erich-Gutenberg-Berufskolleg (September 2017)

### A. Basis-Workshops

**Medienpädagogik:**

**Inhalt:** Verantwortungsbewusster Umgang der Schüler mit digitalen Medien (ethische Komponente der Medienkompetenz, Werte, Normen, verbindlicher Wertekonsens)

- *Inhalte:* Gesetzliche Grundlagen (z. B. verbotene Bild- und Tonaufnahmen); Vorstellung bereits bestehender Nutzungsvereinbarungen am Erich-Gutenberg-Berufskolleg (Beispiele);
- *Zielklärung:* Was soll bei den Schülern erreicht werden? Welche Kompetenzen sollen sie in Bezug auf Ethik und Verantwortung beim Einsatz digitaler Medien erwerben? Wie wird der Erwerb dieser Kompetenzen unterstützt-> unterrichtliche Vorgehensweise (z. B. mit Schülern einen Katalog von Regeln aufstellen? Schülerpartizipation? Individuelle Förderung?)
- *Voraussetzung:* keine
- *Adressaten:* alle

**Grundlagen für das digitale Arbeiten am Erich-Gutenberg-Berufskolleg:**

**Inhalt:** In diesem Workshop werden die Grundlagen zum digitalen Arbeiten aufgezeigt, erklärt und angewendet. Dazu gehören das Arbeiten mit Benutzerkonten für das Erich-Gutenberg-Berufskolleg und Office 365, Mailadressen und Verteiler, Speicherung von Dateien intern (im Erich-Gutenberg-Berufskolleg) und extern (Office 365), die Nutzung des WLAN, Voraussetzungen für das Arbeiten mit BYOD (schülereigenen Geräten), wie und welche Dienste werden von Office 365 genutzt, Vertretungs-Apps für Schüler und Lehrer

- *Voraussetzung:* keine
- *Adressaten:* neue Lehrer am Erich-Gutenberg-Berufskolleg, Lehrer, die bisher selten mit digitalen Medien gearbeitet haben und/oder dies in Zukunft vorhaben

**Arbeiten mit BYOD  (Bring Your Own Device):**

**Inhalt:** Wie können schülereigene Geräte in den Unterricht integriert werden, Grundlagen, Mindestanforderungen, Umsetzung (Einführungstage und Unterricht), Ausleihe von Geräten

## 6 Kompetenzerwerb durch Fortbildungen 121

- *Voraussetzung:* mobiles Device
- *Adressaten:* Lehrer, die BYOD im Unterricht perspektivisch nutzen wollen

**Arbeiten mit Office 365:**

**Inhalt:** Vorstellung und gemeinsames Ausprobieren von am meisten eingesetzten Office 365-Diensten – dazu gehören: Mail, Office 365-Gruppen, SharePoint (externe Dateiablage für Klassen), OneDrive (externe persönliche Dateiablage für Schüler/Lehrer), Office-Online

- *Voraussetzung:* PC oder mobiles Device
- *Adressaten:* Lehrer, die noch nicht oder nur selten mit Office 365 arbeiten und dies in Zukunft verstärken möchten

**Unterrichten und Arbeiten mit Programmen/Apps:**

**Inhalt:** Vorstellung von Programmen/Apps für den Unterricht

- Voraussetzungen: mobiles Device
- Adressaten: alle

**Entwicklung einer Unterrichtseinheit mit digitaler Unterstützung:**

**Inhalt:** Programme vorstellen (Snipping Tool, Movie Maker, Office Lens), mit denen man ein digitales Medium aus analogen Vorlagen oder aus dem Internet erstellt. D. h., analoge Dokumente scannen oder fotografieren, Texte, Bilder, Videos erstellen und dann in ein Dokument einbinden

- Voraussetzung: keine
- Adressat: Lehrer, die ihre analogen Dokumente digitalisieren möchten oder wissen wollen, wie man aus verschiedenen Medien ein digitales Dokument erstellt

**Arbeiten mit OneNote Classbook:**

**Inhalt:** OneNote Classbook ist ein Office 365-Dienst in Form eines Editors. Mit einem OneNote-Kursnotizbuch können Lehrer schnell einen persönlichen Arbeitsbereich für Schüler, eine Inhaltsbibliothek für Handzettel und einen Arbeitsbereich für die Zusammenarbeit für Lektionen und kreative Aktivitäten erstellen, und das alles in nur einem leistungsfähigen Notizbuch

- Voraussetzung: keine
- Adressat: Lehrer, die OneNote Classbook nutzen/ausprobieren möchten

**122**     D. Steppuhn

**Projekt Datenschutz/Datensicherheit mit dem Verein Deutschland sicher im Netz:**

**Inhalt:** Big Data, Nutzerprofile, Quantified-Self-Bewegung, Internet of Things, biometrische Authentifizierungsverfahren – die starke Ausrichtung auf das digitale Arbeiten, Unterrichten und die private Nutzung digitaler Medien impliziert eine notwendige Grundbildung im Bereich Datenschutz und Datensicherheit für Schüler und Lehrer. Schüler müssen mündige Bürger/innen sein in einer digitalen Welt – eine „Aufklärung 4.0" ist unverzichtbar. Aus diesem Grund hat das Erich-Gutenberg-Berufskolleg im Juli 2017 mit dem eingetragenen Verein „Deutschland sicher im Netz" (https://www.sicher-im-netz.de/) einen Kooperationsvertrag abgeschlossen, um sich gemeinsam diesem Thema zu stellen. Die ersten vier gemeinsamen Projekttage wurden im September 2017 im BG IT durchgeführt. Der Workshop bietet einen Überblick über das Konzept und die bestehenden Unterrichtsmaterialien.

- Voraussetzung: keine
- Adressaten: alle

**B. Fach-Workshops**

**school@home – Unterricht über eine Audio- und Videokonferenz durchführen**

**Inhalt:** Wo und wann Arbeit erledigt wird, verliert in Zukunft an Bedeutung. Virtuelle Teams werden aufgrund der Globalisierung weltweit vernetzt tätig sein. Die Kompetenzen Kommunikation und Kollaboration (21st Century Skills – Way of Working) werden zu Basisqualifikationen in kaufmännischen Berufen.

- *Voraussetzung:* mobiles Device
- *Adressat:* Lehrer, die school@home gerne mal in ihren Klassen probieren möchten oder um die Möglichkeit zu nutzen, erkrankte Schüler auf Anfrage von zu Hause am Unterricht teilnehmen zu lassen.

**Mirroring360 Übermittlung von Schüler-Tablet-Bildschirmen auf den Lehrer-PC**

**Inhalt:** In diesem Workshop wird das Arbeiten mit Mirroring360 vorgestellt. Mirroring360 ermöglicht in BYOD-Klassen, einen Schüler-Bildschirm auf den Lehrer-PC zu übertragen und somit über den Beamer allen zu zeigen.

# 6 Kompetenzerwerb durch Fortbildungen 123

- Voraussetzungen: mobiles Device
- Adressaten: Lehrer, die Mobile Devices im Unterricht einsetzen

**Fachbezogene Entwicklung einer Unterrichtseinheit:**

**Inhalt:** Entwicklung einer digitalen fachbezogenen Unterrichtseinheit in Kleingruppen (ohne Moderation)

- *Voraussetzungen:* interessierte Lehrer sollten sich im Vorfeld als Gruppe absprechen
- *Adressaten:* alle

**Projekt Robotik:**

**Inhalt:** Das 35-stündige, fächerübergreifende Unterrichtsprojekt Robotik im BG IT (Anwendungsentwicklung, IT-Systeme und Deutsch) basiert medial auf LEGO-Robotern oder humanoiden Robotern. Es ist inhaltlich ausgerichtet auf die Abschlussprüfung und sieht ein Arbeiten in Kleingruppen vor. Die Schüler müssen ein Protokoll-Tagebuch führen, ein fünfminütiges Video erstellen sowie eine Projekt-Dokumentation, angelehnt an ihre Abschlussprüfung, anfertigen. Das Konzept integriert zusätzlich neuro-didaktische Lernansätze, dazu gehört bspw. die gemeinsame Festlegung von Inhalten und Bewertungskriterien (Benotung). Grundlagen für dieses Projekt sind der Einsatz von BYOD, unserer Schulplattform Office 365 und des Internets als Wissensquelle.
Das Konzept lässt sich auf das Fach Wirtschaftsinformatik übertragen

- *Voraussetzung:* keine
- *Adressat:* Anwendungsentwicklungs- oder Wirtschaftsinformatik-Lehrer

**Projekt Icaros – der Icaros ist ein Fitness-Gerät, ergänzt durch eine Virtual Reality-Brille**

**Inhalt:** Das Erich-Gutenberg-Berufskolleg wendet bei der Gestaltung von Strukturen, Prozessen und Rahmenbedingungen konsequent Erkenntnisse der Gesundheits- und Bildungswissenschaften an und leistet damit gezielt einen integralen Beitrag zur Qualität der Schul- und Unterrichtsprozesse, zur Förderung der Lern- und Leistungsfähigkeit der Lehrpersonen und Schüler sowie zur Zufriedenheit und zum Wohlbefinden der Beteiligten. Seit August 2017 steht dem Erich-Gutenberg-Berufskolleg dafür ein neues digitales Medium zur Verfügung – der Icaros, ein Sportgerät mit einer Virtual Reality-Schnittstelle.
Im Schuljahr 2017/2018 wurde ein fächerübergreifendes Projekt in den Fächern Sport, IT-Systeme sowie Wirtschafts- und Geschäftsprozesse durchgeführt. Das didaktische Konzept basiert auf dem Stationenlernen – es gab

vier Lernstationen (Icaros, Oculus Rift, HTC Vive und Sony Virtual Reality-Brille), an denen die Schüler in Kleingruppen Sport-Apps ausführten, testeten, bewerteten und dokumentierten (indem sie Videos erstellten, gemeinsam die Bewegungsabläufe besprachen und auswerteten) und die Bewegungsabläufe mit realen Sportabläufen verglichen. Im Fach Sport wurden die benötigten Bewegungsabläufe vorher besprochen und eingeübt. Im Fach IT-Systeme erhielten die Schüler Basiswissen über Virtual Reality-Brillen. Im Fach Wirtschafts- und Geschäftsprozesse erarbeiteten die Schüler eine wirtschaftliche Betrachtung der Virtual Reality-Technik.

Eine Konzepterweiterung dieses Projektes durch biometrische Armbänder in Form von digitalen Wearables (Quantified-Self-Bewegung) wird derzeit diskutiert und konzeptioniert.

- *Voraussetzung:* keine
- *Adressaten:* Sport-Lehrer

**Einsatz von Virtual Reality-Brillen im Fach Büroprozesse**

**Inhalt:** Bisher wurden im Fach Büroprozesse Arbeitsplatzumgebungen im Unterricht mit Hilfe von Microsoft Visio konzipiert und in 2D dargestellt. Im Schuljahr 2016/2017 wurde erstmalig diese Lernsituation in Projektform unterrichtet und die digitalen Medien ausgetauscht. Die Schüler erstellten mit der Software SweetHome 3D Klein- und Großraumbüros unter ergonomischen Gesichtspunkten, die sie in einer späteren Projektphase mit Hilfe der Virtual Reality-Brillen begehen und bewerten konnten. Die Entscheidung für SweetHome 3D wurde durch die Tatsache begünstigt, dass die Software kostenlos verfügbar ist und die Schüler diese Software auch zu Hause auf ihren Devices oder im Ausbildungsbetrieb nutzen können. In diesem Workshop wird die praktische Umsetzung solch einer Unterrichtseinheit aufgezeigt.

- *Voraussetzung:* keine
- *Adressaten:* BÜP-Lehrer

**Weitere Office 365-Dienste – Teams**

**Inhalt:** Teams in einer vernetzten Arbeitswelt sind effizienter, je höher ihr Reifegrad in puncto Social Collaboration ist, also je besser sie zusammenarbeiten. Dieser Reifegrad hängt in entscheidendem Maße davon ab, ob und welche Tools Unternehmen für die Zusammenarbeit einsetzen. So lautet das Ergebnis der Deutschen Social Collaboration Studie 2016, die vom Fachbereich Wirtschaftsinformatik der Technischen Universität Darmstadt in Zusammenarbeit mit dem Microsoft Partner Campana & Schott herausgegeben wurde. [3] Microsoft Teams ist eine chat-basierte

## 6 Kompetenzerwerb durch Fortbildungen 125

Arbeitsplatzlösung, die Menschen, Konversationen und Inhalte aus Arbeitsgruppen sowie eine Vielzahl von Anwendungen an einem zentralen Ort, Office 365, zusammenführt. Microsoft Teams ist eine komplette Neuentwicklung und integriert Anwendungen wie SharePoint, Skype for Business, Office Groups oder OneDrive.

- Voraussetzung: keine
- Adressat: Lehrer, die bereits mit Office 365 vertraut sind

**Arbeiten mit interaktiven Tafeln**

**Inhalt:** Vorstellung und Einführung in die Nutzung der verschiedenen interaktiven Tafeln am Erich-Gutenberg-Berufskolleg

- Voraussetzungen: keine
- Adressaten: alle

**Erstellung von Lernvideos**

**Inhalt:** Arten von Lernvideos und Einführung in die Erstellung

- Voraussetzungen: keine
- Adressaten: alle

Alle Kurse bis auf den Fachworkshop Robotik waren zustande gekommen – für Letzteren hatte es bei 100 Lehrern gerade einmal zwei Anmeldungen gegeben. Sie sehen, auch in einer SmartSchool werden nicht alle zukunftsweisenden Techniken sofort angenommen – manchmal ist es ein langer Weg bis zum Erfolg oder zur Einsicht!

Alle diese Workshops können im normalen Schuljahr zwischenzeitlich zu jeder Zeit vom Admin-Team oder der Arbeitsgruppe Digitale Schule des Erich-Gutenberg-Berufskollegs angeboten werden. Zusätzlich wurden Einführungskurse für neue Lehrer am Beginn eines Schuljahres oder für Referendare in unserem Fortbildungskonzept fest verankert. Ein pädagogischer Tag zum Thema Digitalisierung ist eine gute Möglichkeit, das Kollegium an das Thema heranzuführen. Vielleicht helfen Ihnen die vorstehenden Beispiele, um auch in Ihrer Schule einen pädagogischen Tag zum Thema Digitalisierung zu gestalten.

# 126  D. Steppuhn

Aus den Erfahrungen des pädagogischen Tages wurde eine zusätzliche Fortbildungsmaßnahme abgeleitet, die digitale kollegiale Fachberatung. Damit hat das Kollegium die Möglichkeit, einen Moderator in den Unterricht einzuladen und mit ihm gemeinsam – auf Wunsch auch in Zusammenarbeit mit der Klasse – eine Unterrichtsstunde mit digitalen Medien zu ergänzen oder sie auszuprobieren. Beispielsweise kann in solch einer Unterrichtsstunde versucht werden, den Unterrichtsprozess digital anzureichern, etwa durch einen Dokumentenaustausch über den SharePoint oder OneDrive, durch das gemeinsame Arbeiten mit OneNote Classbook, durch Hilfen zur spontanen Einrichtung eines Office 365-Arbeitsbereichs oder durch Führungen durch eine Microsoft Teams-Umgebung. Zeitlich passt das Konzept der digitalen kollegialen Fachberatung an das Ende eines Schuljahres, wenn viele Klassen bereits entlassen sind und somit Lehrer-Ressourcen zur Verfügung stehen.

## 6.3 eScouts

Die eScouts sind eine Arbeits- und Projektgruppe, die es sich zum Ziel gesetzt hat, die digitalen Möglichkeiten unserer Schule zielführend zu nutzen und das Wissen an Interessierte weiterzuvermitteln. Das Konzept eScouts besteht aus einem kleinen Kreis von Schülern, die von Lehrern unterstützt werden.

Die Gruppe wurde 1995 am Erich-Gutenberg-Berufskolleg ins Leben gerufen und in diesem Jahr wurde die Kooperation mit dem eco-Verband gestartet. [4] Es waren die ersten Schritte in das digitale Zeitalter. Organisatorisch war es eine Arbeitsgruppe, bestehend aus Auszubildenden des Berufes Datenverarbeitungskaufmann und zwei Lehrern.

Heute bietet die Projektgruppe neben ihrer Funktion als digitaler Ersthelfer eine wöchentliche Sprechstunde im Selbstlernzentrum der Schule an, welche auch für Bürger des Stadtteils geöffnet ist, um das Know-how an eine möglichst große Gruppe weitergeben zu können.

Weiterhin können klassenweise Infomodule zu den Themen Soziale Netzwerke, Internetsicherheit/Internetrecht, Cybermobbing, Robotik, Computerspiele/SmartPhones, Medienpädagogik und Learning Apps gebucht werden. Diese Infomodule sind ebenfalls für interne Lehrerfortbildungen und interessierte Ausbildungsbetriebe sowie für Eltern zugänglich. Geplant ist eine Vernetzung im Einsatz mit Virtual-Reality-Brillen und dem Icaros als Virtual-Reality-Sportgerät im eSports-Bereich.

Die Kollegen der BYOD-Klassen werden zu Schuljahresbeginn gerade in der Einführungsphase am Projekttag „Digitales Lernen" unterstützt, und sie können die eScouts als (digitale) Lernpaten für neue Schüler einsetzen.

Bekannt ist, dass (Cyber-)Mobbing, Gewaltvideos auf dem Handy, Einstellen von urheberrechtlich geschützten Fotos und Videos bei YouTube oder illegale Film- und Musikdownloads – also die Mediennutzung von Heranwachsenden auch in ihren problematischen Formen – vor der Institution Schule nicht Halt macht. Medien sind allgegenwärtig, Kinder und Jugendliche wachsen ganz selbstverständlich mit ihnen auf. Um nicht nur die Chancen, sondern auch die Risiken medialer Angebote zu erkennen und diese Angebote selbstbestimmt, kritisch und kreativ zu nutzen, bedarf es einer Begleitung, Qualifizierung und Medienkompetenz. Der Ansatz der „Peer-Education" ist hierbei besonders hilfreich: Einerseits lernen junge Menschen lieber von Gleichaltrigen, andererseits können sie Gleichaltrige aufgrund eines ähnlichen Mediennutzungsverhaltens zielgruppenadäquat aufklären.

Durch die Qualifizierung einer vergleichsweise kleinen Schülergruppe konnten weitreichende Effekte erzielt werden, da die ausgebildeten eScouts anschließend selbst als Referenten agieren und ihre Schüler qualifizieren sowie diesen als Ansprechpartner bei medienbezogenen Fragen und Problemen zur Verfügung stehen. Die eScouts sollen Schülern beratend bei ihrer Mediennutzung zur Seite stehen und Fragen, die sich für Nutzer rund um die Themen Social Web, Internet & Co. ergeben, beantworten. Da die eScouts selbst noch Heranwachsende sind, bedarf es fester Ansprechpartner, an die sie sich selbst bei Fragen zu Inhalten oder zum Umgang mit an sie herangetragenen Problemen wenden können. Hierzu sind Beratungslehrer etabliert worden, die ebenfalls qualifiziert sind, insbesondere mit Blick auf Medieninhalte, rechtliche Grundlagen etc..

Das Projekt war Preisträger im *DigiYou*-Wettbewerb.

## 6.4 my eWorld – Konzeptbeispiel für ein Fortbildungsprojekt

Die konzeptionelle Arbeit von *my eWorld* als Mischung von Vortragsreihe und Workshop begann im Januar 2016 und war anfangs nur für das Kollegium gedacht. Die Idee dahinter war, die Lehrer näher an die zahlreichen digitalen Projekte heranzubringen, die Arbeitsbereiche Evaluation, Fortbildung und Unterrichtsentwicklung enger zu verzahnen, bestehende Ängste zu nehmen, einen Blick über den Tellerrand der digitalen Möglichkeiten zu gewähren, Ideen und Inspiration für die eigene Unterrichtsentwicklung zu fördern und die Akzeptanz und Transparenz der gemeinsamen Zusammenarbeit mit digitalen Medien und Plattformen zu verbessern.

Auch die Gegner der Digitalisierung bekommen hier einen Raum, in dem sie ihre Ängste und Argumente äußern und in dem alle gemeinsam Chancen und Risiken der Digitalisierung aufzeigen und gemeinsame Ziele definieren.

Sehr schnell stellte sich heraus, dass auch viele Partner des Erich-Gutenberg-Berufskollegs aufgrund gemeinsamer Schnittstellen (Ausbildung 4.0 und Berufsbildung 4.0) Interesse an *my eWorld* zeigten, sodass der Adressatenkreis auf die Industrie- und Handelskammer Köln, die Handwerkskammer, die Steuerberaterkammer und Universitäten ausgeweitet wurde. Die Industrie- und Handelskammer Köln bewirbt unsere Veranstaltungsreihe *my eWorld* sogar mit einem eigenen Blog [5]. Die Stadt Köln zeigte Interesse und nahm durch Mitarbeiterinnen und Mitarbeiter der Ämter Informationsverarbeitung und Schulentwicklung an der Reihe teil.

Durch die Kooperationspartner erhält das Erich-Gutenberg-Berufskolleg die Chance, die Konzepte und Projekte bei Veranstaltungen zu präsentieren und an andere Schulen, Schulträger, Ausbildungsbetriebe und Seminare weiterzugeben, bspw. durch die Teilnahme am Kongress *Work & Health 2018* in Essen, am *Digital Education Day 2018* in Köln, an der *IHK Perspektive 4.0* in Köln, der Bitkom Bildungskonferenz 2019 in Berlin oder der Regionaltagung 2019 der Zukunftsschulen NRW.

## 6 Kompetenzerwerb durch Fortbildungen 129

Auf Anfrage von Lehrern und der Schülerinnen- und Schüler-Vertretung wurde ein Konzept erstellt, um den Schülern *my eWorld* als Projekttag(e) anzubieten.

Die Reihe startete im April 2018 und der erste Durchlauf endete im Dezember 2018. Das Konzept wurde durch ein heterogenes Team aus dem Kollegium erarbeitet, vorgetragen und beinhaltete im ersten Durchlauf die Themen:

- Zukunft der Computer & Nanotechnologie
- Robotik
- Künstliche Intelligenz & Maschinelles Lernen
- Big Data & Analytics
- SmartHealth & SmartBody
- Virtual Reality & 3D
- Datensicherheit & Datenschutz.

Der zweite Durchgang *my eWorld 2.0* startete im Februar 2019. Die Reihenfolge der Themen wurde aufgrund der gemachten Erfahrungen umgestellt und inhaltlich in einem Kapitel verändert, aus SmartHealth & SmartBody wurde Mensch 4.0:

- Zukunft der Computer & Nanotechnologie
- Robotik
- 3D & Augmented-/Virtual Reality
- Big Data & Analytics
- Künstliche Intelligenz & Maschinelles Lernen
- Mensch 4.0
- Datensicherheit & Datenschutz.

Mit der Umstellung auf den Workshop Mensch 4.0 wurde parallel dazu ein medienpädagogisches Konzept für Schulen entwickelt (s. auch Abschn. 7.3).

Im Folgenden möchte ich aufzeigen, wie die schulweiten Säulen Erziehung, Gesundheit, Berufliche Bildung und Digitalisierung des Erich-Gutenberg-Berufkollegs die Arbeitsbereiche Unterrichtsgestaltung, Evaluation, Fortbildung, Projekttage, Partner und Wettbewerbe sowie

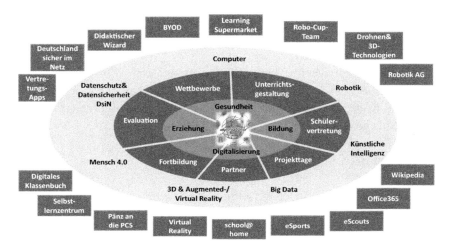

**Abb. 6.1** Konzeption my eWorld

alle digitalen Projekte[2] noch enger durch my eWorld verzahnen sollen (Abb. 6.1). Ziel von my eWorld ist es, die Chancen und Risiken der digitalen Gegenwart und Zukunft für Schulen, Kollegien, Schüler und Kooperationspartner[3] gemeinsam zu definieren, zu diskutieren, zu bewerten und ein gesamtheitliches SmartSchool-Konzept weiterzuentwickeln und zu leben.

Die Reihe soll sich zyklisch wiederholen – zum einen, um sich an aktuelle digitale und gesellschaftliche Entwicklungen anzupassen, zum anderen, um weitere Lehrer sowie weitere externe Partner einzubinden. Insbesondere die Berufsschule darf der digitalen Entwicklung nicht

---

[2]Dazu gehören Bring Your Own Device (BYOD), Learning Supermarket, Robo-Cup-Team, Drohnen & 3D-Technologien, Robotik AG, Wikipedia, Office 365, eScouts, eSports, school@home, Virtual Reality, Pänz an die PCs (PAP), Selbstlernzentrum, Digitales Klassenbuch, Vertretungs-Apps, Deutschland sicher im Netz (DsiN) und der Didaktischen Wizard.

[3]Dazu gehören die Stadt Köln, Microsoft Deutschland GmbH, Datev, Schufa Holding AG, IHK, HWK, Steuerberatungskammer, Kolping Bildungswerk DV Köln e. V., Sporthochschule Köln, AOK, Organisation Wikipedia, Bitkom-Verband, Verein DsiN, University of Applied Sciences Duesseldorf – Department of Media – Mixed Reality and Visualization und ca. 800 Ausbildungsbetriebe.

## 6 Kompetenzerwerb durch Fortbildungen 131

hinterherlaufen! Die Absolventen des Erich-Gutenberg-Berufskollegs sollten ihr vielmehr voraus sein. *My eWorld* soll ein Richtungsweiser in der EGB-Bildungslandschaft werden, eine umfassende, eingängige Handreichung für die aktive Lehrer-Generation, für die Nachfrager von Bildung, für die politischen Entscheider bis hinauf zu den höchsten Entscheidungsebenen.

Um die Schulkommunikation und -kollaboration und damit auch die Transparenz in einer Schule für alle Beteiligten möglichst effektiv zu gestalten, arbeitet das Erich-Gutenberg-Berufskolleg beispielsweise seit vielen Jahren mit Office 365 als Schulplattform. Die Plattform dient dem Austausch von Dateien für Klassen (SharePoint-Teamwebsites), für Gruppen (Office 365-Gruppenbereich) und für Einzelpersonen (One-Drive).

Alle Schüler und Lehrer besitzen dafür individuelle Mailadressen – für Gruppen (Klassen, Fachbereiche, Bildungsgänge (BG), alle Schüler, die Schülerinnen- und Schüler-Vertretung und das Kollegium) gibt es Mailverteiler. Viele Lehrer nutzen OneNote-Classbook oder Microsoft Teams für eine intensivere Zusammenarbeit im Klassenverband oder für interne Arbeitsgruppen (bspw. Steuergruppe Digitale Schule, Arbeitsgruppe Gesundheitsförderung, Arbeitsgruppe eScouts). Office-Online wird eingesetzt für das gemeinsame und zeitgleiche Arbeiten an Dokumenten. Neben den Office-Anwendungen wird Forms als Basis-App für Evaluationen und als Fragetool im Unterricht genutzt, Sway ergänzt als eBook Lernsituationen und Unterrichtsinhalte anschaulich für die Schüler und bietet vernetzte Zusammenarbeit unter Fachkollegen und Schülern. My eWorld soll die Kommunikation ausbauen und die Transparenz innerhalb der Schule erhöhen.

Erstmalig nahm die 2018 gestartete Fortbildungs- und Vortragsreihe my eWorld an einem Wettbewerb teil, dem Wettbewerb: Bildung in der digitalen Welt der Universität Wuppertal und wurde sofort Preisträger als Best-Practice-Beispiel in der Debatte um die Digitalisierung in Lehrerbildung und Fachunterricht. My eWorld zeigte nach den Worten der Jury eine hohe Qualität, Originalität, Anwendbarkeit und Übertragbarkeit.

## 6.4.1 my eWorld – Zukunft der Computer und Nanotechnologie

**Grundlagen**

Die Auftaktveranstaltung von *my eWorld* fand am 12. April 2018 statt. Thematisch wurde der aktuelle technische Stand der Computertechnologie aufgezeigt. Derzeit basieren alle Computer-Chips auf dem chemischen Element Silizium. Aufgrund der technischen Entwicklungen der Computer-Chips erkannte Gordon Moore (ein Mitbegründer des Chip-Herstellers Intel) eine Tendenz, die sich in der Literatur als das Moore'sche Gesetz etabliert hat. Es besagt, dass sich die Anzahl der Transistoren auf dem Chip alle 18 Monate verdoppeln. Ein mögliches Ende dieses Gesetzes wird derzeit auf den Zeitraum 2020 bis 2025 geschätzt. Grund dafür ist die physikalische Begrenzung der Fertigungstechnologie. Derzeit werden Chips im 10 Nanometer-Fertigungsverfahren hergestellt, physikalisch ist das mit Silizium bis 5 Nanometer möglich. Aber auch das Ende von Moore's Gesetz wird das exponentielle Wachstum der Digitalisierung nicht stoppen. Die Erfahrung zeigt, dass, wann immer eine Technik ihre Grenzen erreicht, sie durch eine neue und bessere Technik ersetzt wird. Zukünftige Technologien werden entweder mit einem anderen Material als Silizium arbeiten oder mit einer anderen Architektur.

---

» „Es gibt keinen großen Unterschied zwischen dem, was ein biologisches Gehirn erreichen kann, und dem, was ein Computer leisten kann." Stephen Hawking [6]

---

Alternative Materialien können Licht, der Kohlenstoff Graphen, die menschliche DNA oder Atome in Form von Qubits sein. Techniken wie CRISPR/CAS9, die die Möglichkeit bieten, das menschliche Erbgut DNA an beliebigen Stellen zu schneiden, bieten heute sogar schon Chancen, Mammuts wieder auf die Erde zurückzuholen. Der Einsatz

## 6 Kompetenzerwerb durch Fortbildungen 133

von Qubits erfolgt in Quantencomputern. Quantencomputer könnten aufgrund ihrer Architektur – insbesondere in Verbindung mit künstlicher Intelligenz – tatsächlich eine Revolution in der Digitalisierung herbeiführen und zu einer Intelligenzexplosion führen – zur Singularität. Erste Quantencomputer sind verfügbar und im Einsatz. Neben Intel [7], IBM [8], Google [9] und Microsoft [10] macht insbesondere der erste kommerzielle Anbieter D-Wave von sich reden, der bereits seinen (noch nicht universellen) Quantencomputer mit bis zu 2000 Qubits buchbar in die Cloud gestellt hat [11]. Alternative Architekturen für Chips können neuromorphe Chips aus dem Human-Brain-Projekt werden, wahrscheinlicher ist aber die Auslagerung der Rechenkapazität in die Cloud.

Das EVA-Prinzip[4] der Computertechnologie wird sich auch verändern. Die Eingabe- und Ausgabegeräte werden weiterhin lokal verfügbar sein, primär durch mobile Endgeräte und das Internet der Dinge. Die Verarbeitung bzw. die Rechenleistung und die Datenspeicherung werden sich komplett in die Cloud verlagern. Unsere Daten werden uns folgen. Eingabemedien werden Sprachsteuerung, biometrische Armbänder, Uhren, Gestensteuerung, Virtual-Reality-/Augmented-Reality-Brillen sowie Gedankensteuerung durch Computer-Gehirn-Schnittstellen sein. An letzterer Idee forscht man in Europa bereits seit längerer Zeit durch das Human-Brain-Projekt [12]. Integrierte Bildschirme in Tischen und Wänden, 3D-Hologramme, elektronisches Papier, Virtual-Reality-/Augmented-Reality-Brillen, -Kontaktlinsen, Sprachausgabe oder Gedankenausgabe in Form eines funktionellen Magnetresonanztomographie-Scanners werden mögliche Ausgabemedien sein. Voraussichtlich werden Computer, konkreter: nur noch mobile Devices, für die Verbindung zum Internet notwendig sein. Bring your own device (BYOD – s. auch Abschn. 3.1) spielt – insbesondere für Schulen – an dieser Stelle eine besondere Rolle, denn nur durch BYOD kann man in Schulen ein 1:1-Learning kurz- oder mittelfristig realisieren.

Der Einsatz von BYOD, die immer weiter steigende Zahl permanenter Internetverbindungen und der Einsatz der Cloud führten am

---

[4]Das EVA-Prinzip beschreibt die drei Bereiche Eingabe, Verarbeitung und Ausgabe eines Computers.

Erich-Gutenberg-Berufskolleg zum Konzept *learning with any device, anytime, anywhere.*

Auch ein Blick in die Zukunft der Nanotechnologie mit den Möglichkeiten von Nanocomputern, Nanobots/Nanoschiffen, Replikatoren, Formwandlern bis hin zur programmierbaren Materie gehört zum Inhalt der Veranstaltung – Odo aus Star Trek: Deep Space Nine und der T-1000 aus Terminator 2 lassen grüßen! Nanotechnologie könnte somit auch zur Lösung des Problems von e-Schrott beitragen – so könnte man aus einem alten Computer mittels Formwandlung eine Lampe, ein Blutdruckmessgerät oder sogar einen neuen Computer gestalten.

### Chancen und Risiken

Insbesondere das Internet der Dinge wird durch Wearables und Brillen nicht nur die Schule in Bezug auf Leistungsstanderhebungen vor neue Herausforderungen stellen. Der permanente Zugang der Schüler durch eigene Mobile Devices wie bspw. eine AR-Brille, eine SmartWatch, ein biometrisches Armband, eine smarte Kontaktlinse, einem intelligenten Tattoo oder einem Chip unter der Haut muss zu Anpassungen zukünftiger Prüfungen führen. Es wird nicht mehr möglich sein, Medien für Prüfungen auszusperren oder wegzunehmen, da es nicht mehr nachvollziehbar sein wird, über welches Medium ein Prüfling Zugang zu Daten hat. Das betrifft nicht nur die Schule, sondern auch externe Prüfungsinstitutionen wie an den Industrie- und Handelskammern, den Handwerkskammern als auch privaten Fort- und Weiterbildungsinstituten. Informative Einblicke zeigt das aktuelle Forschungsprojekt zur Qualifizierung des beruflichen Ausbildungs- und Prüfungspersonals als Gelingensbedingung für die Berufsbildung 4.0 [13]. Prüfungen müssen sich den digitalen Veränderungen anpassen – sowohl inhaltlich als auch organisatorisch. Die Aufgaben müssen in Zukunft den permanenten Zugang zum Internet nicht nur berücksichtigen, sondern ihn für die Schüler garantieren und den zeitlichen Anteil der Suche und Auswertung von Daten in den Prüfungsaufgaben einbinden. Lehrer, Prüfer und Ausbilder benötigen dafür neue Digital-Kompetenzen, sowohl für die Erstellung, die Bereitstellung, die

# 6 Kompetenzerwerb durch Fortbildungen 135

Durchführung, die Korrektur und die Bewertung zukünftiger Prüfungen und Prüfungsaufgaben.

Der Arbeitsbereich Unterrichtsgestaltung/-entwicklung, d. h. die berufliche Bildung, muss den zukünftigen Anforderungen standhalten. Faktenwissen wird aufgrund des permanenten Internetzugriffs immer weniger benötigt, methodisches Anwendungswissen wird dadurch umso wichtiger. Deshalb müssen mehr Methoden- und Medienkompetenzen aufgebaut werden durch fächerübergreifenden Unterricht, projektorientierte Lernsituationen, neuro-didaktische Lernkonzepte und vermehrte praxisorientierte Teilnahme an Wettbewerben. Schreib- und Lesekompetenzen werden aufgrund der Nutzung digitaler Endgeräte und der steigenden Nutzung von Social Media abnehmen – dieser Trend kann heute in Schule bereits beobachtet werden. Die Techniken Sprachausgabe und Spracherkennung werden in Zukunft vielleicht sogar das Lernen von Fremdsprachen infrage stellen. Simultanübersetzer wie bspw. Skype werden das Erlernen einer Fremdsprache obsolet machen.

Die Arbeits- und Lernumfelder werden aufgrund der weiter fortschreitenden Globalisierung komplexer werden. Die Zusammenarbeit wird wachsen, virtuelle Teams werden weltumgreifend das Miteinander erweitern. Schüler benötigen deshalb verstärkt mehr Kommunikations-, Kollaborations-, Sprach-(insbesondere Englisch), Sozial- und Kulturkompetenzen. Nur so kann notwendiges individuelles, lebenslanges Lernen gefördert und etabliert werden.

Die unterrichtliche Umsetzung zur Kompetenzerlangung erfolgt am Erich-Gutenberg-Berufskolleg bspw. durch die Projekte school@home (Unterricht findet von zu Hause aus über eine Audio-/Videokonferenz statt) und Learning Supermarket (Angebot individueller Lernwege innerhalb eines Lernszenarios auf einem Microsoft Pixelsense-Tisch mit der Möglichkeit, Informationen in einem Warenkorb zu speichern und für eine weitere Bearbeitung mitzunehmen) sowie über ein von der Plattform unabhängiges BYOD (Schüler bringen ihr eigenes Gerät mit in den Unterricht) in Kombination mit der Cloud-Plattform Office 365. Durch BYOD gelingt dem Erich-Gutenberg-Berufskolleg ein – vom Schulträger unabhängiges – 1:1-Learning-Konzept (Abb. 6.2).

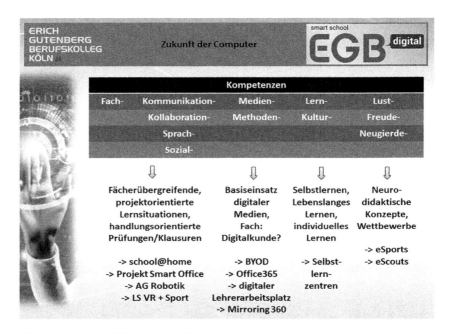

**Abb. 6.2** my eWorld – Zukunft der Computer

## 6.4.2 my eWorld – Robotik

**Grundlagen**

Der Workshop Robotik dreht sich um das Zusammenleben mit Robotern und sich daraus ergebende Änderungen des menschlichen Miteinanders. Neben dem aktuellen technischen Stand der Robotertechnologien werden humanoide Roboter – Lara, ein humanoider PEPPER-Roboter, und Bob, ein humanoider NAO-Roboter – als Teil der Veranstaltung integriert und vorgestellt. Diskutiert wurde darüber, warum gerade jetzt ein richtiger Roboter-Hype aufkommt. Ursache dafür sind zum einen Studien, die den Trend Industrie 4.0 begründen. Dazu gehören die Frey-Osborne-Studie [14] aus dem Jahr 2013, die zusammengefasst vorhersagt, dass bis zum Jahr 2033 jeder zweite Arbeitsplatz gefährdet sein wird, und die Delphi-Studie aus dem Jahr 2016 „2050: Die Zukunft der Arbeit" [15], die voraussagt, dass bis zum

Jahr 2050 jeder vierte Arbeitsplatz durch Robotik gefährdet sein wird. Egal, wie weit die beiden Studien auseinanderliegen, sie beschreiben beide einen Trend, der sicherlich nicht mehr aufzuhalten sein wird. Dies gilt insbesondere unter dem wirtschaftlichen Gesichtspunkt, dass der Stundenlohn eines Roboters derzeit zwischen drei und sechs Euro liegt, mit weiter fallender Tendenz [16]. Und alles, was eine Maschine besser kann als ein Mensch, dürfte in Zukunft die Maschine erledigen, denn sie ist schneller, verlässlicher, billiger und ermüdungsfrei.

Der Einsatzbereich von Robotik ist praktisch unbegrenzt – beeindruckende Beispiele für prozess- oder autonome Robotiksysteme gibt es genug: das Kiva System bei Amazon [17], das robotergestützte Sortiersystem im STO Express Paketzentrum in Xuzhou [18], den Hausbau-Roboter Hadrian von Fastbrick Robotics [19], Roboter in der Landwirtschaft [20], Ulf Hoffmann's Tischtennis-Roboter [21], das autonome Fahren mit einem Tesla [22], den Küchenroboter von Moley Robotics [23], den Einsatz von Robotern in der Medizin [24], den Pflegeroboter „Emma" für Demenzkranke in einer Kieler Senioren-WG (ein humanoider PEPPER-Roboter von Aldebaran) [25], Tierroboter im Bereich der Bionik [26] bis hin zu Robotern aus dem militärischen Bereich von Boston Dynamics [27].

 **„Robots will replace humanity completely", Stephen Hawking [28]**

Der Roboter-Hype wird zusätzlich gefördert durch die Unterhaltungs- und Elektronikindustrie, angefangen von Staubsaugerrobotern bis hin zu humanoiden Robotern aus Filmen wie *Star Wars* (C3PO), *Star Trek* (Commander Data), *Blade Runner 2049* (den Replikanten) oder der schwedischen Serie *Human* (den Hubots). Die derzeit bekannteste reale Variante eines humanoiden Roboters ist sicherlich Sophia, ein humanoider Roboter des Unternehmen Hanson Robotics [29]. Sophia ist durch den Einsatz Künstlicher Intelligenz in der Lage Gesichter zu erkennen, Mimik und Gestik des Menschen zu imitieren und

Gespräche über eingegrenzte, definierte Themen zu führen. Im Oktober 2017 verlieh Saudi-Arabien Sophia die Staatsbürgerschaft. Sie ist somit der erste weltweit humanoide Roboter, der eine Staatsbürgerschaft besitzt [30]. Damit wird die Entwicklung humanoider Roboter aber nicht enden. Die Pornoindustrie zeigt erstes Interesse an humanoiden Robotern und setzte erstmalig einen Roboter als Sex-Akteur in einem Film ein [31]. Die derzeit käuflich zu erwerbenden Sex-Roboter – die RealDolls – ähneln zwar zurzeit noch eher einer Puppe als einem realen Menschen [32], aber vor einigen Jahren konnten wir uns noch gar nicht vorstellen, dass es Roboter wie den NAO, den PEPPER oder Sophia einmal geben würde. Umfragen zufolge soll es für Sex-Roboter genügend Käufer geben – pro Jahr verkauft ein Unternehmen aus dieser Branche ca. 400 Puppen zu einem Preis von ca. 8500 EUR. Nach Angaben des Roboter-Reports „Our Sexual Future with Robots" [33] können sich zwischen neun bis 66 % der männlichen Befragten sogar vorstellen, mit einem Sex-Roboter zu schlafen oder einen Sex-Roboter als Partner zu haben. Die Umfrageergebnisse bei Frauen waren ähnlich hoch [34]. Die sich daraus ableitenden Konsequenzen für den Menschen im Bereich der Emanzipation, der Ethik, der Religion und weiteren Themenbereichen werden in den späteren Workshops Künstliche Intelligenz und Mensch 4.0 aufgegriffen und diskutiert.

Die drohende Arbeitsplatzvernichtung durch Robotik und Digitalisierung führt politisch zu den Themen bedingungsloses Grundeinkommen, Robotersteuer oder Transaktionssteuer. Hier wurde an einem Best-Practice-Beispiel die Realisierung eines bedingungslosen Grundeinkommens in Finnland, ausgelöst durch den Niedergang des ehemaligen Handy-Weltmarktführers Nokia und Probleme der Papierindustrie durch die Digitalisierung betrachtet. Die endgültige Auswertung des Experiments in Finnland wird für das Jahr 2020 erwartet. Erste Rückschlüsse wurden bereits gezogen: das bedingungslose Grundeinkommen verbesserte die emotionale Situation der Beteiligten, brachte aber wirtschaftlich nicht den gewünschten Beschäftigungseffekt [35].

### Chancen und Risiken

Auch in Deutschland gibt es einige Untersuchungen darüber, inwieweit Robotik in Verbindung mit Künstlicher Intelligenz Arbeitsplätze

## 6 Kompetenzerwerb durch Fortbildungen 139

gefährden könnte. Das interessanteste Informationsangebot für Berufs-schulen gibt es aus meiner Sicht dazu vom IAB, dem Institut für Arbeitsmarkt- und Berufsforschung, einer Forschungseinrichtung der Bundesagentur für Arbeit [36]. Der dort entwickelte Job-Futuromat verrät für jeden Beruf, welche Arbeiten schon heute von einem Robo-ter ausgeführt werden können [37]. Im Rahmen der Veranstaltungsreihe *my eWorld* wurden die Ausbildungsberufe des Erich-Gutenberg-Berufs-kollegs einmal genauer unter die Lupe genommen, mit folgendem Ergebnis:

### E-Commerce-Kaufleute
Die E-Commerce-Kaufleute (ein neuer Ausbildungsberuf ab dem Schuljahr 2018/2019) sind noch nicht im Futuromaten gelistet, dafür wurde ein vergleichbarer Beruf ausgewählt, der E-Marketing-Ent-wickler. Der Bildungsgang der E-Commerce-Kaufleute ist derzeit zweizügig, d. h., es ist noch ein sehr kleiner Bildungsgang. Alle Klas-sen arbeiten durchgehend papierlos und nutzen BYOD, Office 365, school@home, eSports, Robotik und Virtual Reality sowie Augmen-ted Reality bereits als Basistechnologien. Geplant ist der Einsatz eines KI-Bots in Kombination mit dem Thema Robotik. Das Ergebnis des Futuromaten war, dass 0 % der Tätigkeiten von Robotern übernommen werden können (Abb. 6.3). Für alle Schüler, die diesen Ausbildungs-beruf ergriffen haben, sicher ein beruhigender Ausblick.

### Informatikkaufleute und IT-Systemkaufleute
Die Informatikkaufleute werden am Erich-Gutenberg-Berufskolleg parallel mit den IT-Systemkaufleuten ausgebildet. Derzeit handelt es sich dabei ebenfalls um einen kleinen Bildungsgang, der dreizügig ist. Alle Klassen arbeiten mit den Basistechnologien BYOD und Office 365. Vereinzelt wird auch eSports, Robotik oder Virtual Reality in den Unterricht integriert. Das Ergebnis des Futuromaten war, dass 33 % der Tätigkeiten von Robotern übernommen werden können (Abb. 6.4).

### Kaufleute für Büromanagement
Die Kaufleute für Büromanagement – Nachfolger der Bürokaufleute – stellen derzeit einen großen Bildungsgang dar. Alle Klassen arbeiten mit

**Abb. 6.3** Futuromat – Ergebnis E-Commerce-Kaufleute. (Quelle: https://job-futuromat.iab.de/)

**Abb. 6.4** Futuromat – Ergebnis Informatikkaufleute und IT-Systemkaufleute (https://job-futuromat.iab.de/)

den Basistechnologien Office 365 und setzen im Fach Büroprozesse die Aufbautechnologie Virtual Reality ein. Einzelne Klassen setzen BYOD, eSports und school@home ein. Das Ergebnis des Futuromaten war, dass 57 % der Tätigkeiten von Robotern übernommen werden können (Abb. 6.5).

**Steuerfachangestellte**
Die Steuerfachangestellten sind zahlenmäßig der größte Bildungsgang am Erich-Gutenberg-Berufskolleg. Dort arbeiten vereinzelt Klassen mit BYOD. Das Ergebnis des Futuromaten war, dass 100 % der Tätigkeiten von Robotern übernommen werden können (Abb. 6.6).

**Wie gehen Schulen mit solchen Informationen und Auswertungen um?**
Hier gibt es viele Möglichkeiten: Informationen aufgreifen und konzeptionell daran arbeiten bis hin zur totalen Ignoranz und zum Abwarten, was kommt. Schulen dürfen sich aufgrund solcher Ergebnisse nicht darauf ausruhen, dass der duale Partner, sprich die Ausbildungsbetriebe, derzeit zufrieden sind und keine Bedürfnisse anmelden. Ansonsten

**Abb. 6.5** Futuromat – Ergebnis Kaufleute für Büromanagement (https://job-futuromat.iab.de/)

Abb. 6.6 Futuromat – Ergebnis Steuerfachangestellte (https://job-futuromat.iab.de/)

steuern sie in einen Zustand, der in der Wirtschaft oft als das „Innovator's Dilemma" bezeichnet wird [38]. Viele Ausbildungsbetriebe sind selbst mit der Digitalisierung überfordert, da liegt der Fokus des Unternehmens nicht auf den wenigen Auszubildenden. Schulen müssen antizipieren, welche Kompetenzen in den nächsten Jahren notwendig sind, und ihre didaktischen Jahresplanungen bereits heute zukunftsorientiert gestalten. Es darf nicht sein, dass sich Unterricht der Digitalisierung verschließt, weil die heutigen Abschlussprüfungen noch schwerpunktmäßig Fachkompetenzen abfragen. Prüfungsausschüsse und Kammern (IHK und HWK) werden die Prüfungsumgebungen und -inhalte spätestens dann anpassen müssen, wenn man nicht mehr überprüfen kann, über welches Endgerät die Prüflinge ihren permanenten Internetzugang nutzen – ob sie also über eine AR-Brille, Kontaktlinsen, eine Smart-Watch, ein biometrisches Armband, intelligentes Tattoo oder Bekleidungs- und Körpersensoren online sind. Die Lösung für diese Probleme wird kein Faraday'scher Käfig sein, sondern durch neuartige Prüfungsaufgaben mit dem Schwerpunkt Methodenkompetenz erfolgen, d. h. der erlaubte Zugang zum Internet in der Prüfungssituation wird zeitmäßig in der Prüfungsaufgabe berücksichtigt sein (s. auch Abschn. 6.1).

## 6 Kompetenzerwerb durch Fortbildungen 143

Berufsschulen mit Ausbildungsberufen des dualen Systems kämpfen seit einigen Jahren mit zurückgehenden Schülerzahlen. Die Wahrscheinlichkeit ist sehr hoch, dass die Digitalisierung am Arbeitsplatz auch für die sinkenden Ausbildungsangebote mit verantwortlich ist.

Wie können wir unsere Schüler auf die Technologie Robotik vorbereiten? Folgt man dem Zukunftsforscher Kevin Kelly: „In der Zukunft wird man danach bezahlt werden, wie gut man mit Robotern zusammenarbeitet" [39], dann müssen sich das Bildungssystem und auch die Politik überlegen, der Forderung nachzukommen, das Fach Programmierung als erste Fremdsprache im Unterricht anzubieten. Vielleicht erfolgt dieser Paradigmenwechsel auch erst dann, wenn Spracherkennung und Sprachausgabe die Fremdsprachenkompetenz überflüssig gemacht haben durch digitale Simultanübersetzer (s. auch Abschn. 6.1). Selbst Kinder sollten, laut Professor Arvid Kappas, in Zukunft ein Grundverständnis von und für Roboter haben, da Roboter überall in unserem Alltag vorkommen werden [40]. Schüler müssen in der Zukunft auf lebenslanges Lernen vorbereitet werden, da sie aufgrund der Automatisierung – insbesondere durch Robotik und Künstliche Intelligenz – ihre Berufe verlieren werden. 65 % der Jugendlichen, die heute in die Schule gehen, werden einmal in Berufen arbeiten, die heute noch nicht existieren [41]. Nur 7,94 % der jährlich ca. 800 000 Schüler, die die Schule verlassen, fühlen sich gut auf die Arbeitswelt vorbereitet (Stand 4/2016). Mehr als 71 % der Schüler geben an, sich von der Schule nicht gut auf den beruflichen Werdegang vorbereitet zu fühlen (Stand 4/2016) [42]. Viele Jugendliche fühlen sich zudem zunehmend überfordert durch die Herausforderungen des 21. Jahrhunderts. Die unmittelbare und einzige Konsequenz aus der oben beschriebenen Untersuchung wäre somit – aus meiner Sicht – die Einbindung des Fachs Robotik in alle Ausbildungsberufe am Erich-Gutenberg-Berufskolleg.

**Die Berufe der Zukunft – so sehen sie aus**
Microsoft und The Future Laboratory haben in einem „Tomorrow's Jobs"-Report einige Berufe vorgestellt [43]. Dazu gehört bspw. der *Virtual Habitat Designer,* ein Querschnittsberuf, der auf den Technologiefeldern Virtual Reality und Künstliche Intelligenz fußt. Er arbeitet als Designer der virtuellen Realität. Er designt virtuelle Büros, in denen

sich Kollegen aus der ganzen Welt treffen zur virtuellen Teamarbeit, oder er erstellt Kopien realer Dinge wie berühmter Sehenswürdigkeiten.

Ein anderer Zukunftsberuf wäre bspw. ein *digitaler Kommunikator* – er kümmert sich um die Finanzierung von Projekten oder Produkten oder um die Analyse von Social-Media-Trends für den eCommerce-Bereich. Passend zum Themenbereich Robotik wäre ein *Ethical Technology Advocate*. Letzterer wird ein Vermittler zwischen Roboter und Menschen fungieren und soll das reibungslose Zusammenleben zwischen Menschen und Robotern sicherstellen [44]. Ein weiterer Beruf der Zukunft könnte aufgrund der Expansionsgedanken der Menschheit ein *Marskolonisator* sein. Die Klimaveränderung und die Umweltverschmutzung werden eines Tages vielleicht den Beruf eines *Sauerstoffproduzenten* notwendig machen [45]. Allen zukünftigen Berufen wird aber eines gemeinsam sein: Sie werden zu einem hohen Prozentsatz digitale Kompetenzen benötigen und digitale Medien werden Inhalt und Medium zugleich sein.

In diesem Zusammenhang wurden noch wirtschaftliche Konsequenzen der Gesellschaft, d. h. die zukünftig steigende Arbeitslosigkeit und die wirtschaftliche Konkurrenzfähigkeit Deutschlands kritisch diskutiert. Neben interessierten Lehrern begrüßten wir unter den Teilnehmern Vertreter der Stadt Köln vom Amt für Informationsverarbeitung und vom Amt für Schulentwicklung sowie Schüler eines Q1-SoWi-Kurses des Gymnasiums Langenberg. Die Schulklasse wurde bereits am Vormittag durch die eScouts (Schüler, die als Digitale Ersthelfer fungieren) in die technischen Möglichkeiten der Schule eingewiesen (s. auch Abschn. 5.3). Die eScouts demonstrierten, wie Virtual-Reality-/Augmented-Reality-Brillen im Unterricht eingesetzt werden, erklärten, wie BYOD und school@home den Unterricht beleben und wie Roboter sinnvoll in den (Schul- und Arbeits-)Alltag integriert werden. Die eScouts des Erich-Gutenberg-Berufskollegs haben bewiesen, dass Digitalisierung neue Lern- und Lehrwege und individuelle Lernchancen ermöglicht (Abb. 6.7).

### 6.4.3 my eWorld – 3D & Augmented-/Virtual Reality

**Grundlagen**

Das Thema Augmented-/Virtual Reality mit Worten zu beschreiben ist so unmöglich, wie einem Blinden Farben zu erklären. Die Vielfalt der

# 6 Kompetenzerwerb durch Fortbildungen 145

**Abb. 6.7** my eWorld – Robotik

Sinneseindrücke bei der Nutzung dieser Brillen muss man selbst erlebt haben, sonst kann man nicht verstehen, welches Potenzial diese Brillen für den Unterricht besitzen.

Die tatsächliche Realität wird in den kommenden Jahren mit einer virtuellen Realität verschmelzen, egal ob durch Brillen, Kontaktlinsen oder sonstige Körperschnittstellen. Digitale Technologien werden die Produktionswelt (Industrie 4.0) durch 3D-Druck-Supply-Chain-Management, Drohnen und Roboter massiv verändern. Im Workshop werden die Techniken 3D (Brille, Fernseher und Druck) sowie Virtual-/Augmented Reality vorgestellt. Mit den vorhandenen Brillen Samsung Gear, Oculus Rift, HTC Vive, Sony Virtual-Reality-Brille, HP Windows Mixed Reality Headset und Microsoft Hololens sollen die Teilnehmer erste Erfahrungen machen und in die künstlichen Welten eintauchen sowie die ersten Unterrichtsszenarien mit den Brillen kennenlernen. Die Teilnehmer erhalten auch die Möglichkeit, die

## Chancen und Risiken

Das Thema Augmented/Virtual Reality besitzt ein erhebliches Potenzial für das Lernen, mit keinem anderen digitalen Medium können zurzeit so viele Sinne gleichzeitig angesprochen werden. Die derzeit am Markt verfügbaren Brillen ermöglichen Sehen, Gehen, Fühlen und Hören in einer virtuellen oder realitäts-erweiterten Welt. Durch technische Hilfsmittel wie bspw. Icaros oder einen Virtualizer wird die Integration des ganzen Körpers in die virtuelle Welt ermöglicht. Weitere Sinne wie bspw. Riechen und Schmecken lassen sich in Zukunft sicherlich einfach in die vorhandenen Techniken integrieren. Das Erleben von Lernsituationen mit vielen Sinnen und der daraus entstehende Spaß am Lernen fördert nach neuro-didaktischen Erkenntnissen den Lernvorgang erheblich, und im Moment gibt es kein vergleichbares Medium, welches die Kreativität, die Neugierde sowie die Ausbildung von Kooperations- und Teamkompetenzen im Unterricht und auch im gesellschaftlichen Leben in gleichem Maße fördert.

Virtual Reality kann aber durch die Mächtigkeit der Sinneseinbindungen einfach und schnell zu einer Suchtgefahr werden – in einem weit größeren Maße als Rauschmittel. Der Zugang zu Virtual Reality Produkten wird einfacher, schneller und auf Dauer kostengünstiger sein. Das Zusammenwachsen der realen und virtuellen Welten in der Zukunft gilt allgemein als sicher, unklar ist lediglich der Zeitpunkt dieser Verschmelzung. Die Verbreitung von Virtual-/Augmented-Reality geschieht im Moment noch sehr langsam. Grund dafür sind zum einem noch die hohen Hardware-Anschaffungskosten der Brillen und eine fehlende „Killer-Applikation". Es gibt derzeit noch zu wenige gute Applikationen, aber ich bin mir sicher, dass, wenn sie erscheinen, es einen ähnlichen Erfolg geben wird wie bei der Verbreitung heutiger Smartphones oder der Social-Media-Plattformen. Als derartige „Killer-Applikation" könnte ich mir bspw. eine Art Google Earth in VR vorstellen (die ja bereits rudimentär existiert), indem man durch alle Zeitalter der Menschheit und an alle Orte der Welt (und vielleicht auch auf andere Planeten) reisen kann.

## 6 Kompetenzerwerb durch Fortbildungen 147

Man könnte sich den Bau der Pyramiden ansehen und sie von innen begehen, danach reist man mit Christopher Kolumbus nach Amerika, schaut sich Paris, Amsterdam oder Köln in verschiedenen Jahrhunderten an (auch diese App existiert schon in Grundzügen [46]) oder macht Bekanntschaft mit Dinosauriern oder vielen anderen Orten und Zeiten. Das Einbinden von Lernszenarien in solch eine virtuelle Umgebung stelle ich mir sehr einfach vor – Lernen wird Erleben.

Es gibt bereits viele Anwendungen, die solche Szenarien vereinzelt realisiert haben. Es fehlt das Zusammenfügen aller Einzelszenarien zu einer Gesamtwelt. Das Szenario ähnelt den früheren Stadtplänen einzelner Städte, die dann irgendwann in Google Maps zusammengeführt wurden. Später konnte man Google Maps dann als Navigationsgrundlage nutzen und durch Google Street View wurde es real visualisiert. Google Earth führte alles zusammen und in Google Earth VR kann man tatsächlich bereits die heutige Welt in einer 3-dimensionalen Ansicht bereisen. Dass Google an dieser Stelle noch nicht halt macht und die Welt noch besser virtuell abbilden möchte, zeigen die Übernahme des Satelliten-Kartierers Skybox Imaging [47], die Anteilsübernahme von 10 % von SpaceX [48], dem privaten Weltraumunternehmen von Elon Musk oder das Projekt Google Loon, die Versorgung abgelegener Gegenden mit Internet durch Gasballons in der Stratosphäre mit solarbetriebenen Relaisstationen [49].

Sollte es solch eine virtuelle Welt in der Zukunft geben, ist die Suchtgefahr nicht zu verhindern und vermutlich werde auch ihr erliegen. Anna, die erste Schülerin, die VR in der Schule ausprobieren durfte, sagte danach: „Wenn ich solch eine Brille zu Hause hätte, dann würde ich morgens gar nicht mehr aufstehen". Solch eine virtuelle Welt, alle Zeitalter der Menschheit und alle Orte der Welt erleben zu dürfen, wäre eine magische Vorstellung.

Virtual Reality hat daher auch eine gesellschaftspolitische Perspektive, die wir nicht unterschätzen dürfen. Eine Flucht in virtuelle Welten wird immer dann wahrscheinlicher, wenn die reale Welt nichts Attraktives mehr zu bieten hat.

> Jeder Mensch ist aufgefordert, an unserer realen Welt zu arbeiten, damit unsere Zukunft nicht in der Virtualität liegt.

## 6.4.4 my eWorld – Big Data & Analytics

**Grundlagen**

„Daten sind das neue Öl!" – immer mehr Daten werden durch Analytics zu Informationen oder Wissen und somit zu einer kostbaren Ware für viele Teilnehmer im Internet – insbesondere im Bereich E-Commerce. Die Philosophie „Erleben – Festhalten –Teilen" lässt die Social Media Gemeinde wachsen und die Privatsphäre immer weiter zurückgehen. Menschen produzieren immer mehr Daten durch die zunehmende Digitalisierung – Google verarbeitet täglich 24 Petabyte Daten (ein Petabyte entspricht 1.048.576 Gigabyte oder 1.073.741.824 Megabyte). Würde man ein Byte durch ein Reiskorn ersetzen, dann könnte man alle zwei Tage die Erdoberfläche mit Reiskörnern bedecken [50]. Rechenzentren, Rechenleistung und verfügbare Speicher nehmen zu, werden autonomer und nachhaltiger. Internet-Teilnehmer werden immer transparenter, vorhersehbarer und dadurch auch lenkbarer (bspw. im Kauf-, Wahl-, Medien- und Partnerverhalten). Auf der Grundlage des 5V-Modells und der Anwendung dieses Modells auf einen Tagesablauf eines Menschen wird die Vielfältigkeit von Big Data & Analytics aufgezeigt. Das 5V-Modell basiert auf dem 3V-Modell der Analysten von Gartner und definiert den Begriff Big Data auf die Bereiche Volume, Velocity und Variety [51]. Volume beschreibt die ansteigende Datenmenge weltweit, Velocity die ansteigende Geschwindigkeit, mit der die Daten erzeugt werden, und Variety die zunehmende Vielfalt der erzeugten Daten. Ergänzt wurde das Modell im Laufe der Zeit durch weitere „V"s, im 5V-Modell sind dies die Bereiche Veracity oder Validity und Value [52]. Unter Veracity oder Validity versteht man die Qualität bzw. die Glaubwürdigkeit der Daten und unter Value den Wert der Daten. Doch immer mehr Daten liegen bei immer weniger Anbietern, den Internet-Giganten Amazon, Facebook, Apple, Google, Microsoft & Co. Durch Verknüpfung und Auswertung aller vorliegenden Daten wird es immer einfacher werden, ein sehr verlässliches digitales Profil unseres digitalen Doubles zu erstellen. Doch nur die Auswertung großer Datenmengen wird uns in die Lage versetzen, eine individuelle Gesundheitsvorsorge oder eine individuelle Lernförderung umzusetzen. Es werden auch große Datenmengen benötigt, um gesellschaftliche Ziele wie einen besseren Klimaschutz

## 6 Kompetenzerwerb durch Fortbildungen 149

durch optimierte nachhaltige Energieerzeugung und -nutzung in Form von SmartCities, SmartHomes oder auch SmartSchools umzusetzen.

Die Bedeutung von Big Data Value in der Gesellschaft und der Wirtschaft spiegelt sich wider in den Zitaten:

- „Daten sind das neue Öl" (Meglena Kuneva, EU-Politikerin) [53].
- „Daten sind die Rohstoffe des 21. Jahrhunderts" (Angela Merkel) [54].
- „Daten sind das neue Gold" (Marc Cuban) [55].
- „Wir wissen, wo Du bist. Wir wissen, wo Du warst. Wir wissen mehr oder weniger, worüber Du nachdenkst" (Eric Schmidt, Google Manager, 2011) [56].

Noch deutlicher werden der Wert von Daten und die Anzahl von Nutzern, die letztendlich die Daten erzeugen, wenn man sich die Firmenübernahmen in der IT-Branche in den letzten Jahren anschaut:

- 2012 Facebook kauft Social Media Plattform Instagram für 1 Mrd. US$
- 13 Mitarbeiter, 30 Mio. Nutzer [57]
- 2013 Microsoft kauft Handyhersteller Nokia für 5,4 Mrd. EUR [57]
- 2013 Google kauft GPS-Navigationshersteller Waze für 1,1 Mrd. US$ [59]
- 2014 Microsoft Spielehersteller Minecraft für 2,5 Mrd. US$ [60]
- 2014 Google Internet of Things Hersteller Nest für 3,2 Mrd. US$ [61]
- 2014 Facebook kauft Social Media Plattform Whatsapp für 19 Mrd. US$
- 55 Mitarbeiter 450 Mio. Nutzer [62]
- 2014 Google kauft Drohnenhersteller Titan Aerospace 60 Mio. US$ [63]
- 2014 Google kauft Satelliten-Kartierer Skybox Imaging für 500 Mio. US$ [47]
- 2015 Google kauft zusammen mit dem Unternehmen Fidelity 10 % Anteile der privaten Weltraumfirma SpaceX von Elon Musk für 1 Mrd. US$ [48]
- 2016 Microsoft kauft Social Media Plattform Linkedin 26,6 Mrd. US$

150 D. Steppuhn

- 430 Mio. Nutzer [64]
- 2018 Microsoft kauft Onlinedienst für Software-Projekte Github 7,5 Mrd US$ [65]

SmartPhones und Sensoren ermöglichen beispiellose Datenraten. Mit der wachsenden Zahl an Nutzern, Anwendungen, vernetzten Dingen und Sensoren (Internet of Things/IoT oder Internet of Everything/IoE) sind Daten immer schneller verfügbar. Nach Schätzungen der Marktforschungsfirma Gartner werden bis zum Jahr 2020 in jedem Haushalt 500 intelligente Geräte stehen [66] und jede Stunde werden eine Million neue Geräte mit dem Internet verbunden werden [67]. Bis zum Jahr 2022 sollen weltweit bis zu 50 Mrd. Geräte miteinander vernetzt sein [68]. Cloudcomputing wird der Zukunftsmarkt der Internetgiganten Amazon, Microsoft, Google, IBM und Alibaba werden. Die weltweite Nachfrage nach Großrechenzentren steigt, bis 2020 sollen mehr als 60 neue Rechenzentren in Westeuropa entstehen, vorwiegend in Skandinavien. Die Themen Nachhaltigkeit und Klimawandel werden im Zusammenhang mit Cloudcomputing von Politik und Gesellschaft vernachlässigt und verdienen eine größere Aufmerksamkeit. Beachtenswert ist an dieser Stelle die Initiative *Fridays for Future,* initiert durch die Schwedin Greta Thunberg [69]. Der Energieverbrauch durch die Digitalisierung lässt sich nicht exakt bemessen, aber nach Schätzungen verbraucht die Digitalisierung ca. 5 % des weltweiten Stromverbrauchs [70].

Aus diesen Zahlen werden Vergleiche abgeleitet, die im ersten Moment verwundern. Wussten Sie, dass…

- man für den Betrieb des Internets weltweit rein rechnerisch rund 25 Kernkraftwerke benötigt? [71]
- die global installierten IT-Systeme einen höheren $CO_2$-Ausstoß verursachen als der weltweite Flugverkehr? [72]
- nach einer Studie von Greenpeace das Internet den weltweit sechstgrößten Stromverbrauch hätte, wäre es ein Land? [73]

Um den Stromverbrauch der Digitalisierung zu bemessen, müssen natürlich alle digitalen Bereiche erfasst werden. Dazu gehören alle Endgeräte (Desktop-PCs, Tablets, Notebooks, Smartphones, SmartWatches, VR-/AR-Brillen, Spielekonsolen, biometrischen Armbänder, Drohnen, Roboter, etc.), alle globalen und lokalen Rechenzentren (Server, Switches,

## 6 Kompetenzerwerb durch Fortbildungen 151

USVs, Kühlungen, Notstromaggregate, etc.) und das Internet (Router, Repeater, DNS-Server, etc). Nach einer Studie der ETH Zürich lag der Energieverbrauch 2012 in der Summe der drei aufgelisteten Kategorien bei 900 TWh [70]. Ein mittleres Atomkraftwerk wie das in Deutschland eingesetzte Kernkraftwerk Emsland erzeugt nach Angaben des Betreibers RWE jährlich ca. elf Milliarden Kilowattstunden, das entspricht 11 TWh [74]. Rechnet man nun den geschätzten Stromverbrauch der Digitalisierung 2012 auf die Nennleistung des Atomkraftwerks in Emsland um, würde man ca. 81 Atomkraftwerke dieses Typs dafür benötigen.

Der Einsatzbereich von Big Data & Analytics folgt dem von Robotik und Künstlicher Intelligenz. Die Vorhersage- und Manipulationsmöglichkeiten steigen an, wie die bekanntesten Beispiele zeigen:

- Die US-Supermarktkette Target hat per Datenanalyse die Schwangerschaft einer Minderjährigen aus Minnesota erkannt, bevor die Familie es wusste, abgeleitet aus einem veränderten Konsumverhalten [75].
- Donald Trump nutzte Social Bots – eigens entwickelte Propaganda-Algorithmen –, um im Wahlkampf individuelle Botschaften zu den Themen Einwanderung von Muslimen, Obamacare oder Mexico-Wall an potenzielle Wähler zu versenden [76].
- Behörden nutzen Predictive Policing – Vorhersagen für zukünftige Verbrechen und/oder Verbrechensorte (ein interessanter Science-Fiction-Film dazu: *Minority Report*) [77].
- Die Quantified-Self-Bewegung zum Speichern der eigenen Körperdaten im Bereich der Gesundheit und Dongles in Fahrzeugen zur Fahrstilanalyse könnten dazu führen bzw. führen bereits zu individuellen Krankenkassenbeiträgen oder individuellen Prämienhöhen bei Versicherungen. Das könnte auf Dauer zum Ende des Solidarsystems bei Versicherungen und Krankenkassen führen [78].
- Die Vorhersage von Ausfällen in Energiesystemen (Windrädern, Solarkraftwerken, Wasserkraftwerken, Atomkraftwerken), in Zugsystemen oder im Verkehrswesen (Stauvermeidung, Feinstauberzeugung) wird durch die Technik *Predictive Maintenance* möglich. Diese Vorhersage möglicher Ausfälle basiert auf Analysen, Algorithmen und einem großen Datenbestand. Die Maschinen kommunizieren permanent mit einem Überwachungstool, welches Verhaltensmuster der Maschinen oder einzelner

Komponenten erstellt. Bei Abweichungen vom Basismuster kann man von einer möglichen, in der nahen Zukunft liegenden Störung ausgehen und proaktiv eingreifen, bevor die Störung tatsächlich eintritt [79].

## Chancen und Risiken

Auch das Erich-Gutenberg-Berufskolleg produziert seit vielen Jahren Daten, die sowohl intern in Office 365 (Lernplattform des Erich-Gutenberg-Berufskollegs für alle Klassen) als auch extern in Wikipedia (Unterrichtseinheit „Der Termin" von Tom deMarco und den Wikipedia-Projekttagen), im Didaktischen Wizard für das Kollegium, die Schüler sowie für die Ausbildungsbetriebe sowie auf der Webseite des Erich-Gutenberg-Berufskollegs und den dazugehörigen Social Media Kanälen veröffentlicht werden.

Noch nie war es für Schüler und Lehrer so einfach, auf so viele Daten, Informationen oder Wissen zuzugreifen. Die Welt des Lernens ist durch Suchmaschinen, Lernvideos, den Zugriff auf alle Bücher der Welt [80] oder Wikipedia vollständig transparent geworden.

Schulen, insbesondere SmartSchools, müssen dafür Sorge tragen, dass die 21st Century Skills kritisches Denken, das Übernehmen von individueller und sozialer Verantwortung (Stichworte Mobbing, Social Ranking) sowie das Streben nach Schutz und Erhalt der Privatsphäre erkannt und angenommen werden. Dass immer mehr Schüler keine oder wenige Probleme mit dem Verlust ihrer Privatsphäre haben, sind sicherlich Ausprägungen der Digital Natives bzw. der Generationen Y (geboren zwischen 1980 und 2000) und der Generation Z (geboren zwischen 1995 bis 2010) [81]. Dazu gehört auch die neue Lebensphilosophie des Teilens. Schüler erleben Dinge, halten sie fest und teilen sie dann mit Freunden oder der ganzen Welt mithilfe der Social Media Plattformen. Sie folgen der Maxime „Erfahrungen sind wertlos, wenn sie nicht geteilt werden", einer Maxime, die auch im Roman *The Circle* von Dave Eggers eine wesentliche Rolle spielt. Den Schutz oder den Erhalt der Privatsphäre – die in Deutschland im Grundgesetz verankert ist – zu gewährleisten, kann nur durch eine Form der Datensparsamkeit erzielt werden. Eine gesetzliche Umsetzung der Datensparsamkeit erfolgte jüngst in der neuen Datenschutzgrundverordnung [82]. Darauf sind nun alle in Deutschland datenverarbeitenden Unternehmen und Institutionen verpflichtet.

## 6 Kompetenzerwerb durch Fortbildungen 153

Würden Lehrer die Philosophie des Teilens auf Ihre digitalen Unterrichtsunterlagen anwenden, bestünde die Chance, bspw. über eine zentrale Lernplattform einen Content-Pool für alle Schulformen und Fächer aufzubauen mit einer nie da gewesenen Menge an Unterrichtsmaterialien.

Kann oder muss man Schüler zu deren eigenem Schutz zu Datensparsamkeit verpflichten oder erziehen? Nein! Alle Generation haben das Recht, sich ihre eigene Gesellschaft und ihr Leben aufzubauen und zu gestalten. Sollten sie auf Privatsphäre verzichten wollen, dann wird es so sein und wir, die Generation X (geboren zwischen 1965 und 1980) und älter (geboren vor 1961), müssen das akzeptieren. Es ist heute praktisch unmöglich, in unserer digitalen Welt keine Daten zu erzeugen. Die Aufgabe von Schule muss an dieser Stelle sein, die individuelle und soziale Verantwortung für diese Entscheidungen zu reflektieren. Schüler müssen erkennen, dass unser digitales Leben und die daraus generierten Daten und Informationen wie auch das Wissen im Internet in den Händen anderer liegen. Die daraus entstehende Gefahr in einer Filter-Blase zu leben, d. h., dank ausgeklügelter Algorithmen nur die Daten und Informationen zu erhalten, die auf uns abgestimmt sind, muss aufgezeigt und im Unterricht behandelt werden. Dass aus den in der Schule genutzten Basistechnologien erstellte Konzept „learning with any device, anytime, anwhere" (s. auch Abschn. 3.1) darf nicht zum Konzept „tracking with any device, anytime, anywhere" werden. Schüler sollten auch erkennen, dass reales und virtuelles Leben nicht identisch sind. Durch eine angeleitete Selbstreflexion könnten sie den Unterschied zwischen ihrer Selbstwahrnehmung und ihrer Außendarstellung, ihrem Digital Double, erkennen. Die Trennung zwischen Selbstwahrnehmung und Außendarstellung bzw. die Existenz von zwei unterschiedlichen Identitäten in Form eines realen und eines anonymen virtuellen Menschen ermöglicht leider viel zu oft Mobbing-Verhalten bzw. Mobbing-Möglichkeiten im Internet. Die Möglichkeit des Rückschlusses von der anonymen virtuellen Person auf die reale Person würde das Cyber-Mobbing drastisch vermindern. Es würde auf der anderen Seite die reale Person zu einer gläsernen Person machen.

Eine weitere Gefahr bei der Nutzung von Big Data für die Gesellschaft besteht in der Transformation des Menschen in einen numerischen Wert, eine Zahl. Diese Transformation findet man bereits in Social Media Plattformen in der Anzahl der Likes oder Follower realisiert. Durch Punktesysteme, Bewertungen oder der Anzahl von Likes oder Followers werden Wertigkeiten für Menschen gebildet, es entsteht ein Social Ranking. Auswirkungen dieser Wertigkeiten sind noch nicht eingehend untersucht. Wie ein Staat Konsequenzen aus solch einem Social Ranking System ableiten kann, zeigt das Beispiel des Social Credit Systems in China [83]. Literarische Beispiele wie: *1984* von George Orwell, *Schöne neue Welt* von Aldous Huxley, *Zero* von Marc Elsberg oder *The Circle* von Dave Eggers sind aufgrund der Datensammlungen durch Big Data und deren Auswertung durch Künstliche Intelligenz aktueller und realistischer denn je.

Die auf Big Data aufsetzenden Analyseverfahren, die deskriptive, die prädiktive und die präskriptive Analyse könnten bei einem Einsatz in Schulen den Schülern eine individuelle Förderung ermöglichen und somit den Lernprozess jedes Schülers verbessern. Die Anwendung der deskriptiven und der prädiktiven Analyse findet bereits seit vielen Jahren in Schulen statt. Die deskriptive Analyse leitet aus vergangenen Ergebnissen wie bspw. Tests und Klausuren oder mündlichen Befragungen Fördermaßnahmen für Schüler ab. Die prädiktive Analyse untersucht auf Basis der so gewonnenen Daten, was geschehen wird: Gleicht bspw. ein Schüler seine Wissens- oder Kompetenz-Defizite nicht aus oder nimmt ein Schüler die Fördermaßnahmen nicht an, wird er voraussichtlich nicht versetzt werden. Die präskriptive Analyse würde auf der Grundlage der deskriptiven und prädiktiven Analyse und der erhobenen Daten ein individuell auf den Schüler angepasstes Förderprogramm erstellen und somit das umsetzen, was optimalerweise geschehen sollte. Je mehr Daten über den Schüler zur Verfügung stünden, umso besser könnte sein Lernprozess arrangiert und begleitet werden. Die Datenerhebung würde weit über das hinausgehen, was derzeit in Schulen auf der ganzen Welt an Daten über den einzelnen Schüler erhoben wird, und die Debatte über den Datenschutz vertiefen.

Hier stellt sich Schulen, Politik und Gesellschaft die Frage: Wollen wir das? Soll Schülern die optimale Förderung auf Kosten ihrer Daten angeboten werden? Genau das gleiche Problem stellt sich im Gesundheitswesen. Sollen alle Daten von kranken Menschen gespeichert und ausgewertet werden zur Umsetzung einer optimalen, individuellen Gesundheitsfürsorge und Pflege, für eine individuelle Diagnostik und Behandlung? Diagnosen würden schneller und Therapien sicherer, wenn relevante Informationen zur Krankengeschichte verfügbar wären. Die

Versorgung würde sich den Anforderungen der Menschen anpassen, Telemedizin würde zu weniger Arztbesuchen führen und auch in entlegenen Regionen für eine moderne und leistungsfähige Betreuung sorgen, Menschen könnten trotz gesundheitlicher Einschränkungen länger in ihrer vertrauten Umgebung leben. Patientendaten sind die Eckpfeiler für SmartHealth. Schülerdaten wären die Eckpfeiler für optimierte, individuelle Bildung – ein SmartLearning.

Eine Entscheidung für die Optimierung der individuellen Förderung der Schüler – und damit auch eine mögliche zukünftige Lösung des Spannungsfeldes Aufgabe der Privatsphäre und Aufrechterhaltung des Datenschutzes – wäre der freiwillige Einsatz eines Datencontainers nach der Idee von Tim Berners-Lee Projekt *Solid* [84]. Schüler speichern alle erhobenen Schuldaten wie bspw. Lernprozesse (Aufgaben und deren Lösungen), Noten, Fehlzeiten, mündliche Beteiligungen, Krankheitsstände usw. in ihrem freiwilligen Datencontainer. Die Schule, die Lehrer und die auswertende Software (hierbei würde es sich wahrscheinlich um eine Künstliche Intelligenz handeln) haben nur solange darauf Zugriff, wie der Schüler oder seine Eltern dies gestatten. Wechselt der Schüler die Schule, nimmt er seinen Datencontainer mit. Der Datencontainer müsste logischerweise vor Vervielfältigung geschützt sein, damit keine Kopien in Umlauf geraten bzw. irgendwo verbleiben. Technisch könnte diese Lösung bereits heute realisiert werden. Die datenschutzrechtlichen Grundlagen dafür müssten aber erst durch politischen und gesellschaftlichen Willen geschaffen werden.

Für Schulen und das Bildungssystem sind dauerhafte und zeitnahe Anpassungen aufgrund der vielfältigen Gefahren und Chancen von Big Data in den Medienkompetenzen, in der Medienerziehung, der Medienpädagogik, der Mediendidaktik und der Medienethik unabdingbar.

## 6.4.5 my eWorld – Künstliche Intelligenz und Maschinelles Lernen

### Grundlagen
Künstliche Intelligenz ist aus meiner Sicht die Schlüsseltechnologie der Digitalisierung. Maschinelles Lernen, denkende Roboter und intelligente Navigation – alles aktuelle Entwicklungsbereiche, die mithilfe

**156**     D. Steppuhn

Künstlicher Intelligenz unser Leben beeinflussen und verändern werden. Welche positiven und negativen Auswirkungen hat die Verschmelzung von Künstlicher Intelligenz mit den Treibern der Digitalisierung Robotik, VR/AR und Big Data auf unser gesellschaftliches Zusammenleben und auf Schule?

Die Bedeutung dieser Technologie zeigt sich derzeit auch im Verhalten der Deutschen Bundesregierung, die das Thema Künstliche Intelligenz mit 3 Mrd. Euro fördern möchte [85]. Mit ihrer Künstliche-Intelligenz-Strategie beabsichtigt sie, die internationale Wettbewerbsfähigkeit deutscher Unternehmen zu stärken und deutschen Firmen durch die Nutzung von Künstlicher Intelligenz ihr Überleben zu sichern [86].

> „Die künstliche Intelligenz wird den Menschen insgesamt ersetzen.", Stephen Hawking **[87]**

Künstliche Intelligenz deckt heute einen ebenso großen Anwendungsbereich ab wie die Robotik. Humanoide Roboter werden in Zukunft die Körper für Künstliche Intelligenzen darstellen. Die Gefahr der Künstlichen Intelligenz beruht auf der Unsichtbarkeit dieser Technik. Wir wissen gar nicht, wo sich heute überall Künstliche Intelligenz verbirgt. Offensichtlich ist dies in der Spracherkennung und Sprachsteuerung, dort sind uns die Produkte Alexa von Amazon, Cortana von Microsoft, OK Google von Google oder Siri von Apple bestens bekannt. Das Gleiche gilt für den Bereich der Mustererkennung bei Bildern und Videos. Sucht man in der Google- oder Bing-Bildersuche bspw. nach einem Roboter, dann werden einem tatsächlich auch nur Bilder von Robotern aller Art angezeigt, obwohl in den Bildern selbst nirgendwo der Begriff Roboter hinterlegt ist. Das kann man mit jedem Begriff ausprobieren, es funktioniert dank der Mustererkennung der jeweiligen Anbieter, die auf künstlicher Intelligenz basiert. Mit der Mustererkennung kann man aber auch in sekundenschnelle Nummernschilder und Gesichter erkennen. Dass Künstliche Intelligenz auch in der Navigation und dem autonomen Fahren eingesetzt wird, verwundert keinen. Das Fahren eines Autos benötigt

## 6 Kompetenzerwerb durch Fortbildungen 157

Intelligenz, und erst recht, wenn es sich allein ohne Fahrer im Straßenverkehr sicher bewegen soll. Bei vielen weiteren Anwendungen ist es nicht direkt erkennbar, wie beispielsweise bei vielen Google-Diensten wie Google Duplex, der Sprach-KI für selbstständige Telefonate, wie Google Lens, der Bild-KI in Live-Scannern in Kameras, wie Googles Internet of Things, der SmartHome-KI, wie Google Lookout, der KI für Blinde oder wie Google Maps, der Lokalisierungs- und Routenplaner-KI. Google ist definitiv ein KI-Vorreiter, was sich durch spektakuläre Firmenübernahmen von Nest oder DeepMind zeigt. Die größte Aufmerksamkeit erreichte Google durch die beiden DeepMind-KIs selbstlernende Atari-Spiele und AlphaGo. Mit AlphaGo gelang es Google 2016, einen der stärksten Go-Spieler der Welt, den Südkoreaner Lee Sedol, vernichtend zu schlagen. AlphaGo gewann vier der fünf Partien – der Mensch hat gegen die Maschine 1:4 verloren [88]. Die zweite Nachricht zum Thema Kreativitäts-KI ging in den Medien etwas unter oder wurde nicht mehr aufmerksam wahrgenommen: 2017 entwickelte Google den Nachfolger von AlphaGo, AlphaGo Zero. Diese neue Version hat das Spiel jetzt ohne menschliches Vorwissen gelernt, d. h., die Entwickler erklärten AlphaGo Zero nur die Spielregeln. Danach spielte das Programm gegen sich selbst und brachte sich innerhalb von drei Tagen durch maschinelles Lernen auf ein bis dahin nicht bekanntes Spielniveau – es schlug seinen Vorgänger in 100 Partien 100 Mal – Maschine gegen Maschine 100:0 [89].

> „Künstliche Intelligenz ist gefährlicher als Atomwaffen", Elon Musk [90]

Ergänzt wurde der Workshop durch Elemente des im Schulprogramm fest verankerten Leitsatzes bzw. der Präambel: „Wir sind eine Schule, die den Menschen in den Mittelpunkt stellt." Hier knüpfte der Vortrag mit drei sehr grundlegenden Bereichen an, in denen Künstliche Intelligenz – bei allem Fortschrittspotenzial – auch zur großen Gefahr werden kann: die Gefährdung unserer demokratischen Gesellschaftsordnung am Beispiel des Chinese-Social-Credit-Systems [91], die Infragestellung des Menschseins durch Sex-Roboter [92] (im Jahr 2050 sollen Liebe und

## 158    D. Steppuhn

Sex mit Robotern, die Gefühle haben, möglich werden [93]) und die derzeit noch mangelnde Einbindung der Künstlichen Intelligenz im Kampf gegen den Klimawandel.

### Chancen und Risiken

Im Hinblick auf die große Herausforderung, vor der wir im Rahmen der Unterrichtsentwicklung und der sinnvollen Einbindung von Künstlicher Intelligenz stehen, wurden die Auswirkungen, die Künstliche Intelligenz auf unseren Unterricht bereits hat und noch haben wird, näher dargestellt. Da wir schon einige KI-Techniken, wie bspw. die Suchmaschine Google oder die Spracherkennung (Alexa, Siri, Cortana, OK Google), in allen mobilen Endgeräten jeden Tag nutzen, könnte hier der Fokus in SmartSchools auf der optimalen Förderung von individuellem Lernen, aber auch kritischer Auseinandersetzung liegen.

Die Kombination von Künstlicher Intelligenz und den Treibertechnologien der Digitalisierung könnte für Schulen bzw. für den Unterricht lernfördernde Effekte erzielen. Künstliche Intelligenz in Verbindung mit Big Data würde eine individuelle Lernförderung ermöglichen. Die Künstliche Intelligenz könnte für jeden Schüler auf der Grundlage seiner Daten seinen eigenen, individuellen Lernweg aufzeigen, den Lerninhalt zusammenstellen und den Lernprozess begleiten. Durch intelligente Medien auf der Basis von Künstlicher Intelligenz würde jeder Schüler sein individuelles Schulbuch erhalten – das Schulbuch würde sich während des Lernprozesses selbst schreiben. Eine erste praktische Umsetzung dieser Idee findet sich im Schulbuch *Hypermind* des Deutschen Forschungszentrums für Künstliche Intelligenz [94]. Hierbei handelt es sich um ein dynamisch-adaptives persönliches Lehrbuch in Modulbauweise, in dem Wissensbausteine assoziativ verlinkt sind und durch multimediale Lerninhalte ergänzt werden. Per Eye-Tracker werden die Verweildauer und die Blick-Aktivitäten auf einer Seite erfasst und ausgewertet. Danach erfolgt eine individuelle „On-Attention"-Bereitstellung von multimedialen Lernobjekten [95].

Künstliche Intelligenz in Verbindung mit Augmented- und Virtual Reality könnte die bereits erhoffte Killer-Applikation in diesem Bereich erzeugen: ein Google Earth kombiniert mit StreetView und Maps. Das Visualisieren aller Orte und Gegenstände auf der Welt, das Begehen aller Orte und aller Zeitalter der Welt und das Erleben aller Welten in Verbindung mit dem Zugriff auf alle Informationen dieser Welten. Lernen wird Erleben, Reisen, Erforschen, Suchen und Finden.

Roboter, insbesondere humanoide Roboter, könnten in Kombination mit Künstlicher Intelligenz zu Lehrerassistenten werden. Sie könnten alle Sprachen sprechen und wären damit idealerweise geeignet, Migrationskindern als Sprachtrainer zu dienen [96]. Roboter sind zudem geduldig, haben keine Vorurteile und (noch) keine Emotionen. In bestimmten Kombinationen, wenn sich bspw. Schüler und Lehrer nicht miteinander verstehen, könnten die Roboter in solchen Fällen sogar zu einem Lehrerersatz werden und einem Schüler somit eine alternative Lernumgebung anbieten. Erste Untersuchungen haben gezeigt, dass Jugendliche Roboter im Allgemeinen faszinierend finden und gerne mit ihnen zusammenarbeiten. Humanoide Roboter generieren aufgrund ihrer Beschaffenheit und ihres Aussehens deutlich mehr Aufmerksamkeit und Emotionen – das erhöht den Grad und die Dauer der Aufmerksamkeit und fördert die emotionale Bindung an dieses Medium. Nach einer Studie aus dem EU-Projekt *emote* gehen laut Arvid Kappas, Professor an der Jacobs University in Bremen, Kinder bei einer Belehrung oder der Verbesserung von Fehlern damit besser um, wenn diese durch einen humanoiden Roboter erfolgen anstelle eine Lehrers [97].

Ein permanenter Informations- oder Wissenszugriff im Klassenraum könnte durch Spracherkennung und Sprachsteuerung in Gestalt von Alexa, Cortana, OK Google oder Siri realisiert werden. Ähnlich wie Captain Picard in Raumschiff Enterprise seinen Computer alles fragen konnte, könnten Schüler oder Lehrer diese Technik in den Unterricht integrieren.

> „Die Entwicklung Künstlicher Intelligenz könnte entweder das Schlimmste oder das Beste sein, was den Menschen passiert ist.", Stephen Hawking [98]

Neben interessierten Lehrern begrüßten wir unter den Teilnehmern wieder Vertreter der Ämter für Informationsverarbeitung und Schulentwicklung der Stadt Köln sowie Vertreter der IHK Köln, die im

160  D. Steppuhn

Hinblick auf das IHK-Projekt „Fit in Ausbildung; Perspektive 4.0!"
gespannt teilnahmen. Im Rahmen einer Kooperation mit der IHK-Köln
nahm das Erich-Gutenberg-Berufskolleg im November 2018 an der
IHK-Informationsveranstaltung „Virtual Reality/Augmented Reality in
der beruflichen Bildung erleben!" als Aussteller teil.

## 6.4.6  my eWorld – Mensch 4.0

**Grundlagen**
Im ersten Durchgang von my eWorld 1.0 trug der Workshop den Titel
*SmartHealth & SmartBody*.

Grund dafür war der Umstand, dass immer mehr digitale Techniken in unser Gesundheitswesen und in unseren Körper vor- bzw. ein-
dringen. Das – auf Dauer nicht mehr finanzierbare – Gesundheitswesen
steht vor einer Neuordnung, welche unser gesellschaftliches Gefüge
verändern wird. Der Anteil älterer Menschen in unserer Gesellschaft
wird weiter steigen, und die Arm-Reich-Schere wird sich weiter öff-
nen. Altersgerechte Assistenzsysteme durch den Einsatz von Robotik,
Tele-Monitoring und Tele-Medizin, Künstliche Intelligenz in Kranken-
häusern, Universitäten bis hin zu Arztpraxen beispielsweise durch das
IBM-System Watson (bekannt als Jeopardy-Sieger) und die immer mehr
zunehmende Selbstdiagnose durch „Dr. Google" stellen digitale Alternativen dar, um das Gesundheitswesen zu stützen oder gar zu revolutionieren. Big Data in Kombination mit Künstlicher Intelligenz stellt
Möglichkeiten für eine optimale individuelle Gesundheitsvorsorge
und Diagnostik durch Speicherung und Auswertung der vollständigen
Krankengeschichten aller Patienten bereit.

Ein Lehrer des Erich-Gutenberg-Berufskollegs folgte mit einer
AndroidWear der Quantified-Self-Bewegung. Er führte drei Wochen
lang mit diesem biometrischen Armband einen Selbstversuch durch
und speicherte in dieser Zeit alle verfügbaren körpereigenen Gesund-
heitsdaten. Die Ergebnisse dieses Selbstversuches wurden im Workshop
präsentiert, analysiert und diskutiert.

Neue digitale Techniken ermöglichen eine Verlängerung des Lebens,
3D-Drucker erstellen aus menschlichen Stammzellen Ersatzteile für

## 6 Kompetenzerwerb durch Fortbildungen 161

den Körper [99]. Organaustausch, Exoskelette, neuronale Chips, Gehirn-Computer-Schnittstellen – individuelle, körperliche Optimierung bedingt durch Konkurrenz in der Arbeitswelt aufgrund sinkender Arbeitsplatzangebote durch Künstliche Intelligenz und Robotik stehen uns bevor.

Die Problematiken der ersten Inklusion (Unterricht mit behinderten und nicht behinderten Menschen) und der zukünftigen zweiten Inklusion (Unterricht mit behinderten, nicht behinderten und digital erweiterten Menschen) wurden genauso erörtert wie die menschliche Entwicklung vom Homo Sapiens über den Homo Digitalis hin zu Neuformen wie dem Homo Inutilis, dem Homo Deus oder dem Homo Cloudensis. Der Homo Inutilis wäre eine nicht mehr benötigte Lebensform auf dem Arbeitsmarkt, der Homo Deus eine Zwischenform zwischen dem Homo Digitalis und einem Cyborg, und der Homo Cloudensis wäre der Übergang des menschlichen Körpers in die digitale, virtuelle Welt hin zum Transhumanismus. Es gibt tatsächlich bereits Szenarien und Gedankenkonstrukte, dass Menschen sich mittels einer Gehirn-Computer-Schnittstelle in die Cloud hochladen und dadurch unsterblich werden [100]. Der mit Digitalisierung upgedatete Mensch – Menschen mit implementierten Chips oder Sensoren, AR-/VR-Brillen, SmartWatches, Fitnessarmbändern, Exoskeletten, intelligenten Kontaktlinsen oder weitergehenden Schnittstellen, die permanentes Internet ermöglichen – soll sich künftig neben den behinderten und nicht behinderten Menschen gleichberechtigt in die Gesellschaft eingliedern. Ob dies von Erfolg gekrönt sein wird bleibt abzuwarten.

In diesem Zusammenhang werden auch die Aktivitäten des Internetgiganten Alphabet (ehemals Google) betrachtet, der mit seinen Töchtern Verily (ehemals Google Life Sciences) und Calico sowie einigen prominenten Namen wie Ray Kurzweil in diesem Markt vertreten ist. Verily beschäftigt sich mit der Gesundheitsvorsorge und möchte Medizin proaktiv statt reaktiv eingesetzt sehen. Calico widmet sich der Erforschung des ewigen Lebens und der Heilung vom Tod. „Den Tod so lange vermeiden, wie wir das wollen" – das ist das Ziel von Aubrey de Greydes, Mitgründer der SENS Foundation (Strategies for Engineered Negligible Senescence) [101]. Zu den Geldgebern dieser Foundation gehören auch Peter Thiel (PayPal-Gründer) und Jeff Bezos

(Amazon). Der Versuch, den Menschen unsterblich zu machen sprengt zurzeit noch die Vorstellungskraft. Ein Homo Deus würde aber – ähnlich wie ein Quantencomputer – unsere Welt revolutionieren. Vorhersagen zur Entwicklung der Gesellschaft und des Menschen wären nicht mehr möglich.

In diesem Zusammenhang wird auch auf das Unternehmen Alcor geschaut, welches sich dem Thema Kryonik widmet, dem Einfrieren verstorbener Menschen (komplett oder nur den Kopf) mit flüssigem Stickstoff zum Zwecke der Wiederbelebung in künftig erhofften Zeiten des entsprechenden medizinischen Fortschritts.

Im zweiten Durchgang von my eWorld 2.0 wurde der Workshop SmartHealth & SmartBody umgewandelt und zu einem großen Anteil in den Workshop Mensch 4.0 eingebunden. Der Grund für die Umgestaltung war die allzu lockere Verknüpfung zwischen Schule und dem Gesundheitssystem (SmartHealth). Ein weiterer Grund für die Umgestaltung des Workshops war die Idee, ein medienpädagogisches Konzept in Bezug auf die Digitalisierung zu erstellen.

Das zentrale Element des neuen Workshops *Mensch 4.0* ist der Mensch in Gestalt des Schülers. Die bereits eingeführten Menschenbilder zeigen die Problematiken der daraus entstehenden Inklusionen.

Dass Digitalisierung und der Einsatz der digitalen Medien zwei Seiten haben, ist jedem offensichtlich. Digitalisierung kann die Individualisierung in höchsten Maßen unterstützen. Die Auswertung aller von uns zur Verfügung gestellten Daten ermöglicht ein immer genaueres Bild von uns selbst. Gesundheitsvorsorge und -vorhersage oder individuelle Lernförderung können mit Künstlicher Intelligenz und Big Data optimiert werden, wir können uns selbst verwirklichen, was viele in den Social Media Kanälen umsetzen, wir haben von überall Zugriff auf immer mehr Produkte der Welt und mit einem Klick stehen die Waren kurze Zeit später vor der Tür. Wir buchen Konzerttickets, Bahntickets oder Kinokarten ohne anzustehen. Autonome Autos werden uns unfallfrei und ausgeruht – d. h. ohne Staus und Parkplatzsuche – zu jedem Ort bringen – zwischenzeitlich können wir Mails beantworten, einkaufen, ein Buch lesen, ein bisschen schlafen, mit Freunden oder der Familie sprechen. Unsere Online-Persönlichkeit wird der Offline-Persönlichkeit immer ähnlicher, und irgendwann wird ein selbstständiger Avatar unser

## 6 Kompetenzerwerb durch Fortbildungen 163

digitales Leben übernehmen, und wir haben noch mehr Zeit für andere Dinge, die uns wichtig sind.

Ein Mensch schaut heute zwischen 80 und 150mal am Tag auf sein Smartphone, ein digitalisierter Mensch wäre permanent mit dem Internet verbunden und würde – wenn man es zulassen würde – sekündlich Informationseingänge haben. Digitalisierung führt in ihrer negativen Auswirkung dazu, unseren Bedürfnissen zu jeder Zeit zu folgen, um uns zu belohnen – am sichtbarsten in den Bereichen Social Media oder im eCommerce bspw. durch das One-Click-Shopping. Digitalisierung kann auch unser „Mensch sein" erschweren. Eine steigende Individualisierung führt im schlimmsten Fall zu einer Isolierung in der Gesellschaft, im Beruf, in der Schule, im Freundeskreis oder in der Familie.

### Chancen und Risiken

Vermehrter, dauerhafter Medieneinsatz – privat, in der Schule oder am Arbeitsplatz – kann gesundheitsgefährdend sein und bis hin zur Sucht führen. Eine achtköpfige Arbeitsgruppe Gesundheit am Erich-Gutenberg-Berufskolleg versucht bereits frühzeitig, gesundheitsgefährdende Aspekte aufzudecken, gesundheitsfördernde Maßnahmen zu ergreifen und schulweit umzusetzen. Dazu gehörten die Einrichtung eines Rückzugszimmers, organisatorische Umstrukturierungen und die Durchführung eines pädagogischen Tages zum Thema Gesundheit und Gesundheitsförderung. Das Gesundheitskonzept fand auch öffentliches Interesse. Es war der Grund für die Einladung zum Kongress *Work & Health 2018* als Aussteller.

Der Bereich Gesundheit und Prävention wurde vom Erich-Gutenberg-Berufskolleg in den letzten Jahren konsequent weiterentwickelt. Seinen Stellenwert zeigt die Präambel des Erich-Gutenberg-Berufskollegs, in der der Gedanke einer nachhaltigen, gesunden und ergonomischen Schule bereits verankert ist. Über die Teilnahme am Programm „Gute gesunde Schule" und den damit verbundenen Gewinn des renommierten Schulentwicklungspreises im Jahr 2017 sollen weitere Entwicklungen angestoßen werden. Ein Baustein auf dem Weg zu einer gesunden Schule ist die Organisation des Projekts *Gesundheitstag,* der in den dualen Ausbildungsgängen jährlich organisiert wird.

Das Projekt „Icaros und Virtual Reality" befasst sich mit dem Icaros als Virtual-Reality-Fitnessgerät. Es wird schwerpunktmäßig in allen Bildungsgängen in den Fächern Sport, perspektivisch eSports, eingesetzt werden. Ein erstes Unterrichtskonzept, welches fächerübergreifend arbeitet, wird momentan umgesetzt. Ebenfalls wird der Icaros beim nächsten Gesundheitstag sowie in Physikprojekten bspw. zum Thema „Freier Fall" eingearbeitet. eSports soll aber auch einer besonderen Schüler-Gruppe zugutekommen: Schülern mit körperlichen und motorischen Behinderungen. eSports ermöglicht neuartige, teils ungewohnte Wahrnehmungs- und Spieleerlebnisse. Zur Beherrschung der ausgewählten Virtual-Reality-/eSports-Angebote sind unterschiedliche koordinative Fähigkeiten und Sinneswahrnehmungsprozesse wie Gleichgewichts-, Orientierungs-, Rhythmisierungs-, Reaktions- sowie Kopplungs- und Differenzierungsfähigkeit vonnöten.

„Gesunder Unterricht" wird durch das neue Unterrichtsfach Gesundheitsförderung seit dem Schuljahr 2018/19 mit einer Wochenstunde als Projektmodell am Wirtschaftsgymnasium erprobt und evaluiert, um vor allem ein anregendes und freundliches Klima in der Schule zu fördern. Durch Antonovskys Modell der Salutogenese ist bekannt, dass Gesundheit mehr als den körperlichen Zustand umfasst [102]. Die Entstehung und Erhaltung der Gesundheit soll durch die Einführung des neuen Unterrichtskonzepts so dargestellt werden, dass sich die Schüler mit selbst gewählten Schwerpunktthemen auseinandersetzen und ganz bewusst Verantwortung für gesunden Unterricht übernehmen. Selbst organisiertes Lernen, Respekt und salutogenetische Unterrichtsentwicklung sind Ziele dieses Pilotprojekts. Orientiert an „Gute Schule durch lernwirksame Führung" von Prof. Dr. Schratz entfaltet der salutogenetische Ansatz nicht nur im Hinblick auf Schüler seine Bedeutung [103]. Auch die Gesundheit und das Wohlbefinden von Lehrern werden durch Beachtung dieses Ansatzes positiv beeinflusst.

Ein neuer – oft nicht berücksichtigter – Aspekt der Digitalisierung ist der Weg in die Einsamkeit. Einsamkeit macht krank und gehört damit auch zum Themenbereich Mensch 4.0. Digitalisierung bietet mit Hilfe von Social Media oder Dating-Plattformen viele Möglichkeiten,

# 6 Kompetenzerwerb durch Fortbildungen 165

um Kontakte und Personen zu finden – und ich meine damit nicht die Anzahl der Freunde oder Followers bei Facebook oder anderen Social Media. Auf der anderen Seite finden diese Kontakte häufig nur auf virtueller Ebene und nicht mehr auf persönlicher, realer Ebene statt. Japan und Großbritannien sind zwei Nationen, die davon bereits massiv betroffen sind und darauf auch reagiert haben. In Großbritannien schuf die Regierung unter Premierministerin Theresa May ein Ministerium für Einsamkeit, um „der zunehmenden Vereinsamung von wachsenden Teilen der Bevölkerung entgegenzuwirken". In Japan eröffnen sich dadurch sogar neue Wirtschaftsmärkte. Neben dem klassischen Begleitservice bieten dort Unternehmen auch holografische Freunde an, die den Menschen nach der Arbeit zu Hause erwarten und mit ihm den Abend verbringen [104]. Solche digitalen Lösungen oder Dienstleistungen fördern aber eher den Weg in die Einsamkeit als ihn zu stoppen. Einsamkeit kann nur durch reale soziale Kontakte aufgebrochen werden.

Zum Menschsein gehören neben der Gesundheit auch die Individualität, das Miteinander in einer Gesellschaft, das Verhalten im Alltag, in der Schule und im Beruf sowie der Drang zur Leistung, zur Effizienzsteigerung in allen Lebenslagen. Um mit diesem Umfeld besser umgehen zu können, wurde ein medienpädagogisches Konzept entwickelt, welches im Workshop Mensch 4.0 vorgestellt und diskutiert wird (s. auch Abschn. 7.3).

Noch lässt sich die digitale Welt gestalten, und das ist insbesondere in Schule eine unserer wesentlichen Aufgaben in den nächsten Jahren. Wir Lehrer müssen unseren Schülern den Umgang mit der digitalen Welt beibringen, und dafür müssen wir zeitnah digitale Medien kennenlernen und auch einsetzen. Wir Lehrer müssen aber auch erkennen, welche Auswirkungen die Digitalisierung auf jeden einzelnen Schüler hat. An diesem Punkt müssen wir in den Schulen Konzepte einbetten und realisieren, die schnell Hilfe bei negativen Auswirkungen der Digitalisierung ermöglichen.

Sollten wir diese Möglichkeiten verpassen, dann endet unsere Gesellschaft in einem Kampf oder in einem Spannungsfeld zwischen Mensch und Maschine – der Verlierer steht aber in diesem Szenario bereits vorher fest, und es wird nicht die Maschine sein. Aus diesem Grund benötigen

# 166 D. Steppuhn

wir in der Schule einen digitalen Humanismus, der den Menschen vor die Maschine stellt, aber auch lernt, mit der Maschine zu lernen.

## 6.4.7 my eWorld – Datensicherheit & Datenschutz

**Grundlagen**

Der Datenschutz – d. h. der Schutz personenbezogener Daten vor Missbrauch – stellt in Deutschland ein hohes Gut dar und wird durch das Bundesdatenschutzgesetz geregelt. Eine Gesetzesanpassung zur stärkeren Berücksichtigung der Digitalisierung erfolgte am 25.05.2018 durch die neue Datenschutzgrundverordnung (DSGVO).

Die Datensicherheit beschreibt technische und organisatorische Verfahren, um vor dem Verlust oder der Manipulation zu schützen. Die Datensicherheit ist eine der größten weltweiten Herausforderungen der Gegenwart und auch der Zukunft. Immer mehr Unternehmen unterliegen Angriffen auf ihre Webpräsenzen und ihre Server. Immer mehr Abwehrtechniken nutzen bereits Techniken der Künstlichen Intelligenz, um sich vor Angriffen zu schützen. Man muss aber auch damit rechnen, dass immer mehr Angriffe mit Unterstützung künstlicher Intelligenz stattfinden werden. Wer die Künstliche Intelligenz verschläft, wird es schwer haben, zu bestehen und der, dem als Ersten der Durchbruch in der starken Künstlichen Intelligenz gelingt, wird praktisch nicht mehr einholbar sein und auf gewisse Weise die Welt beherrschen [105].

Big Data, Nutzerprofile, Quantified-Self-Bewegung, Internet of Things, biometrische Authentifizierungsverfahren, Cyberkriminalität bis hin zum Cyberwar – die starke Ausrichtung auf das digitale Arbeiten, Unterrichten und die private Nutzung digitaler Medien impliziert eine notwendige Grundbildung im Bereich Datenschutz und Datensicherheit für Schüler, Lehrer und all unsere Partner. Neben dem aktuellen Thema DSGVO in der Schule werden die Themen Darknet, sicheres Bewegen im Netz (Tor, Quant), der Verlust der Privatsphäre durch Big Data und Social Media und das Abgeben aller Daten an große Konzerne, die Datenrückführung in den eigenen Besitz durch die Solid-Technik von Tim Berners-Lee, die Gefahr unsichtbarer Technologien wie der künstlichen Intelligenz bis hin zur Gefahr der Intelligenzexplosion und einer Singularität diskutiert. Unter dem Begriff der Singularität wird ein Zeitpunkt verstanden, bei dem sich die Computer oder Maschinen durch künstliche Intelligenz so rasant selbst verbessern und optimieren, dass die Zukunft der Menschheit hinter diesem Ereignis nicht mehr vorhersagbar ist.

Gesetzliche Regelungen hinken der Digitalisierung hinterher und werden es auch weiterhin tun. Es wird nicht möglich sein, kommende Technologien kurz nach ihrem Erscheinen oder sogar schon vor ihrem Erscheinen gesetzlich zu regeln. Doch gerade die Künstliche Intelligenz, die schlicht unsichtbar ist und im Grunde nur aus Algorithmen besteht, birgt hier die größte Gefahr. Wie kann man Künstliche Intelligenz rechtlich fassen, wenn durch maschinelles Lernen die Auswirkungen der Algorithmen nicht vorhersagbar sind? Wird es für die Künstliche Intelligenz einen Algorithmen-TÜV-geben? Wer soll oder muss sich darum kümmern? Wer kann solch komplexe Systeme in Zukunft überhaupt noch verstehen? Und wie kann man Künstliche Intelligenz überhaupt noch steuern? Algorithmen sind in minimaler Zeit kopierbar, sie können sich über das Internet problemlos verteilen. Werden Unternehmen es zulassen, dass man ihre Algorithmen überprüft und unter Umständen reglementiert?

Viele positiv gestimmte Zukunftsforscher glauben daran, dass nur die Künstliche Intelligenz unser komplexes Leben noch steuern, verbessern und schützen kann. Ihrer Ansicht nach bietet nur die Künstliche Intelligenz die Möglichkeiten, das individuelle Leben zu optimieren. Andere Zukunftsforscher warnen vor der Künstlichen Intelligenz, wie bspw. Forscher der Universitäten Stanford, Yale, Oxford und Tohoku sowie Entwickler von Microsoft und Google, die gemeinsam eine Arbeit mit dem Titel „The Malicious Use of Artificial Intelligence" veröffentlicht haben [106]. An dieser Stelle tritt auch die Gefahr des First-Mover-Advantage auf: Wem als Erstes der Durchbruch gelingt, der ist praktisch nicht mehr einholbar! [107].

**Chancen und Risiken**
Schüler kommen immer früher und vielfältiger mit digitalen Medien in Berührung. Sie müssen mündige Bürger sein in einer realen und digitalen Welt – eine „Aufklärung 4.0" ist unverzichtbar. Aus diesem Grund

ist das Erich-Gutenberg-Berufskolleg mit dem eingetragenen Verein „Deutschland sicher im Netz" eine Kooperation eingegangen, um sich gemeinsam diesem Thema zu stellen. Die ersten vier gemeinsamen Projekttage wurden im Oktober 2017 im IT-Bildungsgang durchgeführt. Weitere Bildungsgänge haben ihr Interesse bekundet und planen erste Projekttage im kommenden Schuljahr. Die Entwicklung einer EU-DSGVO zeigt die Bedeutung dieses Themas. Die Cyberkriminalität nimmt jedes Jahr zu, bedroht zunehmend jeden Teilnehmer im Internet bis hin zu Staaten und macht sie somit zum größten Sicherheitsrisiko der heutigen Welt. Und die Realität zeigt es bereits heute – der nächste Krieg findet im Internet statt!

Datenschutz und Datensicherheit betreffen aber nicht nur Schüler und Lehrer, sondern auch die Schule im Allgemeinen.

### Die DSGVO – Was Schulen jetzt tun müssen

Schulen mit einer eigenen Homepage müssen ihre Datenschutzerklärung und Hinweise auf den Datenschutz auf der Homepage gemäß der DSGVO anpassen [108]. Schulen sind datenverarbeitende Institutionen und sollten insbesondere dann, wenn sie mit einer Cloud-Plattform arbeiten, ein Verfahrensverzeichnis anlegen. Im Verfahrensverzeichnis steht, welche Schüler-Daten zu welchem Zweck gesammelt und bearbeitet werden. Das Verfahrensverzeichnis muss nicht veröffentlicht, sondern nur auf Nachfrage vorgezeigt werden. Alle Schüler sind darüber zu informieren, welche persönlichen Daten gespeichert werden. Das könnte bzw. sollte man in der Schulordnung oder in einem Anhang der Schulordnung dokumentieren.

Sollen Schüler für schulische Zwecke fotografiert werden, ist eine ausdrückliche Einwilligung der volljährigen Schüler bzw. bei Minderjährigen der Erziehungsberechtigten notwendig.

Nutzt die Schule als Lernplattform eine Cloudvariante, ist zu prüfen, ob der Cloud-Anbieter die DSVGO einhält.

### Die DSGVO – Regeln für Lehrer

Damit Lehrer auf ihren eigenen Geräten mit Schülerdaten arbeiten dürfen, benötigt es bestimmte Verfahrensweisen. Grundsätzlich steht in Deutschland den Ländern die Gesetzesgebungskompetenz zu, d. h.,

Datenschutz ist Landessache. Aufgrund der vielfältigen Regelungen in den Bundesländern möchte ich die kommenden Ausführungen auf Nordrhein-Westfalen beschränken, prinzipiell gelten die Überlegungen aber bundesweit. Die erste allgemeingültige Vorgabe hinsichtlich des Datenschutzes wird in Schulen oft vernachlässigt, nämlich, dass der Datenschutz keinen Unterschied zwischen analogen und digitalen Daten macht!

Das Bearbeiten von Schülerdaten benötigt in erster Linie ein digitales Endgerät. Lehrer erhalten aber keine digitalen Endgeräte von ihrem Arbeitgeber, sondern arbeiten aus dem genannten Grund überwiegend mit einem privaten Endgerät. In NRW müssen Lehrer eine schriftliche Genehmigung zur Nutzung privater Geräte [109] unterschreiben, bevor sie personenbezogene Schülerdaten verarbeiten dürfen. Die Komplexität und Schwierigkeit dieses Themas in Schulen wird deutlich durch die elfseitige Verpflichtungserklärung mit einer 19-seitigen Ausfüllanleitung [110]. Die gespeicherten Schülerdaten müssen auf dem eingesetzten Gerät verschlüsselt werden. Auf dem Endgerät muss ein technischer Zugangsschutz in Form einer Firewall und eines Virenscanners eingerichtet sein. Daten sollten nur solange vorrätig gehalten werden, wie es unbedingt notwendig ist. Auf dem Endgerät sollten private und schulbezogene Daten getrennt werden, bei Smartphones bspw. die Mail- oder Telefonkontakte. Lehrer sollten für die Kommunikation nach außen hin schulische Mail-Adressen verwenden. Eine Weiterverarbeitung der Daten ist nicht zulässig.

**Wie Schulen die interne Datensicherheit erhöhen**
Schulen sollten das pädagogische Netzwerk und das Verwaltungsnetzwerk voneinander trennen, am besten physisch. Schülergeräte aus einem BYOD-Konzept sollten in einem eigenen VLAN (virtual private network) arbeiten, d. h., sie haben in ihrem Netzwerk nur Zugriff auf das Internet, aber keinen Zugriff auf das interne Netzwerk. Die Anmeldung und die dazugehörige Authentifizierung sollten nur mit komplexen Passwörtern möglich sein. Schulen müssen ihr Netzwerk mit lokalen Firewalls und Virenscannern schützen. Die Virenscanner sollten auch in der Lage sein, den Mail-Verkehr auf Viren zu scannen (Layer7-Firewalls mit Web- und Mail-Scan). Und letztendlich sollten das Kollegium

und alle Schüler für den Datenschutz und die Datensicherheit sensibilisiert und geschult werden. Lehrer und Schüler brauchen aktuelle Tipps und Anregungen für das sichere Bewegen im digitalen Raum. Dazu gehören Kenntnisse über Browser-Einstellungen, die Existenz alternativer Browser wie Quant und Tor und die Möglichkeiten, sich im Internet über VPNs sicher und anonym zu bewegen. Die am häufigsten genutzten Dienste Mail und Web sollten nur über verschlüsselte Verbindungen stattfinden, also HTTPS-Verbindungen in einem Browser oder das Tool PGP als Mail-Plug-In. Im Smartphone sollte das Tracking, also die Lokalisierung des Smartphones, prinzipiell ausgeschaltet sein und nur bei Bedarf, also bspw. bei der Nutzung eines Navigationssystems, eingeschaltet werden. Für unterschiedlich genutzte Dienste sollten auch verschiedene Benutzerkonten mit unterschiedlichen Passwörtern eingesetzt werden, das bedeutet in der Praxis, viele verschiedene Mail-Adressen mit jeweils unterschiedlichen Passwörtern zu nutzen. Und letztendlich sollten Anwender ihre wichtigen Daten regelmäßig auf einen externen Datenträger wie eine USB-Festplatte oder einen USB-Stick mit einem kostenlosen Tool wie robocopy oder SyncToy sichern.

**Wie Schulen die externe Datensicherheit erhöhen**
Sollten Schulen einen eigenen, im Hause betriebenen externen Internet-Auftritt realisieren, d. h. dass die Schulen Internet-Dienste wie einen Webserver oder eine Lernplattform wie bspw. Moodle selbst anbieten, dann sollten auch diese Dienste durch Firewalls, im besten Falle mit Intrusion Detection und/oder Intrusion Prevention geschützt werden. Die Server sollten ihre Dienste verschlüsselt anbieten und entsprechende Backup-Verfahren einsetzen, um die Daten nach einem Angriff oder einem Plattencrash wiederherstellen zu können. Schulen ohne entsprechendes technisches Know-how in Datensicherheit und Datenschutz sollten einen externen Internet-Auftritt besser über einen professionellen Provider realisieren, der die Verantwortlichkeiten für Backups, Viren, Verfügbarkeit und Stabilität übernimmt.

## 6 Kompetenzerwerb durch Fortbildungen

**Fazit**

My eWorld stellt für das Erich-Gutenberg-Berufskolleg eine gelungene Verbindung zwischen SmartSchool, Schülern, Lehrern sowie Kooperationspartnern und den Chancen und Risiken der digitalen Gegenwart und Zukunft dar. Das Erich-Gutenberg-Berufskolleg versucht damit, gemeinsam das gesamtheitliche SmartSchool-Konzept noch intensiver weiterzuentwickeln und zu leben. My eWorld soll ein Richtungsweiser in der EGB-Bildungslandschaft werden, eine umfassende, eingängige Handreichung für unsere tätige Lehrer-Generation, für die Nachfrager von Bildung, für die politischen Entscheider bis hin zu höchsten Entscheidungsebenen.

Sollten Sie Interesse am my-eWorld-Konzept haben und es auch in Ihrer Schule, in Ihrem Seminar, Ihrer Abteilung oder Ihrem Unternehmen ein- oder umsetzen wollen, dann setzen Sie sich bitte mit mir in Verbindung – via Mail an dsteppuhn@smartschool.education.

Für alle Module existieren entsprechende Präsentationen.

---

**Zusammenfassung Kompetenzerwerb durch Fortbildungen**

- SmartSchools können durch eigene Fortbildungskonzepte schneller auf den individuellen Fortbildungsbedarf des Kollegiums reagieren.
- Das Fortbildungskonzept einer SmartSchool darf sich nicht nur auf externe Fortbildungen stützen, sondern sollte vielfältig sein und alle Beteiligten – Schüler, Lehrer, Kooperationspartner, Eltern und viele weitere Personen oder Institutionen – berücksichtigen.
- Eine SmartSchool sollte das komplette Potenzial abgreifen und in das Fortbildungskonzept integrieren – dazu gehören insbesondere Schüler – und damit einzigartige Lösungen erschaffen wie bspw. eScouts oder P@P.
- Eine SmartSchool sollte im Fortbildungskonzept nicht nur die Anforderungen der Gegenwart ermitteln, sondern auch in die Zukunft blicken und vorausschauend agieren wie bspw. durch my eWorld.

## Literatur

1. Deutschland sicher im Netz e. V. https://www.sicher-im-netz.de/. Zugegriffen: 10. Jan. 2019
2. Eumann MJ, Klein I (2017) Ins Amt geklüngelt? https://www.deutschlandfunk.de/landeszentrale-fuer-medien-und-kommunikation-ins-amt.2907.de.html?dram:article_id=402380. Zugegriffen: 06. Dez. 2017
3. Technische Universität Darmstadt (2016) Deutsche Social Collaboration Studie 2016 zeigt: Potenzial vernetzter Zusammenarbeit längst nicht ausgeschöpft. http://www.collaboration-studie.de/index.php/ergebnisse-2016/. Zugegriffen: 17. März 2019
4. eco – Verband der Internetwirtschaft e. V. https://www.eco.de/. Zugegriffen: 10. März 2019
5. GBFW Gesellschaft für berufliche Förderung in der Wirtschaft e. V. – My eWorld – #digitaleBildung. http://www.ausbildung40.koeln/my-eworld-digitalebildung/. Zugegriffen: 29. März 2019
6. Mutschler B (2018) Über die Grenzen Künstlicher Intelligenz. https://ereignishorizont-digitalisierung.de/ueber-die-grenzen-kuenstlicher-intelligenz/. Zugegriffen: 20. März 2019
7. Grävemeyer A (2019) Quantencomputer: Intel verkürzt Entwicklungszyklus der Qubit-Wafer. https://www.heise.de/newsticker/meldung/Quantencomputer-Intel-verkuerzt-Entwicklungszyklus-der-Qubit-Wafer-4323487.html. Zugegriffen: 15. Apr. 2019
8. Lindinger M (2019) Der Quantencomputer verlässt das Labor. https://www.faz.net/aktuell/wissen/computer-mathematik/ibm-praesentiert-den-ersten-kommerziellen-quantencomputer-15980196.html. Zugegriffen: 15. Apr. 2019
9. Armbruster A, Lindinger M (2018) Googles neues Rechenwunder. https://www.faz.net/aktuell/wirtschaft/diginomics/google-stellt-neuen-quantencomputer-namens-bristlecone-vor-15480332.html. Zugegriffen: 23. März 2019
10. Sebayang A (2018) Microsoft will den ersten Rechner 2023 fertig haben. https://www.golem.de/news/qubits-mit-geringer-fehlerrate-microsoft-will-den-ersten-rechner-2023-fertig-haben-1805-134297.html. Zugegriffen: 22. März 2019
11. Conrad B (2018) Quantencomputer berechnen Vekehrssysteme. https://www.auto-motor-und-sport.de/news/vw-d-wave-quantencomputer-verkehrssystem/. Zugegriffen: 23. März 2019
12. Human Brain Project (2017) https://www.humanbrainproject.eu/en/. Zugegriffen: 23. März 2019

## 6 Kompetenzerwerb durch Fortbildungen 173

13. Sloane PFE, Emmler T, Gössling B, Hagemeier D, Hegemann A, Janssen EA (2018) Qualifizierung des beruflichen Ausbildungs- und Prüfungspersonals als Gelingensbedingung für die Berufsbildung 4.0. https://www.ovm-kassel.info/wp-content/uploads/2018/09/Qualifi.-Ausbildungspers.-4.0-Uni-Paderborn_Sloane_Zentrale-Ergebnisse.pdf. Zugegriffen: 23. März 2019

14. Frey CB, Osborne MA (2013) The future of employment: how susceptible are jobs to computerisation? https://www.oxfordmartin.ox.ac.uk/downloads/academic/The_Future_of_Employment.pdf. Zugegriffen: 23. März 2019

15. Daheim C, Wintermann O (2016) 2050: Die Zukunft der Arbeit. https://www.bertelsmann-stiftung.de/fileadmin/files/BSt/Publikationen/GrauePublikationen/BST_Delphi_Studie_2016.pdf. Zugegriffen: 23. März 2019

16. Doll N (2015) Das Zeitalter der Maschinen-Kollegen bricht an. https://www.welt.de/wirtschaft/article137099296/Das-Zeitalter-der-Maschinen-Kollegen-bricht-an.html. Zugegriffen: 10. März 2019

17. Linkem Store (2014) Amazon Kiva robots – Amazing robots work in Amazon. https://www.youtube.com/watch?v=JXkMevbjga4. Zugegriffen: 18. Febr. 2019

18. People's Daily (2017) Robots sorting system helps Chinese company finish at least 200,000 packages a day in the warehouse. https://www.youtube.com/watch?v=_QndP_PCRSw. Zugegriffen: 18. Febr. 2019

19. Fastbrick Robotics (2016) Hadrian 105 time lapse https://www.youtube.com/watch?v=4YcrO8ONcfY. Zugegriffen: 18. Febr. 2019

20. Mashable Deals (2017) Robotic farming of the future. https://www.youtube.com/watch?v=NO8PmqEI0cc. Zugegriffen: 18. Febr. 2019

21. Hoffmann U (2014) Mann gegen Maschine – Ulf Hoffmann Tischtennis Roboter (UHTTR-1). https://www.youtube.com/watch?v=imVNg9j7rvU. Zugegriffen: 18. Febr. 2019

22. modelXfamilie – Elektromobilität erleben (2018) Der Tesla Autopilot – autonomes Fahren – entspannt ankommen mit dem "AP" Assistent. https://www.youtube.com/watch?v=6TvKHOGM9PI. Zugegriffen: 18. Febr. 2019

23. eKitchen (2016) Der Robo-Koch übernimmt die Küche! https://www.youtube.com/watch?v=3FD6hS5vGjM. Zugegriffen: 18. Febr. 2019

24. Mhoch4 – Die Bewegtbildagentur (2016) Die neue Welt der Medizin – Wenn Roboter Spritzen setzen. https://www.youtube.com/watch?v=2ui-PeCEj60c. Zugegriffen: 18. Febr. 2019

25. SAT.1 Regional (2017) Hilfe für Demenzkranke: Pflegeroboter „Emma" bringt Schwung in Kieler Senioren-WG. https://www.youtube.com/watch?v=9kjOKkDFEe8. Zugegriffen: 18. Febr. 2019
26. Festo (2018) Festo – BionicWheelBot (English/Deutsch). https://www.youtube.com/watch?v=jGP5NxcCyjE. Zugegriffen: 18. Febr. 2019
27. Guardian News (2018) New dog-like robot from Boston dynamics can open doors. https://www.youtube.com/watch?v=wXxrmussq4E. Zugegriffen: 18. Febr. 2019
28. Smith NR (2017) Stephen Hawking: Robots will replace humans completely https://www.aol.com/article/news/2017/11/03/stephen-hawking-robots-will-replace-humans-completely/23265783/. Zugegriffen: 23. März 2019
29. Hanson Robotics Limited – Hi, I am Sophia… https://www.hansonrobotics.com/sophia/. Zugegriffen: 23. März 2019
30. Axel Springer SE (2017) Roboter „Sophia" bekommt saudi-arabischen Pass. https://www.welt.de/vermischtes/article170106321/Roboter-Sophia-bekommt-saudi-arabischen-Pass.html. Zugegriffen: 23. März 2019
31. futurezone/AW FUNKE Digital GmbH (2018) "Deep Learning" mal anders: Erster Porno-Dreh mit Sexroboter. https://www.futurezone.de/digital-life/article215617175/Premiere-Erster-verrueckter-und-lustiger-Porno-Dreh-mit-Sexroboter.html. Zugegriffen: 23. März 2019
32. Orange by Handelsblatt GmbH (2017) Die Sex-Roboter kommen! Ist das die Romantik der Zukunft? https://orange.handelsblatt.com/artikel/29774. Zugegriffen: 23. März 2019
33. Foundation for Responsible Robotics, Sharkey N, van Wynsberghe A, Robbins S, Hancock E (2017) Our sexual future with robots. https://responsible-robotics-myxf6pn3xr.netdna-ssl.com/wp-content/uploads/2017/11/FRR-Consultation-Report-Our-Sexual-Future-with-robots-.pdf. Zugegriffen: 23. März 2019
34. Fraunhofer IAO – Pollmann K, Janssen D, Vukelic M, Fronemann N (2018) Homo digitalis. https://www.iao.fraunhofer.de/lang-de/images/iao-news/Studie_HomoDigitalis.pdf. Zugegriffen: 23. März 2019
35. Schmiester C (2019) Durchwachsene Bilanz eines Experiments. https://www.tagesschau.de/ausland/finnland-grundeinkommen-107.html. Zugegriffen: 01. Juni 2019
36. Institut für Arbeitsmarkt- und Berufsforschung der Bundesagentur für Arbeit. https://iab.de/. Zugegriffen: 16. März 2019
37. Institut für Arbeitsmarkt- und Berufsforschung der Bundesagentur für Arbeit. https://job-futuromat.iab.de/. Zugegriffen: 16. März 2019

38. Christensen CM, von den Eichen SF, Matzler K (2015) The Innovators Dilemma: Warum etablierte Unternehmen den Wettbewerb um bahnbrechende Innovationen verlieren. Vahlen, München
39. Giersch T (2015) Was werden die Maschinen noch übriglassen? https://www.handelsblatt.com/technik/projekt-zukunft/arbeit-der-zukunft-wo-menschen-immer-ueberlegen-sein-werden/11061954-3.html?ticket=ST-5290348-m04ojt9Ea2FLAOl3xbNN-ap5. Zugegriffen: 23. März 2019
40. Sprung T (2018) Ein Roboterlehrer braucht Gefühle. Didacta Digital 1/18:10
41. Die Zukunftsbauer gUG i.G. (haftungsbeschränkt). https://www.diezukunftsbauer.com/. Zugegriffen: 02. Apr. 2019
42. INITIATIVE auslandszeit GmbH (2016) Eine schwierige Entscheidung – was kommt nach dem Abitur? https://www.nach-dem-abitur.de/umfragen-nach-dem-abitur-ergebnisse – Zugegriffen: 02. Apr. 2019
43. Microsoft und The Future Laboratory (2017) http://enterprise.blob.core.windows.net/whitepapers/futureproof_tomorrows_jobs.pdf Zugegriffen: 02. Apr 2019
44. Bürzer L (2016) 6 Jobs der Zukunft, die es heute noch gar nicht gibt. https://www.galileo.tv/life/6-jobs-der-zukunft-die-es-heute-noch-gar-nicht-gibt/. Zugegriffen: 02. Apr. 2019
45. Schmidt A-S (2018) Von Marskolonisatoren und Sauerstoffproduzenten. https://www.fu-berlin.de/campusleben/campus/2018/20180919-zukunftsbauer/index.html. Zugegriffen: 02. Apr. 2019
46. TimeRide GmbH. https://timeride.de/. Zugegriffen: 03. Apr. 2019
47. Kuri J (2014) Google kauft Satellitenbild-Startup Skybox für 500 Millionen Dollar. https://www.heise.de/newsticker/meldung/Google-kauft-Satellitenbild-Startup-Skybox-fuer-500-Millionen-Dollar-2218992.html. Zugegriffen: 20. März 2019
48. Hopp P (2015) Google und Fidelity investieren 1 Milliarde US-Dollar in SpaceX. https://www.playcentral.de/spiele-news/allgemein/google-fidelity-investieren-1-milliarde-us-dollar-spacex-id58848.html. Zugegriffen: 20. März 2019
49. Wired Staff – Condé Nast Germany (2018) Project Loon funkt nun 1.000 Kilometer weit. https://www.gq-magazin.de/auto-technik/article/project-loon-erreicht-einen-neuen-meilenstein. Zugegriffen: 03. Apr. 2019
50. pmOne AG (2012) Wie viele Daten sind „Big Data"? https://www.pmone.com/aktuell/blog/lesen/wie-viele-daten-sind-big-data/. Zugegriffen: 11. März 2019

51. Klein D, Tran-Gia P, Hartmann M (2013) Big data. https://gi.de/informatiklexikon/big-data/. Zugegriffen: 10. März 2019
52. Salzig C (2016) Was ist Big Data? – Eine Definition mit fünf V. https://blog.unbelievable-machine.com/was-ist-big-data-definition-fünf-v. Zugegriffen: 10. März 2019
53. Spiekermann S (2012) Die Verwässerer. https://www.zeit.de/2012/46/Deutsches-Datenschutzgesetz-Spiekermann. Zugegriffen: 24. März 2019
54. Frankfurter Allgemeine Zeitung GmbH (2016) Merkel: Daten sind die Rohstoffe des 21. Jahrhunderts. https://www.faz.net/aktuell/wirtschaft/cebit/vor-der-cebit-merkel-daten-sind-die-rohstoffe-des-21-jahrhunderts-14120493.html. Zugegriffen: 24. März 2019
55. Peck R (2017) Mark Cuban: «Daten sind das neue Gold». https://www.credit-suisse.com/corporate/de/articles/news-and-expertise/mark-cuban-data-is-the-new-gold-201706.html. Zugegriffen: 24. März 2019
56. SPIEGEL ONLINE GmbH & Co. KG (2011) Google: Zitate von Eric Schmidt. http://www.spiegel.de/fotostrecke/google-zitate-von-eric-schmidt-fotostrecke-63798.html. Zugegriffen: 24. März 2019
57. Kuhn J (2012) Was Facebook mit Instagram anfangen kann. https://www.sueddeutsche.de/digital/nach-der-milliarden-uebernahme-was-facebook-mit-instagram-anfangen-kann-1.1328764. Zugegriffen: 20. März 2019
58. Frankfurter Allgemeine Zeitung GmbH (2013) Microsoft kauft Handysparte von Nokia. https://www.faz.net/aktuell/wirtschaft/agenda/milliarden-geschaeft-microsoft-kauft-handysparte-von-nokia-12557700.html. Zugegriffen: 20. März 2019
59. Verlag Der Tagesspiegel GmbH (2013) Google sticht Facebook aus Konzern kauft Waze für 1,1 Milliarden Dollar. https://www.tagesspiegel.de/wirtschaft/google-sticht-facebook-aus-konzern-kauft-waze-fuer-1-1-milliarden-dollar/8335628.html. Zugegriffen: 20. März 2019
60. Huber M (2014) Bauklötze für 2,5 Milliarden Dollar. https://www.sueddeutsche.de/digital/microsoft-kauft-minecraft-entwickler-mojang-bauklo-etze-fuer-milliarden-dollar-1.2130719. Zugegriffen: 20. März 2019
61. Sokolov D (2014) Google kauft Heimvernetzer Nest für 3,2 Milliarden Dollar. https://www.heise.de/newsticker/meldung/Google-kauft-Heim-vernetzer-Nest-fuer-3-2-Milliarden-Dollar-2084501.html. Zugegriffen: 20. März 2019

## 6 Kompetenzerwerb durch Fortbildungen        177

62. Verlag Der Tagesspiegel GmbH (2014) Wie Facebook von WhatsApp profitieren will https://www.tagesspiegel.de/wirtschaft/der-19-milliarden-dollar-deal-wie-facebook-von-whatsapp-profitieren-will/9511412.html. Zugegriffen: 20. März 2019

63. Kuhn J (2014) Google schnappt sich Drohnen-Hersteller. https://www.sueddeutsche.de/digital/uebernahme-von-titan-aerospace-google-schnappt-sich-drohnen-hersteller-1.1937603. Zugegriffen: 20. März 2019

64. Gillner S (2016) Microsoft kauft LinkedIn für 26,2 Milliarden US-Dollar. https://www.internetworld.de/onlinemarketing/linkedin/microsoft-kauft-linkedin-26-2-milliarden-us-dollar-1108182.html. Zugegriffen: 20. März 2019

65. Holland M (2018) Microsoft kauft GitHub für 7,5 Milliarden US-Dollar. https://www.heise.de/newsticker/meldung/Microsoft-kauft-GitHub-fuer-7-5-Milliarden-US-Dollar-4067633.html. Zugegriffen: 20. März 2019

66. VINCI Energies (2017) Interoperabilität im Internet der Dinge: Krieg der Allianzen. https://www.theagilityeffect.com/de/article/interoperabilitat-im-internet-der-dinge-krieg-der-allianzen/. Zugegriffen: 20. März 2019

67. Freigang C (2017) Internet of Things: Die meisten Projekte scheitern. https://www.handelszeitung.ch/unternehmen/internet-things-die-meisten-projekte-scheitern-1410059#. Zugegriffen: 20. März 2019

68. Steinhaus I (2018) 50 Milliarden vernetzte Geräte im Jahr 2022. https://www.it-zoom.de/mobile-business/e/50-milliarden-vernetzte-geraete-im-jahr-2022-19966/. Zugegriffen: 16. Juni 2018

69. Rundfunk Berlin-Brandenburg (2019) Die berühmteste Schülerin der Welt – Greta Thunberg in Berlin. https://www.rbb24.de/politik/beitrag/2019/03/fridays-for-future-berlin-greta-thunberg-portraet.html. Zugegriffen: 15. Apr. 2019

70. Prof. Mattern F (2015) Wie viel Strom braucht das Internet? https://www.ethz.ch/de/news-und-veranstaltungen/eth-news/news/2015/03/wieviel-strom-braucht-das-internet.html. Zugegriffen: 20. März 2019

71. Heidorn GmbH (2015) Energieressourcen: So viel Strom verbraucht das Internet. https://www.trendsderzukunft.de/energieressourcen-so-viel-strom-verbraucht-das-internet/. Zugegriffen: 24. März 2019

72. Dipl.-Inf. Bickmann R (2018) CO2-Fußabdruck des Internets: Groß wie globaler Flugverkehr. https://www.webaffin.de/blog-details/oekologischer-fussabdruck-des-internets-so-gross-wie-der-globale-flugverkehr.html. Zugegriffen: 24. März 2019

178 D. Steppuhn

73. Hommer J, Kiss P (2017) Wie viel Energie braucht das Netz? https://www.swr.de/natuerlich/stromfresser-internet-wie-viel-energie-braucht-das-netz/-/id=100810/did=14939750/nid=100810/17wfi2i/index.html. Zugegriffen: 24. März 2019
74. Norddeutscher Rundfunk (2018) Watt? Das leisten Kraftwerke im Vergleich. https://www.ndr.de/nachrichten/Watt-Das-leisten-die-Anlagen-im-Vergleich,watt250.html. Zugegriffen: 20. März 2019
75. SAZ Services AG (2014) Big Data – Wie eine Supermarktkette in den USA die Schwangerschaft einer Teenagerin noch vor deren Vater entdeckte. https://www.saz.com/de/big-data-wie-eine-supermarktkette-den-usa-die-schwangerschaft-einer-teenagerin-noch-vor-deren-vater. Zugegriffen: 20. März 2019
76. Welchering P (2017) Wahlkampf der Algorithmen. https://www.deutschlandfunk.de/social-bots-wahlkampf-der-algorithmen.740.de.html?dram:article_id=376345. Zugegriffen: 20. März 2019
77. Zukunftsinstitut GmbH (2014) Dem Verbrechen auf der Datenspur. https://www.zukunftsinstitut.de/artikel/big-data/predictive-policing/. Zugegriffen: 20. März 2019
78. Dr. Heyen N (2016) DIGITALE SELBSTVERMESSUNG UND QUANTIFIED SELF. https://www.isi.fraunhofer.de/content/dam/isi/dokumente/cct/2016/Policy-Paper-Quantified-Self_Fraunhofer-ISI.pdf. Zugegriffen: 20. März 2019
79. Luber S, Litzel N (2017) Was ist Predictive Maintenance? https://www.bigdata-insider.de/was-ist-predictive-maintenance-a-640755/. Zugegriffen: 20. März 2019
80. Rosenfelder A (2016) – Warum Google alle Bücher der Welt scannen sollte. https://www.welt.de/kultur/literarischewelt/article154566384/Warum-Google-alle-Buecher-der-Welt-scannen-sollte.html. Zugegriffen: 19. März 2019
81. Ehmler L (2018) Generation Z – Digital Natives 2.0. https://www.companymatch.me/news/deutsch/generation-z-digital-natives-2-0/. Zugegriffen: 20. März 2019
82. max2-consulting UG (haftungsbeschränkt) (2018) DSGVO: TEIL 1 Datenminimierung und Datensparsamkeit. https://datenschutzbeauftragter-dsgvo.com/dsgvo-teil-1-datenminimierung-und-datensparsamkeit/. Zugegriffen: 20. März 2019
83. Wille J (2018) Wie erschreckend schnell du in die Missgunst des Staates gerätst. https://www.welt.de/kmpkt/article183037072/Social-Credit-System-in-China-Wie-erschreckend-schnell-du-in-die-Missgunst-des-Staates-geraetst.html. Zugegriffen: 20. März 2019
84. CSAIL-MIT https://solid.mit.edu/. Zugegriffen: 20. März 2019

## 6 Kompetenzerwerb durch Fortbildungen 179

85. Catharina (2018) KI-Strategie der Bundesregierung: Förderung mit 3 Milliarden Euro. https://www.fuer-gruender.de/blog/2018/11/ki-strategie/. Zugegriffen: 04. Juni 2019
86. Vates D (2018) Internationaler Wettbewerb Kanzlerin Merkel will Künstliche Intelligenz fördern. https://www.berliner-zeitung.de/politik/internationaler-wettbewerb-kanzlerin-merkel-will-kuenstliche-intelligenz-foerdern-30558144. Zugegriffen: 20. März 2019
87. RT DE Productions GmbH (2017) Professor Stephen Hawking: „Die künstliche Intelligenz wird den Menschen insgesamt ersetzen." https://deutsch.rt.com/gesellschaft/60127-professor-stephen-hawking-kuenstliche-intelligenz-wird-den-menschen-insgesamt-ersetzen/. Zugegriffen: 20. März 2019
88. SPIEGEL ONLINE GmbH & Co. KG (2018) Software schlägt Go-Genie mit 4 zu 1. http://www.spiegel.de/netzwelt/gadgets/alphago-besiegt-lee-sedol-mit-4-zu-1-a-1082388.html. Zugegriffen: 20. März 2019
89. Armbruster A (2017) Computer bringt sich selbst Go bei – und wird Weltklasse. http://www.faz.net/aktuell/wirtschaft/kuenstliche-intelligenz/computer-bringt-sich-selbst-go-bei-und-wird-weltklasse-15253783.html. Zugegriffen: 20. März 2019
90. Jahn T, Weddeling B (2018) „Künstliche Intelligenz ist gefährlicher als Atomwaffen". https://www.handelsblatt.com/unternehmen/it-medien/sxsw-2019/elon-musk-kuenstliche-intelligenz-ist-gefaehrlicher-als-atomwaffen/21058422.html?ticket=ST-144009-ome0erLczgAZZ4lBoK-CE-ap5. Zugegriffen: 20. März 2019
91. CBS Evening News (2018) China's social credit system keeps a critical eye on everyday behavior. https://www.youtube.com/watch?v=Onm6S-b3Pb2Y. Zugegriffen: 20. März 2018
92. Focus Magazin (2017) Vom Sextoy zum Sexroboter – Liebe in Zeiten von VR und Co. https://www.youtube.com/watch?v=p32kTbcHq7I. Zugegriffen: 20. März 2018
93. Dr. Textor MR – Technik und Wissen http://www.zukunftsentwicklungen.de/technik.html#ttw. Zugegriffen: 20. März 2018
94. Deutsches Forschungszentrum für Künstliche Intelligenz GmbH (DFKI) (2019) Hypermind – Das antizipierende Lehrbuch. https://www.dfki.de/web/news-media/news-events/events-keynotes/hannover-messe-2019/hypermind/. Zugegriffen: 10. März 2019

95. Technische Universität Kaiserlautern – HyperMind – Das intelligente Schulbuch. https://www.oip.netze-neu-nutzen.de/customers/bmwi/attachments/idea_attachments/671_26072017_3DBFD2F4A0490B248F03-62CE4C41326F.pdf. Zugegriffen: 03. Apr. 2019

96. Deutsche Welle (2016) Roboter soll Kindern Deutsch beibringen. https://www.dw.com/de/roboter-soll-kindern-deutsch-beibringen/a-18966055. Zugegriffen: 10. März 2019

97. Sprung T (2018) Ein Roboterlehrer braucht Gefühle. Didacta Digital 1/18:8

98. Dawid J (2017) „Das Schlimmste, das der Menschheit passieren kann": Laut Stephen Hawking stehen wir vor einem Wendepunkt. https://www.businessinsider.de/stephen-hawking-warnt-vor-den-folgen-kuenstlicher-intelligenz-2017-11. Zugegriffen: 20. März 2019

99. Raskatov V (2018) „Eine Technologie von heute": Echte Herzen aus dem 3D-Drucker. https://de.sputniknews.com/wissen/20180218319579171-3d-drucker-herz/. Zugegriffen: 15. Apr. 2019

100. Lordick M (2016) Transhumanismus: Die Cyborgisierung des Menschen. https://www.zukunftsinstitut.de/artikel/transhumanismus-die-cyborgisierung-des-menschen/. Zugegriffen: 15. Apr. 2019

101. Armbruster A (2017) Angriff auf den Tod. https://www.faz.net/aktuell/wirtschaft/gentechnik-angriff-auf-den-tod-14969856.html. Zugegriffen: 20. März 2019

102. Bengel J, Strittmatter R (2001) Was erhält Menschen gesund? Antonovskys Modell der Salutogenese. http://kurse.fh-regensburg.de/kurs_20/kursdateien/L/SalutogeneseBZgA.pdf. Zugegriffen: 20. März 2019

103. Prof. Dr. Schratz M (2014) Gute Schule durch lernwirksameFührung. https://wordpress.nibis.de/epnosl/files/Schratz.pdf. Zugegriffen: 20. März 2019

104. Gall C (2018) Volkskrankheit Einsamkeit – eine unterschätzte Gefahr. https://www.augsburger-allgemeine.de/kultur/Journal/Volkskrankheit-Einsamkeit-eine-unterschaetzte-Gefahr-id50971641.html. Zugegriffen 10. Febr. 2019

105. Holland M (2017) Putin: Wer bei KI in Führung geht, wird die Welt beherrschen. https://www.heise.de/newsticker/meldung/Putin-Wer-bei-KI-in-Fuehrung-geht-wird-die-Welt-beherrschen-3821332.html. Zugegriffen: 10. März 2019

# 6 Kompetenzerwerb durch Fortbildungen 181

106. Brundage M, Avin S, Clark J, Toner H, Eckersley P, Garfinkel B, Dafoe A, Scharre P, Zeitzoff T, Filar B, Anderson H, Roff H, Allen GC, Steinhardt J, Flynn C, Ó hÉigeartaigh S, Beard S, Belfield H, Farquhar S, Lyle C, Crootof R, Evans O, Page M, Bryson J, Yampolskiy R, Amodei D (2018) The malicious use of artificial intelligence: forecasting, prevention, and mitigation. https://img1.wsimg.com/blobby/go/3d82daa4-97fe-4096-9c6b-376b92c619de/downloads/1c6q2kc4v_50335.pdf. Zugegriffen: 20. März 2019

107. Ford M (2016) Aufstieg der Roboter. Börsenmedien AG, Kulmbach

108. Ministerium für Schule und Bildung des Landes Nordrhein-Westfalen – Homepage der Schulen. https://www.schulministerium.nrw.de/docs/Recht/Datenschutz/Umsetzung-EU-Datenschutzgrundverordnung/Regelungsbereiche/5-Homepage-der-Schulen/index.html. Zugegriffen: 30. März 2019

109. Ministerium für Schule und Bildung des Landes Nordrhein-Westfalen – Genehmigung für die Verarbeitung von personenbezogenen Daten aus der Schule durch Lehrkräfte zu dienstlichen Zwecken auf privaten ADV-Anlagen von Lehrkräften gemäß § 2 Absatz 2 VO-DV I/§ 2 Absatz 4 VO-DV II. http://www.medienberatung.schulministerium.nrw.de/_Medienberatung-NRW/Datenschutz/Dokumente/Genehmigung-der-Nutzung-privater-Endgera%CC%88te.pdf. Zugegriffen: 30. März 2019

110. Ministerium für Schule und Bildung des Landes Nordrhein-Westfalen – Handreichung zur Genehmigung für die Verarbeitung von personenbezogenen Daten aus der Schule durch Lehrkräfte zu dienstlichen Zwecken auf privaten ADV-Anlagen von Lehrkräften gemäß § 2 Absatz 2 VO-DV I/§ 2 Absatz 4 VO-DV II. https://www.medienberatung.schulministerium.nrw.de/Medienberatung-NRW/Datenschutz/Dokumente/Handreichung-zur-Genehmigung-der-Nutzung-privater-Endgera%CC%88te.pdf. Zugegriffen: 30. März 2019

# 7

# Konzepte

**Zusammenfassung** Der Schwerpunkt in diesem Kapitel liegt nicht auf didaktischen Konzepten, dass würde den Rahmen dieses Buches sprengen. Didaktische Konzepte benötigen aber Transparenz und Öffentlichkeit. Schüler, Lehrer, Eltern und Ausbildungsbetriebe sollten Einsicht in die Planung und Umsetzung von Rahmenlehrplänen in den didaktischen Jahresplanungen der Schulen haben. Eine digitale Umsetzung didaktischer Jahresplanungen kann durch einen didaktischen Wizard realisiert werden. Neben grundsätzlichen Gedanken zu didaktischen Konzepten und dem didaktischen Wizard werden noch die für Schulen notwendigen Medienkonzepte und ein medienpädagogisches Konzept erläutert.

Politiker, Forscher, Gewerkschaften, Funktionäre, Autoren … sie alle fordern seit Beginn der Digitalisierung neue Lernkonzepte für Schulen. Sowohl bereits etablierte Lernkonzepte wie der Frontalunterricht als auch neuere Lernkonzepte wie individualisiertes Lernen integrieren digitale Medien. Zum Frontalunterricht gehören heute digitale Schulbücher, Präsentationsmedien wie ein Beamer oder eine interaktive Tafel, wohingegen beim individualisierten Lernen Recherchen im Internet, Selbstlernprogramme oder das kreative Arbeiten mit Musik, Kunst, das Erstellen von Lernvideos oder das Erkunden virtueller Welten

© Springer Fachmedien Wiesbaden GmbH, ein Teil von Springer Nature 2019
D. Steppuhn, *SmartSchool – Die Schule von morgen,*
https://doi.org/10.1007/978-3-658-24873-4_7

dazugehören. Für besonders geeignet halte ich das projektorientierte Arbeiten mit digitalen Medien und das selbstgesteuerte Lernen an verschiedenen Lernorten unterstützt durch Lernplattformen, das Online-Lernen bspw. durch MOOCs, die Teilnahme an Wettbewerben oder Flipped-Classrooms (bedeutet kurzgefasst: zu Hause lernen, in der Schule anwenden).

Einig sind sich alle Betroffenen über die heute und zukünftig notwendigen Kompetenzen selbstorganisierendes Lernen, lebenslanges Lernen, Kreativität und Selbstverantwortung. Digitales Verständnis und der Umgang mit digitalen Medien müssen Zukunftskompetenzen aller Beteiligten sein. Fakten- und Detailwissen wird unwichtiger, Methodenwissen und Methodenkompetenzen müssen zunehmen und zu einem ganzheitlichen Denken führen. Aufgrund des in Zukunft permanenten Internetzugriffs müssen wir lernen, mit Fakten umzugehen, diese zu bewerten und einzuordnen. Eigene Bewertungen und Beurteilungen werden zunehmend wichtig. Im Zeitalter der Globalisierung sind Sprach- und Kulturkompetenzen notwendig. In naher Zukunft werden Simultanübersetzungen durch die Cloud und Künstliche Intelligenz der Notwendigkeit der Fremdsprachenbeherrschung und damit vielleicht auch dem Fach Fremdsprache ein Ende bereiten, aber bis dahin müssen wir uns mit allen Partnern auf der Welt verständigen können. Wie das in der Schule aussehen kann, zeigen bereits erste Unterrichtsbeispiele im Netz durch die Nutzung von Skype [1]. Die benötigten Kulturkompetenzen werden leider noch vernachlässigt, ihre Bedeutung für die semantisch angemessene Interpretation von Sprach- und Wortgebilden wird aber zunehmend berücksichtigt. Wir müssen im Zeitalter der Globalisierung wissen, warum sich Menschen anderer Kulturen anders verhalten, als wir es erwarten. Ein passendes digitales Beispiel dazu bietet der Einsatz von Robotern – in Deutschland und anderen westlichen Ländern werden sie im Moment eher als Risiken, als Konkurrenten im Kampf um den Arbeitsplatz gesehen. In asiatischen Ländern wie bspw. Japan oder China sind es, so befremdlich dies für uns sein mag, Freunde (verständlich vor dem Hintergrund der vorherrschenden Shintō-Religion, in der auch Maschinen eine Seele haben können), Kollegen oder in naher Zukunft vielleicht sogar Lebenspartner.

Schüler müssen sich in ihrer Umwelt zurechtfinden, daheim wie global. „Der Wandel selbst muss Inhalt der Bildung werden", so auch Wassilios Fthenakis, Präsident des Bildungsverbands Didacta, in einem Interview über schulisches und außerschulisches Lernen im Zeichen der Industrie 4.0. [2].

„Urteilsbildung, Kreativität, Moral – Schulen müssen Orte sein, an denen die Urteilskraft jedes einzelnen Kindes entwickelt wird" – so Richard David Precht in seinem Buch „Jäger, Hirten, Kritiker" [3]. Leider formuliert er nicht aus, wie solch ein Ort des Bildungssystems aussehen müsste bzw. wie das Bildungssystem dafür neu gestaltet werden müsste.

Viele Kritiker halten das Notensystem für eines der größten Übel des Schulsystems. Die Notenproblematik ist auch dem System Schule bekannt. Das Notensystem wird nicht von allen geliebt, aber der Schule wird es nicht gelingen, sich isoliert vom Rest der Gesellschaft oder der Wirtschaft abzukoppeln.

Notensysteme sind quantitative Systeme, und sie wurden eingeführt als Vergleichs- und Motivationssysteme. Als Vergleichssysteme sind sie immer noch im Einsatz, als Motivationssysteme funktionieren sie im System Schule nach meinen Erfahrungen nur noch selten. Die qualitative Bewertung der gewünschten Kompetenzen wie des selbstorganisierten Lernens, des lebenslangen Lernens, der Kreativität, der Selbstverantwortung oder der Selbstermächtigung stellt das System Schule vor ein derzeit nicht lösbares Problem. Keine Bildungsreform wird das lösen können, dazu braucht es einen radikalen Wandel, eine Bildungsrevolution 4.0.

In unserer Gesellschaft hat ein „neues" Notensystem gerade das Licht der Welt erblickt, und es wächst und wächst: das Social Ranking. Auch in Deutschland finden wir bereits funktionierende Social-Ranking-Systeme vor. Facebook-Likes und die Anzahl der Freunde beschreiben heute auf einem niederschwelligen Niveau ein Social-Ranking-System. Je mehr Likes und je mehr Freunde ich habe, desto interessanter ist mein Profil oder Account für andere Teilnehmer. Im Roman *Zero* von Marc Elsberg findet sich ein Ranking-System, welches weltweit eingesetzt und auch wirtschaftlich ausgenutzt wird.

Der chinesische Staat liest aus den Datenspuren seiner Bürger, wie sie sich in der Vergangenheit verhalten haben, und versucht hochzurechnen, wie sie sich in der Zukunft verhalten werden – das Social-Credit-System. Das alles wird in einem Punktesystem bewertet und ausgewertet.

Auf finanzwirtschaftlicher Ebene finden wir Ranking-Systeme der Schufa Holding AG oder Creditreform GmbH. Und der Konkurrenzkampf im Arbeitsleben in Form von Beurteilungen und Arbeitszeugnissen spiegelt auch nichts anderes wider als eine Notenvergabe in Wortform.

Viele der geforderten Kompetenzen sind dem Schulsystem schon seit vielen Jahren bekannt. Die Pädagogik und die Didaktik sind durch viele neuro-didaktische Konzepte – basierend auf der Neuro- oder der Gehirnpsychologie – erweitert worden. Die Konsequenzen aus der expliziten und impliziten Lerntheorie führen dazu, zu hinterfragen, wie effizient Lerntheorien oder Lernformen überhaupt sind. Einige Wissenschaftler sind der Meinung, dass die meisten Lernvorgänge unbewusst ablaufen – man spricht hier vom impliziten oder nicht deklarativen Lernen. 90 % des Lernens bestehen aus eigenen Erinnerungen, Beispielen, Wertungen (mit Vorwissen, Erwartungen), und nur ein geringer Teil von etwa 10 % besteht aus der direkten Wahrnehmung der Wissensvermittlung, dem Lernen in Schule [4]. Wenn dem so ist, dann muss man das System Schule ernsthaft hinterfragen. Stehen der zeitliche und auch wirtschaftliche Aufwand von Schule dem Ertrag von Lernen in einem angemessenen Verhältnis gegenüber?

Doch reden wir hier besser von dem Teil, auf den wir (hoffentlich) Einfluss haben, dem expliziten oder deklarativen Lernen. Die Forschungen weisen immer bestimmter darauf hin, dass wir gewisse Regeln oder Methoden berücksichtigen müssen, wenn wir Lernprozesse in der Schule erzielen wollen.

Dazu gehören:

- Neues Wissen aktiv wiedergeben, anderen das neu Erlernte oder bereits vorhandene Wissen erklären, bspw. durch Projektarbeiten mit Präsentationsphasen und Diskussion.
- Viele W-Fragen in das Thema einarbeiten – sowohl von Lehr- als auch von Lernseite aus.

## 7 Konzepte    187

- Das Wichtige vom Unwichtigen trennen – eine Kompetenz und Technik, die insbesondere im Zeitalter von Suchmaschinen, der Informationsflut im Internet und Big Data eine große Bedeutung hat.
- Neuestes Wissen mit bereits bestehendem Wissen verknüpfen – der Theorie der neuronalen Netze folgend.
- Methodenmix einsetzen, durch Abwechslung die Aufmerksamkeit aufrechterhalten – ohne Aufmerksamkeit funktioniert kein explizites, d. h. bewusstes Lernen.
- Emotionen mit Lernprozessen verbinden.

Heruntergebrochen auf den Medieneinsatz bleibt Folgendes übrig:

- die Notwendigkeit eines Methodenmixes bei den eingesetzten Basis- und Aufbautechnologien
- Integration von eSports und Gamification
- Teilnahme an Wettbewerben
- die Integration immersiver Medien wie Virtual-Reality-Brillen oder humanoider Roboter
- das Auslösen von Emotionen bspw. durch sympathische Lehrer.

Sympathische Lehrer sind in ausreichender Anzahl vor Ort, nur empfindet es jeder Schüler anders – Sympathie ist individuell und personenabhängig. Das haben wir alle selbst in der Schule erlebt, und die meisten Erinnerungen an die Schule sind mit diesen Emotionen verknüpft. Da Lehrer nicht ständig nach Sympathie ausgewählt bzw. eingesetzt werden können, sollte man an dieser Stelle auch offen sein für digitale Lösungsversuche.

Nicht an Personen gebundener Unterricht ist durch den Einsatz humanoider Roboter oder durch sogenannte Massive Open Online Courses (MOOCs) möglich. Humanoide Roboter wie der NAO oder PEPPER könnten bspw. durch entsprechende Software als Sprachtrainer oder als Wissensabfrager in Interviewform auftreten und als Lehrerassistenten dienen. Dank Künstlicher Intelligenz, Sprachsteuerung bzw. Spracherkennung und Big Data stehen hier ungeahnte Möglichkeiten offen. Big Data könnte hier als Wissensdatenbank über Wikipedia hinaus herhalten und/oder sogar Lernprozesse speichern, analysieren und den Lernstoff individuell aufbereiten. Das wäre eine große Chance! Das Risiko der Speicherung und Weitergabe privater Daten von Schülern (Lernstand, Lernfähigkeit, Lernbereitschaft etc.) besteht natürlich in solch einem Konzept und müsste datenschutzrechtlich gelöst werden.

Die zweite Möglichkeit personenungebundenen Unterrichts besteht in Massive Open Online Courses (MOOCs). Auch diese Technik ist nicht neu. In unterschiedlichen Ausprägungen kennt man sie bereits als e-Learning, Online-Lernen, Telelernen, multimediales Lernen, computergestütztes Lernen, Computer-Based Training oder Open-and-Distance-Learning. Auch diesen Techniken könnten Künstliche Intelligenz und Big Data in Verbindung mit Analytics neues Leben einhauchen und sie individualisieren. Ähnlich wie vorhergesagt wird, dass es in Zukunft wohl Bücher und somit Geschichten oder Romane geben wird, die sich nach den ersten Seiten selbst weiterschreiben und auf diese Weise vollständig individuell auf den Leser anpassen, wird auch Lernstoff individuell aufbereitet werden können (das klappt natürlich nur mit E-Books, nicht mit analogen Büchern).

Ein bekanntes Beispiel für Massive Open Online Courses findet man in der Khan-Academy [5], die aber leider noch nicht umfangreich genug ist und zu wenige Inhalte für alle Schulformen und Fächer aufweist. Das Projekt wird nur durch Spenden finanziert. Zu den Spendern zählen neben Google die Bill & Melinda Gates Foundation.

Der Heise-Verlag berichtete im Zusammenhang mit dem neuen Ausbildungsberuf E-Commerce-Kaufmann von der Idee, moderne Lehr- und Lernmethoden wie Web-Seminare oder soziale Netzwerke einzusetzen und in den Unterricht zu integrieren – 36 Level statt drei Ausbildungsjahre [6].

Mit Robotern, Massive Open Online Courses und Webseminaren stehen digitale Chancen und Lösungen zur Verfügung, um individuellen Unterricht für jeden Schüler zu realisieren. Diese Techniken würden die Lehrer nicht ersetzen, sondern ihnen den Freiraum geben, dort zu helfen, wo humanoide Roboter oder Massive Open Online Courses nicht erfolgreich sind und Schüler andere, weitere Hilfen benötigen. Das würde den individuellen Unterricht noch besser differenzieren!

Und nach diesen digitalen Beispielen möchte ich an dieser Stelle noch einer Kompetenz Beachtung schenken, derer wir besonders bedürfen: der Bildung in Menschlichkeit! Der Mensch muss immer vor der Maschine Beachtung finden – aber trotzdem müssen wir lernen, mit den Maschinen zu leben!

Das oft geforderte Fach Digitalkunde als Ergänzung zum bestehenden Fächerkanon wird das Problem nicht lösen. Die Einführung solch eines Faches hätte aber eine Nebenwirkung, die sehr positiv wäre: Im Moment müssen die „digitalen Inhalte", d. h. der Umgang mit den Medien, der Hardware, den möglichen Risiken zum Thema Datenschutz und Datensicherheit in den bisherigen Fächerkanon integriert oder – und das passiert sehr häufig – zusätzlich zum Unterricht angeboten werden. Begründet wird diese Vorgehensweise damit, dass Digitalisierung und die daraus abgeleiteten Kompetenzen überall eingesetzt werden sollen und somit zu einer Querschnittskompetenz werden, was inhaltlich vollkommen richtig ist. Das kostet derzeit im Unterricht viel Zeit und geht dabei oft zulasten der vorgegebenen Unterrichtsinhalte. Am sinnvollsten wäre die Integration der digitalen Inhalte in den bisherigen Fächerkanon und eine Reduzierung der nicht digitalen Inhalte.

Aus meiner Sicht ist es aber nicht das digital orientierte didaktische Konzept, welches die Lösung bringt, sondern eine ganzheitliche Veränderung des Bildungssystems. „Die größte Herausforderung der digitalen Revolution ist sicherlich der Umbau unseres 300 Jahre alten Bildungssystems, das den Anforderungen des schnellen, digitalen Wandels nicht gewachsen ist … Es wird an den Schulen und Universitäten über die Welt unterrichtet, wie sie war, nicht, wie sie sein wird" [7].

Unser Bildungssystem muss – und da bin ich insbesondere mit Richard David Precht und vielen anderen einer Meinung – revolutioniert werden! „Wir brauchen keine weitere Bildungsreform, wir brauchen eine Bildungsrevolution" [8]. Aber eine Bildungsrevolution ist einfach nicht machbar, nicht durchführbar, nicht realistisch, da weder Politiker noch Eltern noch Lehrer eine solche Bildungsrevolution unterstützen – Deutschland ist nicht das Land für drastische Umwälzungen. Es wird also keine Bildungsrevolution geben – egal, wie dringend nötig sie auch wäre! Aus diesem Grund müssen wir den Weg einer smarten Bildungsevolution gehen – es gibt keinen anderen vernünftigen Weg. SmartSchools könnten in dieser Bildungsevolution als Vorreiter und Leuchttürme dienen. Es gibt schon heute viele SmartSchools in unserem

Land, diesen Stand haben sich die jeweiligen Schulen selbst erarbeitet – ohne besondere Förderungen seitens der Schulträger. Sie haben eigene, kreative Konzepte erarbeitet und leben diese Konzepte. Viele Beteiligte werden an diesem Punkt schnell den Begriff der Eliteschule einwerfen und sich dagegen wehren. Das Erich-Gutenberg-Berufskolleg jedenfalls als Beispiel für so eine SmartSchool ist eine öffentliche Schule. Dass auch öffentliche Schulen konkurrenzfähig mit Eliteschulen sind, zeigte die Auszeichnung seitens Microsoft zur Mentor School 2015. Deutschlandweit wurden nur zwei Schulen von Microsoft zur Microsoft Mentor School ernannt, das Erich-Gutenberg-Berufskolleg aus Köln-Buchheim und das Privatinternat Schloss Neubeuern [9].

Politiker, Schulträger und Entscheidungsträger sollten den Kontakt zu den existierenden SmartSchools suchen und mit ihnen gemeinsam einen Weg zur Schule von morgen gestalten. Sie sollten diese Schulen finanziell und personell fördern, fordern und nicht nach dem Gießkannenprinzip behandeln. Diese Schulen zeigen mit ihren individuellen Konzepten Neugierde, Kreativität, Originalität, Teamgeist und die Anstrengung, sich in einer immer komplexer werdenden Welt zu behaupten. Dafür braucht es keine anderen Lehrer, keine neuen Methoden – sondern nur den Mut, den Unterricht auch einmal anders zu gestalten. Wir müssen unterrichten, wie die Welt ist oder sein wird, nicht, wie sie war! Und die Digitalisierung ist heute und auch morgen ein Bestandteil unserer Gesellschaft – analog reicht nicht mehr aus und digital wird bleiben und weiter wachsen.

**Was brauchen SmartSchools?**

SmartSchools brauchen neue, zukunftsfähige Gebäude! Ich bin zwar kein Architekt, doch lassen Sie uns nach Skandinavien und England schauen – dort gibt es bereits gute Beispiele für die Konzeption neuer Lernorte [10]. Mir ist auch klar, dass wir nicht alle Schulen neu bauen können (Bildungsrevolution). Aber wir könnten versuchen, alle Klassenräume in Selbstlernzentren umzuwandeln und vielleicht die eine oder andere Wand in Schulen herauszunehmen, um die Lernorte moderner und digitaler zu gestalten (Bildungsevolution). Ganzheitliches Lernen benötigt Lernorte, die sowohl Ruhe als auch Aktion und Diskussion anbieten können. Die Räume müssen somit flexibel gestaltet werden können, damit dort Einzel-, Team-, Gruppenarbeit oder auch Unterricht im Klassenverband stattfinden können. Die Räume benötigen viel Licht, gute und saubere Luft, ergonomische Möbel und sollten farbenfroh gestaltet sein. Eine stressfreie und harmonische Lernumgebung führt zu Wohlbefinden und somit zu einem Zustand, der das Lernen fördert.

SmartSchools brauchen den Einsatz analoger und verstärkt den Einsatz digitaler Medien. „Anstatt gegen die Maschinen zu rennen, müssen wir lernen, mit der Maschine anzutreten" [11]. Im Kollegium darf nicht diskutiert werden, ob ein digitales Medium angeschafft oder eingesetzt werden soll. Stattdessen muss darüber diskutiert werden, wie und wo es am besten eingesetzt wird. In einem Unternehmen wird ein Sachbearbeiter auch nicht von seinem Abteilungsleiter oder Chef gefragt, ob nun digitale Telefone eingesetzt werden dürfen.

Prüfungs- und Notensysteme entscheiden maßgeblich über die Zukunftschancen der Schüler. Notensysteme bilden aber nur einen kleinen Teil der Schüler-Kompetenzen ab und viele Kompetenzen der Schüler werden dort überhaupt nicht berücksichtigt. Aus diesem Grund müssten Prüfungs- und Notensysteme verändert und erweitert werden. In der Berufswelt gibt es bereits neue Ansätze, zukünftige Mitarbeiter nicht nur nach den vorliegenden Noten zu bewerten. Assessment-Center, die bis zu einer Woche dauern können, bieten Ergebnisse von Arbeitssimulationen, Rollenspielen, Gruppendiskussionen, Konzeptionsübungen durch geschulte Beobachter und berücksichtigen neben der Leistung auch die Persönlichkeit eines Menschen. Noch innovativer ist die Mitarbeitersuche von Google durch Rätsel in Google-Suchanfragen [12]. Hier erfolgt die Suche und Bewertung eines Mitarbeiters nicht nach Noten, sondern alleine durch speziell benötigte Kompetenzen. Die Schule kann das Notensystem – egal ob es Punkte, Noten oder Beschreibungen gibt – jedoch nicht abschaffen, wenn zeitgleich Universitäten und auch die Arbeitswelt weiter damit arbeiten!

Was SmartSchools benötigen, sind innovative Konzepte im Personalmanagement wie bspw. „rasende Kollaborationen" [13, S. 228] oder/und ganzheitliche Schulkonzepte, die nicht darauf fixiert sind, funktionierende Systeme (bspw. Konferenzen, Unterricht, Hierarchie, Kommunikation mit Eltern oder Ausbildungsbetriebe etc.) zu erhalten, nach dem Motto „Never change a running system!".

SmartSchools müssen versuchen, die Bedürfnisse der kommenden Jahre zu ermitteln, sie aufzunehmen, zeitnah für den Schulalltag aufzubereiten und zu integrieren. In der Wirtschaft wurde dieses Phänomen ausführlich beschrieben in Clayton Christensens Buch *The Innovators Dilemma: Warum etablierte Unternehmen den Wettbewerb um bahnbrechende Innovationen verlieren* [14]. SmartSchools müssen Ressourcen (Lehrer-Stunden) in Chancen – sprich: in Innovationen und Veränderungen – investieren, damit sie für die Zukunft gerüstet sind. Hier könnte man auch Googles 20 %-Prozent-Zeit-Modell positionieren (s. auch Abschn. 5.1).

Und noch einmal bin ich mit Richard David Precht einer Meinung: „Dass die Digitalisierung unsere Gesellschaft verändern wird, steht fest. Wie sie es tut, nicht. Die Weichen in Wirtschaft, Kultur, Bildung und Politik sind noch lange nicht gestellt" [3, S. 43]. Und an dieser Stelle müssen wir Lehrer ran – wir dürfen diese Chance nicht verpassen!

Neben den bereits bestehenden Lernkonzepten an Schulen sollten SmartSchools drei weitere digital ausgerichtete Konzepte für sich entwickeln und berücksichtigen: die Umsetzung und Darstellung der Lernkonzepte in einem didaktischen Wizard, ein Medienkonzept und ein medienpädagogisches Konzept.

## 7.1 Didaktischer Wizard

Eine Möglichkeit, didaktische Jahrespläne eines Bildungsganges digital umzusetzen und transparent zu machen, ist ein didaktischer Wizard. Ein didaktischer Wizard ist ein Content-Management-System, in dem die Unterrichtsinhalte mit einer Zeiteinteilung abgebildet werden können. Ein digitaler didaktischer Wizard ermöglicht den Lehrern einen aktuellen und permanenten Zugriff auf Anforderungen und Unterrichtsinhalte in digitaler Form. Neue Lehrer eines Kollegiums finden hier eine erste Anlaufstelle. Gleiches gilt für Lehrer, die in neuen Bildungsgängen unterrichten müssen.

Die einzige mir bekannte digitale Lösung kommt vom Berufskolleg Uerdingen [15]. Das System ist gut gestaltet, lässt sich einfach installieren und bietet neben der Veröffentlichung didaktischer Jahrespläne auch eine Dateiablage. Am Erich-Gutenberg-Berufskolleg wurde die Dateiablage, d. h. die Unterrichtsinhalte auf Office 365 umgelenkt, damit es weiterhin nur eine zentrale Anlaufstelle als Lernplattform gibt.

Ein digitaler Didaktischer Wizard ermöglicht aber auch eine hohe Transparenz für Schüler, ihre Eltern und ihre Ausbildungsbetriebe. Sie können mit ihm einen schnellen Einblick in die Unterrichtsplanung der Schule erhalten und sich bei der Vorbereitung für Klausuren oder Prüfungen daran orientieren.

## 7.2 Medienkonzept

Der Begriff des Medienkonzepts ist in Nordrhein-Westfalen zu einem Schlüsselbegriff geworden – ohne ein Medienkonzept gibt es keine materiellen Zuwendungen mehr, es ist sogar verbindlich und durch einen Erlass des Schulministeriums geregelt.

Schulen sollen ihre digitale Vision formulieren – das Konzept soll schulumfassend sein, das Lernen mit Medien beschreiben, und es soll systematisch in schulische Lernprozesse umgesetzt werden. (Wenn das alles so einfach wäre …) Es soll Aussagen über die Unterrichtsentwicklung, den Ausstattungsbedarf und die Fortbildungsplanung sowie eine Evaluation beinhalten und ein verbindlicher Teil der Schulprogrammarbeit sein. Hilfe zur Erstellung eines Medienkonzepts bekommt man bspw. in Nordrhein-Westfalen über die Medienberatung NRW [16].

Die Erstellung eines Medienkonzepts ist für eine Schule ähnlich fordernd und fördernd wie die Teilnahme an einem Wettbewerb. Man erfährt seine Schule neu und kann damit einem Ziel des Medienkonzepts näherkommen, einem Informationsaustausch aller Beteiligten und einer gemeinsamen Basis für die aktive Gestaltung der Lernumgebung und der Unterrichtsorganisation. Eine weitere Hilfestellung findet sich im sogenannten Kompetenzrahmen, der bspw. vom Land Nordrhein-Westfalen zur Verfügung gestellt wird [17]. Das von mir erstellte Medienkonzept des Erich-Gutenberg-Berufskollegs finden Sie im Downloadbereich der Homepage des Erich-Gutenberg-Berufskollegs unter https://www.egb-koeln.de/index.php/adressen-ansprechpartner/downloads/category/2-egb-downloads.

194 D. Steppuhn

Eine gute Grundlage, aus einem Medienkonzept ein digitales Schulkonzept zu erstellen ist das Microsoft Education Transformation Framework [18]. Das Microsoft Education Transformation Framework ist eine Art Ratgeber in Form einer Internet-Plattform für die verschiedenen Schulbereiche Führung & Richtlinien, Modernen Lehrern und Lernen, Intelligente Umgebungen und Passgenaue Technologien, um Schule neu zu analysieren und zu strukturieren.

## 7.3 Medienpädagogisches Konzept

Schulen benötigen im Zeitalter der Digitalisierung zwingend ein digitales Humankonzept oder ein humanes Digitalkonzept, um die Auswirkungen der Digitalisierung auf den Menschen und in diesem Fall insbesondere auf den Schüler und Lehrer zu erkennen und eine Transformation zum digitalen Humanismus zu ermöglichen.

Bei den Auswirkungen der Digitalisierung auf den Menschen, den Schüler oder den Lehrer gehen die Meinungen der Experten in Teilen weit auseinander. Einige sprechen von Cyberkrankheiten oder Digitaler Demenz, also ausschließlich von negativen Folgen. Andere behaupten, dass digitale Techniken unsere kognitiven Fähigkeiten und unser Leben verbessern werden, sprechen also von positiven Folgen. Die Wahrheit wird wahrscheinlich irgendwo dazwischenliegen [19].

Dass Digitalisierung sowohl Vor- als auch Nachteile haben kann, ist somit offensichtlich und der Grad der Auswirkung ist im Einzelfall von jedem Individuum abhängig. Das Leben des Menschen in seiner Umwelt ist dermaßen komplex geworden, dass sich die Auswirkungen einzelner Aspekte wie bspw. die Nutzung eines Smartphones auf den Menschen oder in Bezug auf Schule oder den Unterricht nur bedingt treffen lassen.

Der wesentlichste Vorteil der Digitalisierung ist zweifelsohne der hohe Grad der Individualisierung sowohl im Alltag, im Beruf als auch in der Schule. Die Auswertung aller digitalen Daten durch die Technologien Big Data – d. h. das Speichern von immer mehr Daten in der Cloud – und durch Künstliche Intelligenz – die maschinelle Auswertung aller Daten – ermöglicht ein immer genaueres Bild von uns selbst.

Digitalisierung kann in seiner negativen Auswirkung dazu führen, dass unser „Menschsein" erschwert wird. Eine steigende Individualisierung führt im schlimmsten Fall zu einer Isolierung in der Gesellschaft, im Beruf, in der Schule, im Freundeskreis oder in der Familie. Die Entscheidung für oder gegen den jeweiligen Anteil der Digitalisierung im „Menschsein" trifft aber jeder für sich alleine – irgendwo zwischen einem digitalen Humankonzept (Mensch vor Maschine), einem humanen Digitalkonzept (Mensch mit Maschine) bis hin zur kompletten Digitalisierung, einem Weg in den Transhumanismus (Mensch wird Maschine).

Ein digitaler Humanismus muss es ermöglichen, menschlich in der digitalen Welt zu leben. Das optimale Ziel wäre die Ausnutzung der Chancen der Digitalisierung und die Begrenzung der Risiken. Die Ausnutzung der Chancen sind in diesem Buch ausführlich beschrieben worden. In diesem Kapitel möchte ich die Risiken zum Thema machen. Zum Menschsein gehören nach meinem Menschenbild primär Gesundheit, Individualität und das Eingebundensein in Familie und Gesellschaft. Unser Leben findet in einer überwiegend kapitalistischen und materialistisch geprägten Welt statt, deshalb gehören für mich auch die Teilbereiche Beruf und Wirtschaft zum digitalen Humanismus.

**A. Gesundheit**

Unsere moderne Gesellschaft hat einige Krankheiten hervorgebracht, die früher nicht als Krankheiten anerkannt wurden oder noch nicht existierten. Dazu gehören sicherlich Burnout-Syndrome, Suchtverhalten, Depressionen, ADHS (ein Akronym für eine Aufmerksamkeitsdefizit- oder Hyperaktivitätsstörung) oder FOMO (fear of missing out – ein Akronym für die Angst, etwas zu verpassen). Einige dieser Krankheiten wie bspw. die Videospielsucht oder Gaming-Sucht wurden 2019 durch die Weltgesundheitsorganisation WHO erstmalig in den Krankheitskatalog ICD aufgenommen [20]. Smartphones, Smartwatches oder Wearables ermöglichen eine dauerhafte Kommunikation mit anderen Menschen, sei es zeitlich synchron durch Messengers wie WhatsApp oder asynchron durch Mails. Wearables ermöglichen eine dauerhafte Selbstbeobachtung durch Self-Tracking, hervorgebracht und verstärkt durch die Quantified-Self-Bewegung. Die Informationsmöglichkeiten durch mobile Endgeräte und das Internet könnte für viele zu einer nicht mehr zu handhabenden Informationsflut führen. Die dauerhafte Erreichbarkeit durch die mobilen Endgeräte kann auch zu einer ständigen Rufbereitschaft bzw. FOMO führen, was letztendlich zu fehlenden Ruhezeiten, zu sinkender Konzentration oder sinkender Aufmerksamkeit führt. Die aufgelisteten Konsequenzen können Auslöser für Suchtverhalten oder ADHS sein [21]. In Südkorea gibt es bereits seit 2015 die ersten Entzug-Camps für das Handysucht-Verhalten [22].

Das virtuelle Ich und das reale Ich verschmelzen in einer digitalen Welt, derzeit aber noch mit der Möglichkeit, beide Ichs namentlich voneinander zu trennen. Mein Name lautet zwar Detlef Steppuhn, aber im Internet habe ich die Möglichkeit, mich anonym als Retter123 auszugeben. Diese Anonymität nutzen aber leider immer mehr Internet-Teilnehmer dazu aus, falsche Informationen oder Fakes über Geschehnisse oder Menschen zu veröffentlichen bis zum Betreiben massiven Cyber-Mobbings.

Einsamkeit bzw. fehlende menschliche Kontakte führen über lange Sicht auch zum Verlust von emotionaler Empathie[1]. Das Mobbing-Verhalten in der digitalen Welt lässt zu einem großen Anteil auf eine fehlende Empathie schließen. Mögliche Auswirkungen fehlender Empathie werden im Roman *Zero* von Marc Elsberg oder *The Circle* von Dave Eggers in unterschiedlichen Ausprägungen sehr unterhaltsam und realistisch beschrieben. Menschen aus dieser Einsamkeit herauszuholen bzw. die Wiederaufnahme von realen sozialen Kontakten könnte auch zur Stärkung von Emapthie führen und dadurch auch das Cyber-Mobbing senken. Das Aufheben der Anonymität im Internet wird aktuell und sicherlich auch in Zukunft in der Gesellschaft und der Politik noch stark diskutiert werden. Im Roman The Circle verfügen alle Internet-Teilnehmer nur noch über eine einzige bestätigte und zertifizierte Online-Identität. Würde der Datenschutz für alle Internet-Teilnehmer gewahrt sein, dann wäre solch eine Lösung definitiv das Ende von Cyber-Mobbing.

---

[1]Unter emotionaler Empathie verstehe ich die Fähigkeit zu fühlen, was mein Gegenüber fühlt.

*Konzeptionelle Überlegungen:*

Schulen und Lehrer werden nicht in der Lage sein, Burnout-Syndrome, Suchtverhalten, ADHS oder FOMO zu behandeln oder Mobbing zu verhindern. Lehrer können aber darin geschult werden, diese Phänomene bzw. Krankheiten bei Schülern und Kollegen besser zu erkennen und Hilfe anzubieten. Dafür benötigt es dann Hilfesysteme in den Schulen wie bspw. psychosoziale oder sozialpädagogische Beratung durch Beratungslehrer, Schulsozialarbeiter oder Sonderpädagogen, Koordinatoren für berufliche Orientierung, Ansprechpartner für Schuldenberater, Vertrauenslehrer, Klassensprecher oder die Schülervertretung (SV).

Eine organisatorische Hilfsmaßnahme stellen „heilige", also digitalfreie Orte dar. Das können der Schulhof, die Pausenhalle, die Toiletten, Kreativräume oder auch feste Zeiträume in den Klassenräumen sein. Verstärkter Einsatz von Sportphasen im regulären Unterricht, bspw. die aktive Pause, dienen der Auflockerung und der Gesundheitsförderung auch außerhalb der Sport-Unterrichtsstunden. In den sonstigen Unterrichtsfächern integriert man in einem festen Zeitintervall (bspw. alle zwei bis drei Stunden) kurze Pausen, in denen man im Klassenraum Sport-, Fitness- oder Lockerungs-Übungen durchführt.

Nicht zu unterschätzen sind didaktische Konzepte, die eine Änderung in der Art des Unterrichtens bewirken wie die Teilnahme an Wettbewerben mit Lernortvariationen, die Einbindung neurodidaktischer Ansätze mit dem Fokus auf Spaß am Lernen sowie der Minderung von Prüfungssituation auf der Grundlage des aktuellen Notensystems (Verminderung von Prüfungsängsten). Nach meinen Erfahrungen vergessen Schüler in Wettbewerben oft den Umstand, dass es sich eigentlich um Unterricht handelt. Sie wachsen über sich hinaus und erbringen qualitativ und quantitativ bessere Leistungen und Ergebnisse und somit auch bessere Noten. Besondere Personengruppen wie digitale Freaks, die mehr Stunden sitzend vor dem Computer verbringen als sich zu bewegen kann man mit eSports erreichen, um die Bewegungsquote zu erhöhen und dadurch auch einen Anreiz für die Bewegung im echten Sport zu schaffen.

Das Problem Mobbing muss in Schule thematisch behandelt werden und in akuten Fällen auch konsequent aufgeklärt und bekämpft werden. In Schulen muss eine Form der Netiquette vorgelebt werden. Schüler müssen erkennen können, dass Regeln auch im digitalen Raum existieren müssen und dass man sich an diese Regeln halten muss. Hält man sich im Straßenverkehr nicht an die Regeln, wo auch alle Menschen der Welt teilnehmen, dann können Regelverstöße zum Tod führen. Reale Beispiele zeigen, dass auch Cyber-Mobbing dazu führen kann [23].

## B. Individualität und freier Wille

Die unendlichen Möglichkeiten der Selbstverwirklichung lassen sich am eindrucksvollsten durch Social Media Plattformen beobachten. Die Teilnahme und die Darstellung des eigenen Ichs in Social Media Plattformen wächst. Social Media Plattformen haben neue Berufe entstehen lassen wie den Social-Media-Designer, Blogger bis hin zu Influencern. Das Belohnungsprinzip im Social-Media-Umfeld sind Likes und Follower, die sich bei guten Influencern dann auch wirtschaftlich auswirken. Aber auch alle anderen Teilnehmer erhoffen sich positive Rückmeldungen aus der Internet-Gemeinschaft – was häufig zu einer Offline-Unfähigkeit führt. Der gesteigerte Drang zu immer mehr Individualisierung führt letztendlich bei vielen Teilnehmern zu einer Form der Onlyness [24] und impliziert häufig auch den Verlust von Empathie. Dazu gesellt sich oft noch eine sinkende Frustrationstoleranz, wenn positive Rückmeldungen in den Social Media nicht unmittelbar erfolgen oder sogar ausbleiben. Die sinkende Frustrationstoleranz überträgt sich immer öfter ins Berufs- und Alltagsleben. Viele Auszubildenden und Berufsanfänger bringen oft nicht genügend Geduld auf und erwarten schnelle Berufserfolge. Im Alltagsleben kanalisiert sich die sinkende Frustrationstoleranz in einem steigenden Belohnungsverhalten durch gesteigerten Konsum im eCommerce-Bereich. Die Handlungskette Bedürfnis-Bedarf-Kauf-Lieferung wird zeitlich immer kürzer und von den eCommerce-Anbietern entsprechend optimiert – dazu zählen die Techniken One-Klick-Shopping bis hin zur Same-Day-Delivery (Lieferung am selben Tag) [25] oder der Anticipating Delivery (der Lieferungsvorgang beginnt, bevor der Kunde bestellt hat) [26].

Die Grundregel Mensch vor Maschine sollte bspw. auch beim Essen oder in den Pausen gelten, denn häufig kann man in Restaurants oder in der Pausenhalle beobachten, dass Menschen bzw. Schüler sofort auf ihr Smartphone reagieren, wenn es sich meldet und ihren Gegenüber sofort vernachlässigen – und dieses Verhalten ist unabhängig vom Alter der betroffenen Personen.

*Konzeptionelle Überlegungen:*

Die Offline-Fähigkeit der Schüler kann man durch klare Regeln, auf sie rückwirkende Konsequenzen und eine klare Tages-Struktur erzeugen oder zurückgewinnen. Neben den heiligen Orten kann man auch heilige Zeiten festsetzen. Das ist im Unterricht nicht wirklich sinnvoll, denn das digitale Medium möchte ich dann einsetzen, wenn ich es brauche und nicht zeitgesteuert nutzen. Das Medium muss passend im bzw. zum Lernprozess genutzt werden. In den Pausen wäre es aber realisierbar. Doch Schule stellt nur einen kurzen Zeitraum dar, gemessen an der Nutzung von digitalen Endgeräten an einem Tag. Im Alltag ist es eigentlich problemlos möglich, heilige Zeiten einzuführen. Hier scheitert es eher an der Überzeugung und an den mangelnden Konsequenzen solcher Vereinbarungen. Viele Schüler – aber auch andere Menschen – betrachten Smartphones praktisch als Teil des eigenen Körpers und bauen eine emotionale Beziehung dazu auf [27]. Sie verspüren massive Trennungsgefühle, wenn das Smartphone ausgeschaltet oder nicht verfügbar ist [28].

Auch ich habe mir heilige Zeiten gesetzt und schaue nicht mehr auf mein Smartphone nach 19:00 Uhr und beim Essen. Der Selbstversuch bringt mir tatsächlich einen ungestörten Abend und einen ruhigen Schlaf. Der frühere Blick auf das Smartphone vor dem Schlafen gehen versetzte mich häufig in Unruhe, weil eine Nachricht mich an noch nicht erbrachte Arbeit erinnerte oder eine unangenehme Situation für den nächsten Tag ankündigte. Der Verzicht auf das Smartphone beim Essen erzeugt eine zusätzliche Ruhe- und Entspannungsphase und erhöht wieder die Aufmerksamkeit dem anderen Menschen gegenüber.

## C. Gesellschaft

Der Trend zur Individualisierung kann im Gegenzug auch eine Isolierung in der Gesellschaft nach sich ziehen. Hierbei kann es sich um den Partner, um Familie, um den Klassenverband, um Freunde oder auch um die Verantwortungsübernahme innerhalb einer Gesellschaft handeln. Dazu gehören meines Erachtens das Recht und die Pflicht zu wählen und damit auch den Weg der Gesellschaft mitzugestalten.

*Konzeptionelle Überlegungen:*

Schüler müssen ein Verständnis für Gesellschaftsformen und insbesondere für das Leben in einer Demokratie aufbauen. Sie müssen soziale und personelle Verantwortung übernehmen – eine geforderte Kompetenz der 21st-Century-Skills. Die Digitalisierung bietet dafür – auch im übertragenen Sinne – ein tragfähiges Netz.

Eine aktive Schülervertretung kann das Demokratielernen an Schule beleben und unterstützen. Um ihre Arbeit für ein Schuljahr zu planen ist es der Schülervertretung am Erich-Gutenberg-Berufskolleg besonders wichtig, die Meinung aller Schüler einzubeziehen. Dazu führen sie pro Schuljahr eine große Schüler-Evaluation durch, getrennt für die Voll- und Teilzeitbildungsgänge. Mithilfe einer digitalen Umfrage können sie schnell durchgeführt und effizient ausgewertet werden.

Am Erich-Gutenberg-Berufskolleg werden vor politischen Wahlen die Juniorwahlen durchgeführt. Die Schüler der Wahlhelfer-Klassen organisieren in Begleitung den Ablauf und die Auswertung der digitalen Wahlen über die Schulfernseher und präsentieren im Vorfeld einen Wahl-O-Maten auf großer Leinwand. Damit auch alle Schüler an den Juniorwahlen teilnehmen können, finden sie verteilt über mehrere Tage statt. Da das Erich-Gutenberg-Berufskolleg eine multikulturelle Schule ist, erfahren so auch junge Menschen, die sonst vom politischen System aufgrund ihres Alter und ihrer Staatsangehörigkeit ausgeschlossen werden, was es heißt, sich politisch zu beteiligen. So sollen Schüler am Erich-Gutenberg-Berufskolleg an Prozesse der demokratischen Willensbildung (E-Demokratie) herangeführt und auf künftige Partizipationen innerhalb eines politischen Systems vorbereitet werden. Schüler müssen ein Verständnis für die Politik als Steuerungsinstrument der Gesellschaft erhalten.

Zusätzliche Projekte oder Projekttage fördern ein Demokratieverständnis. Das Erich-Gutenberg-Berufskolleg hat in diesem Zusammenhang bspw. das SV-Projekt „Schule ohne Rassismus – Schule mit Courage", gestartet. Das Projekt entstand aus einer Schülerinitiative und soll verdeutlichen, dass sich Schule aktiv gegen jede Form von Diskriminierung und für einen respektvollen Umgang miteinander einsetzen will.

## D. Beruf

Die Berufswelt strebt immer zu höherer Effizienz, d. h. in immer weniger Zeit muss eine immer höhere Leistung erbracht werden bzw. müssen mehr Aufgaben erledigt werden. Im Umfeld der Globalisierung lagern die Unternehmen immer mehr Risiken aus, insbesondere den Risikofaktor Mensch. Das führt durch die Digitalisierung der Berufe zu immer mehr Crowdworking (die Auslagerung von Aufgaben an eine Gruppe freiwilliger, nicht fest angestellter Mitarbeiter) oder als Einzelperson zu Freelancern, die auf der Grundlage der Globalisierung überall auf der Welt arbeiten können. Die Mitarbeiter erhalten durch diese Modelle mehr Freiraum und Gestaltungsmöglichkeiten, ihr Arbeitsumfeld ihrem Leben anzupassen. Die Kehrseite der Medaille stellt den Crowdworkern oder Freelancern aber keinen sicheren Arbeitsplatz und kein sicheres Einkommen mehr zur Verfügung, eine Unsicherheit, mit der man leben lernen muss.

Die klassische Trennung zwischen Beruf und Privatleben verschwimmt auch immer mehr. War eine klare Trennung bei Selbstständigen von jeher schwer zu erkennen, so gilt das heute in vielen modernen Unternehmen oder Start-ups auch für den klassischen Mitarbeiter. Das Thema Work-Life-Balance beschreibt den Versuch, Arbeit und Leben im Gleichklang zu halten, um zum einen die Gesundheit des Mitarbeiters zu erhalten, zum anderen, um starre Arbeitszeitmodelle abzulösen.

Die Digitalisierung ermöglicht Unternehmen, aber auch Mitarbeitern eine optimale Anpassung der Maschinen an den Job – im Gegensatz zu früheren Zeiten, wo der Job auch oftmals der Arbeitsweise der Maschine angepasst wurde. Der Einsatz von ergonomischen Arbeitsmitteln am Arbeitsplatz verbessert das Arbeitsumfeld und die Gesundheitsförderung.

*Konzeptionelle Überlegungen:*

Identisch zur Gestaltung des digitalen Arbeitsplatzes muss Schule das digitale Umfeld der Schüler aktiv (mit)gestalten und den Umgang mit der digitalen Welt lehren und vorleben. Schule muss – ähnlich dem Work-Life Balance-Konzept – den Schülern ein Learn-Life-Balance-Konzept anbieten können – siehe dazu auch das Konzept learning with any device, anytime, anywhere. Schüler müssen das Lernen als lebenslanges Lernen erkennen und selbstständiges und selbstgesteuertes Lernen erlernen.

Selbstständiges und selbstgesteuertes Lernen fällt Schülern aber sehr schwer und der Weg dahin ist mühsam und steinig. Methodisch lassen sich diese Lernkonzepte am besten mit Projektarbeit oder der Teilnahme an Wettbewerben umsetzen.

Eckpfeiler eines medienpädagogischen Konzepts:

- Lehrer sollten geschult werden, um Verhaltens-Auffälligkeiten, die zu Burnout, Suchtverhalten, ADHS oder FOMO führen, schneller zu erkennen.
- Schüler, die Verhaltensauffälligkeiten wie Burnout, Suchtverhalten, Depressionen, ADHS oder FOMO zeigen, sollten schnellstens an Hilfesysteme weitergeleitet werden.
- Hilfesysteme wie bspw. eine psychosoziale oder sozialpädagogische Beratung durch Beratungslehrer, Schulsozialarbeiter oder Sonderpädagogen, Koordinatoren für berufliche Orientierung, Ansprechpartner für Schuldenberater, Vertrauenslehrer, Klassensprecher oder die Schülervertretung (SV) müssen in ausreichender Quantität und Qualität in der Schule vorhanden sein.
- Installieren Sie „heilige (digitalfreie) Orte" an Ihrer Schule.
- Installieren Sie „heilige (digitalfreie) Zeiten" an Ihrer Schule.
- Installieren Sie Auflockerungsphasen für die Gesundheitsförderung – die aktive Pause – in allen Unterrichtsfächern.
- Binden Sie neurodidaktische Lernkonzepte in den Unterricht ein.
- Nehmen Sie mit Ihren Klassen an Wettbewerben teil.
- Greifen Sie bei offensichtlichem Cyber-Mobbing unverzüglich und konsequent ein.

- Nutzen Sie eSports, um bewegungsarme Schüler für realen Sport zu motivieren.
- Unterrichten und leben Sie Netiquette im Umgang mit digitalen Medien – erstellen Sie klare Regeln. Mensch vor Maschine!
- Fördern und fordern Sie Demokratieverhalten bei allen Schülern.
- Unterstützen Sie alle Projekte, die das Demokratieverhalten Ihrer Schüler fördern.
- Gestalten Sie Wohlfühl-Lernorte.
- Bereiten Sie Ihre Schüler auf die digitale Arbeitswelt vor. Nicht gegen die Maschine kämpfen, sondern lernen, mit den Maschinen zu arbeiten und zu leben.
- Gestalten Sie eine Learn-Life-Balance-Lernumgebung – um selbstständiges und selbstgesteuertes Lernen zu lernen [26].
- Publizieren und leben Sie ihr medienpädagogisches Konzept!

---

**Zusammenfassung Konzepte**

- Eine geforderte und notwendige Bildungsrevolution ist unrealistisch, wir sollten eine zeitnahe Bildungsevolution mit SmartSchools anstreben.
- Politiker, Schulträger und Entscheidungsträger sollten den Kontakt zu den existierenden SmartSchools suchen und mit ihnen gemeinsam einen Weg zur Schule von morgen gestalten.
- Existierende SmartSchools könnten die Leuchttürme und Multiplikatoren in einer Bildungsevolution sein.
- SmartSchools nutzen und leben bereits individuelle Konzepte, sie brauchen aber angepasste Lernorte (Selbstlernzentren) und (digitale) Lernumgebungen.
- Didaktische Konzepte einer Schule sollten transparent für alle Teilnehmer sein – eine digitale Umsetzung sollte durch einen didaktischen Wizard erfolgen.
- SmartSchools benötigen ein technisch aktuelles Medienkonzept und ein menschen-orientiertes medienpädagogisches Konzept.
- Die Konzepte müssen flexibel sein und sich den zukünftigen Veränderungen der Digitalisierung zeitnah anpassen – sie sind nicht dauerhaft gültig und sie sind niemals fertig!

# Literatur

1. Skype (2014) Skype translator preview opens the classroom to the world. https://www.youtube.com/watch?v=G87pHe6mP0I. Zugegriffen: 13. Apr. 2019
2. Wenzel F-T (2016) Der Wandel selbst muss Bildungsinhalt sein. https://www.fr.de/wirtschaft/wandel-selbst-muss-bildungsinhalt-sein-11067396.html. Zugegriffen: 01. März 2019
3. Precht RD (2018) Jäger, Hirten, Kritiker. Wilhelm Goldmann, München
4. Siebert H Unser Gehirn, Spiegelneuronen und die Rekonstruktion von Wirklichkeiten. https://wb-web.de/material/lehren-lernen/Unser-Gehirn-Spiegelneuronen-und-die-Rekonstruktion-von-Wirklichkeiten.html. Zugegriffen: 30. März 2019
5. Khan Academy https://de.khanacademy.org/. Zugegriffen: 30. März 2019
6. Bakmaz A (2018) Digitale Ausbildungswelt: Level statt Lehrjahre? https://www.heise.de/newsticker/meldung/Digitale-Ausbildungswelt-Level-statt-Lehrjahre-4122584.html. Zugegriffen: 30. März 2019
7. Knop C (2016) Das ist die größte Herausforderung der Digitalisierung. https://www.faz.net/aktuell/wirtschaft/weltwirtschaftsforum/weltwirtschaftsforum-in-davos-das-ist-die-groesste-herausforderung-der-digitalisierung-14031777.html. Zugegriffen: 05. März 2019
8. Precht RD (2015) Anna, die Schule und der liebe Gott. Wilhelm Goldmann, München
9. Stiftung Landerziehungsheim Neubeuern https://www.schloss-neubeuern.de/420/internat. Zugegriffen: 30. März 2019
10. Klein W (2018) Das Ørestad Gymnasium arbeitet ganz ohne Papier. https://deutsches-schulportal.de/stimmen/digitale-schule-das-orestad-gymnasium-arbeitet-ganz-ohne-papier/. Zugegriffen: 10. März 2019
11. Eberl U (2016) Smart Maschinen Wie künstliche Intelligenz unser Leben verändert. Hanser, München
12. Redaktions-, Verwaltungs- und Herausgeberadresse: STANDARD Verlagsgesellschaft m.b.H. (2015) Google findet neue Mitarbeiter durch Rätsel in Google-Suche. https://derstandard.at/2000021346591/Google-findet-neue-Mitarbeiter-durch-Raetsel-in-Google-Suche. Zugegriffen: 30. März 2019
13. Schulz T (2015) Was Google wirklich will. Deutsche-Verlags-Anstalt, München

14. Christensens C (2011) The Innovators Dilemma: Warum etablierte Unternehmen den Wettbewerb um bahnbrechende Innovationen verlieren. Vahlen, München
15. Berufskolleg Uerdingen https://bkukr.de/index.php?id=34. Zugegriffen: 30. März 2019
16. Medienberatung NRW ist eine vertragliche Zusammenarbeit des Ministeriums für Schule und Bildung des Landes NRW und der Landschaftsverbände Rheinland und Westfalen-Lippe. http://www.medienberatung. schulministerium.nrw.de/Medienberatung/Lern-IT/Prozesse-zur-Planung/ Medienkonzept-Schulen/. Zugegriffen: 30. März 2019
17. Ministerium für Schule und Bildung des Landes Nordrhein-Westfalen. https:// www.schulministerium.nrw.de/docs/Schulsystem/Medien/Medienkompetenz-rahmen/index.html. Zugegriffen: 03. Apr. 2019
18. Microsoft Corporation https://www.microsoft.com/de-de/education/ school-leaders/school-systems-planning/components.aspx. Zugegriffen: 02. Juni 2019
19. Kustoch R (2018) Digitalisierung: Zur Wirkung fragt nicht euren Arzt sondern lest diesen Artikel! https://www.workingdigital.de/de/blog/post/ digitalisierung-wirkung-risiken-und-nebenwirkungen. Zugegriffen: 13. Apr. 2019
20. Charisius H, Hütten F (2019) Sexsucht wird als Krankheit anerkannt. https://www.sueddeutsche.de/gesundheit/weltgesundheitsorganisation-sex-sucht-wird-als-krankheit-anerkannt-1.4454540. Zugegriffen: 01. Juni 2019
21. stern.de GmbH (2018) Augenschäden, Strahlung und Fruchtbarkeit: Wie gefährlich sind Smartphones? https://www.stern.de/ gesundheit/gesundheitsrisiko-smartphone–was-an-den-haeufigsten-be-hauptungen-dran-ist-8488182.html Zugegriffen:13. Apr. 2019
22. ProSiebenSat.1 Digital GmbH (2019) https://www.prosieben.de/tv/taff/ video/104-suedkorea-smartphonesuechtige-teenager-clip. Zugegriffen: 04. Juni 2019
23. Hamann S (2019) Was Eltern jetzt über Mobbing und Cybermobbing wissen müssen. https://rp-online.de/leben/gesundheit/psychologie/nach-suizid-ei-ner-elfjaehrigen-in-berlin-das-passiert-bei-cybermobbing_aid-36522761. Zugegriffen: 13. Apr. 2019
24. Kogelboom E (2017) Ich bin mit meinem Laptop verwachsen. https:// www.tagesspiegel.de/gesellschaft/top-managerin-nilofer-merchant-ich-bin-mit-meinem-laptop-verwachsen/19221138.html. Zugegriffen: 13. Apr. 2019

25. Reimann E (2015) Wie schnell können Sie liefern? https://www.impulse. de/unternehmen/branchen-maerkte/same-day-delivery/2134531.html. Zugegriffen: 13. Apr. 2019
26. Lomas N (2014) Amazon patents „Anticipatory" shipping – to start sending stuff before you've bought it. https://techcrunch.com/2014/01/18/ amazon-pre-ships/?guccounter=1&guce_referrer_us=aHR0cHM6Ly93d-3cuZ29vZ2xlLmRlLw&guce_referrer_cs=Snnp3M48w-ntN-rdbpOlcw. Zugegriffen: 13. Apr. 2019
27. Volland H (2018) Die kreative Macht der Maschinen. Beltz, Weinheim
28. Meyer K (2017) Remote control to people's lives with emotional attachment: global study provides new insights into smartphone obsession. http://blog.b2x.com/global-study-provides-new-insights-into-smartphone-obsession. Zugegriffen: 13. Apr. 2019

# 8

# Unterrichtsmaterialien

**Zusammenfassung** Das Kapitel beschäftigt sich mit der Problematik der Schulbuchverlage, zeitnah aktuelle digitale Medien für Schulen zu entwickeln und anzubieten. Es gibt eine Übersicht über gute und schnell einsetzbare Learning Apps und beschäftigt sich mit der Problematik des Urheber- und Nutzungsrechts für Lehrer.

## 8.1 Schulbuchverlage

Kommen wir zu einem der großen Probleme im Bildungssystem, der Zusammenarbeit mit den Schulbuchverlagen. Von den Schulbuchverlagen sind seit langer Zeit keine Innovationen mehr in die Schulen getragen worden. Schuld daran sind nicht nur die Schulbuchverlage selbst, sondern auch das Wirtschaftssystem um sie herum.

Schulbuchverlage unterliegen den gleichen Problemen wie andere Anbieter von Medien. Die rechtlichen Vorgaben, an die auch die Schulträger gebunden sind, verlangsamen oder erschweren den Anschaffungsprozess derartig, dass viele beteiligte Wirtschaftsunternehmen – und Schulbuchverlage fallen darunter – das Interesse am

© Springer Fachmedien Wiesbaden GmbH, ein Teil von Springer Nature 2019
D. Steppuhn, *SmartSchool – Die Schule von morgen,*
https://doi.org/10.1007/978-3-658-24873-4_8

Bildungssystem verlieren (s. Conciety mit ihrem Produkt IQon, vgl. Kap. 1). Innovationsfähigkeit, Kreativität und kurzfristige Reaktionen auf neue digitale Medien wie VR-/AR-Brillen oder Robotik bleiben auf der Strecke da sie für Schulbuchverlage kurzfristig nicht mehr finanzierbar sind. Schulbuchverlagen steht entweder kein oder nur ein geringes Risikokapital für kreative Medien zur Verfügung, und sie können die hohen Gehälter von Spitzenprogrammierern nicht aufbringen – heraus kommen dann „intelligente Schulbücher" in Form von halbaktiven PDFs. Und dieser Teufelskreis wird wohl in den nächsten Jahren noch bestehen bleiben. Auf der Suche nach einem Unterrichtsmedium für humanoide Roboter habe ich bspw. nur ein einziges Schulbuch im deutschen Raum ausfindig machen können – das nur analog erhältliche Buch: „Unterrichten mit dem NAO" von Matthias Makowsky [1]. Alternativ dazu gibt es von Schülern entwickelte Lernmaterialien, wie vom Bertha von Suttner Gymnasium zum Thema Robotik mit dem humanoiden Roboter NAO [2]. Doch ohne Lernmaterialien etablieren sich keine neuen Medien in Schulen und somit sinkt die Bereitschaft der Lehrer, neue Medien in Schulen einzusetzen, wie das Beispiel NAO-Roboter zeigt. Eine ähnliche Situation besteht zurzeit mit dem Medium AR-/VR-Brillen. Die Brillen sind jetzt für viele Schulen finanzierbar – aber es gibt keine oder nur sehr wenig Lernmaterialien in Form von Apps dafür. Dieser Teufelskreis müsste zeitnah durchbrochen werden, damit auch zeitgemäße digitale Medien Einzug in die Schulen finden!

In den letzten Jahren haben es alle Verlage geschafft, ihre Bücher auch in digitaler Form am Markt anzubieten, entweder als PDF oder als eBook. In der Absicht, richtig digital zu werden, geben sie dann zu den digitalen Ausgaben auch ein paar digitale Arbeitsblätter oder Links dazu. Das war's.

Sie bremsen die Digitalisierung darüber hinaus, da die digitalen Schulbücher oft noch teurer sind als die analogen Versionen. Dass digitale Medien für Print – und Musikverlage ein großes Investitionsrisiko darstellen, hat die Vergangenheit gezeigt. Die Gefahr, dass digitale Medien die Verlage in den Ruin treiben, ist natürlich groß. Kein Medium lässt sich so schnell und einfach kopieren wie das digitale Medium, und im Musikmarkt haben fast alle Verlage ihre Erfahrungen machen müssen. Hätten sie den Trend der digitalen Musikformate nicht verschlafen (ähnlich wie viele Energieversorger und Autohersteller heute die Digitalisierung verschlafen), dann wären sie heute Konkurrenten von Apple iTunes, Amazon oder Spotify und nicht nur Zulieferer und Zuschauer.

Doch nachdem nun alle Verlage digitale Medien in Form von PDFs oder eBooks im Angebot haben und Schulen diese Medien immer öfter einsetzen wollen, steht das nächste Dilemma vor der Tür: die Verwaltung der digitalen Lizenzen. Selbstverständlich wollen und sollen die Verlage die ihnen zustehenden Lizenzgebühren erhalten.

Für die Schule, die digitale Schulbücher einsetzen möchte, stellt sich das folgende Problem: sie nutzt in der Regel nicht nur Schulbücher eines Verlages, sondern mehrerer Verlage. Da jeder Verlag sein Lizenzierungsmodell selbst gestaltet hat, bedeutet dies, dass Schüler und Lehrer auf mehrere Plattformen mit unterschiedlichen Authentifizierungen zugreifen müssen. Hier gab es zwischen den Verlagen keine Absprachen, und so tummeln sich nun verschiedene Plattformen im digitalen Schulbuchmarkt ohne eine gute oder akzeptable Lösung.

Hier kann man nur hoffen, dass ein großer Internetplayer (Microsoft bspw. über Office 365, oder Google, welches sich seit langem im digitalen Buchmarkt engagiert mit dem Ziel, alle Bücher der Welt zu digitalisieren) ein Interesse bekundet und ein einheitliches Portal für die Lizenzverwaltung entwickelt. Die Einbindung solch einer Lizenzverwaltung in Office 365 in Form eines Bookstores wäre beispielsweise eine komfortable und zentrale Lösung [3]. Und hoffentlich sind die deutschen Schulbuchverlage so smart und nutzen die Chance oder finden sich zu einer gemeinsamen Lizenz-Plattform zusammen!

Eine Alternative, um diesem Dilemma zu entrinnen, ist die politische und auch wirtschaftliche Entscheidung, den Schulbuchmarkt ins Ministerium zu verlagern. Diese Entscheidung ist zurzeit nur Wunschdenken. Mit einer solchen Entscheidung würde man viele Vorteile erzielen. Schulbücher müssten nicht mehr gekauft werden, stattdessen würde man sie vom Ministerium erhalten. Zugegeben, hierdurch wird das Geld nur verschoben. Aber es wäre ein gutes Zeichen der Politik – das Bildungsministerium übernimmt die Finanzierung und auch die Verantwortung für die Gestaltung von Unterrichtsmedien! Die benötigten zusätzlichen Mitarbeiter könnte man von den Schulbuchverlagen übernehmen, oder aber die Schulbuchverlage könnten als Subunternehmen für das Ministerium arbeiten.

Die meisten Schulbücher werden ohnehin nicht von den Verlagen geschrieben, sondern von Lehrern. Würden diese Lehrer im Auftrag des Ministeriums die Bücher schreiben, dann könnte man ihnen dafür entsprechende Ermäßigungsstunden einräumen oder/und man stellt dafür zusätzliche Lehrer ein oder man entlohnt sie. Würde man nun noch ein Ministerium für Digitalisierung oder eine Abteilung Digitalisierung und Medien im Ministerium aufbauen, dann hätte man ein Werkzeug, mit dem man in Zusammenarbeit mit den Schulen aktuelle Unterrichtsunterlagen erstellen und die geforderte Transparenz und Kommunikation erhöhen könnte.

Eine weitere Chance würde sich hierdurch ergeben: Es wäre zum ersten Mal möglich, eine zentrale Lernplattform mit Content anzubieten, und dass sogar landes- oder bundesweit. Wenn man nun noch die Möglichkeit integrieren würde, dass Lehrer eigene Materialien zusätzlich hochladen können, dann würde dadurch eine riesige Lernplattform entstehen, von der alle profitieren könnten. Es gibt im Internet natürlich bereits gut gemeinte Versuche, Lernplattformen mit Content anzubieten, bspw. von Microsoft [4]. Aber alle diese Plattformen beinhalten einfach zu wenig Material. Das ist sicherlich auch der hohen Unterschiedlichkeit unserer Schulen und ihrer Qualifizierungswege geschuldet. Wir brauchen neue Wege und schnelle Lösungen, um das Bildungssystem an den zukünftigen Lernalltag anzupassen.

Mit genügend Kapital könnte ein Ministerium gute Programmierer beschäftigen und so auch aktuelle Anwendungen und Content für den Einsatz von Drohnen, Robotern, Virtual-Reality-Brillen, Icaros usw. erstellen.

Für viele neue Medien findet man derzeit nur fremdsprachige Bücher und Apps. Diese sind auch nicht unbedingt oder nur teilweise für den Schuleinsatz geeignet. Vielleicht schafft es Künstliche Intelligenz, das Sprachenproblem schnell und einfach zu lösen, um diese fremdsprachigen Medien auch für Schulen einsatzfähig zu machen. Vielleicht wird sich auch die Programmierung anpassen und solche Anwendungen flexibler gestalten, sodass Lehrer die Anwendungen schneller an den Unterricht anpassen können.

Leider erleben auch die Vorreiter der digitalen Medien wie Oculus, HTC, Aldebaran usw., dass man im Schulmarkt nicht viel Geld verdienen kann und erstellen vielleicht aus diesem Grund keine Unterrichtsmedien. Digital-Dezernate oder Digital-Ministerien könnten an dieser Stelle versuchen, die Kontakte zwischen diesen Unternehmen und den Schulen zu fördern und auch vermehrt für den Bildungsbereich zu programmieren. Ideen für Anwendungen gibt es in den Schulen, die diese Techniken bereits für den Unterricht einsetzen, sicherlich genug.

## 8.2 Learning Apps

Es gibt eine Vielzahl von Programmen und Apps, die sich für den Unterricht anbieten. An dieser Stelle möchte ich Ihnen ein paar Apps vorstellen, die Sie sich unbedingt ansehen und die Sie ausprobieren sollten. Diese Learning Apps sind in jedem Fach und in jeder Schulform sofort ohne großen Einarbeitsungsaufwand einsetzbar. Sollten Sie auf der Suche nach speziellen Apps für den Unterricht sein, lohnt sich ein Stöbern in der Rankingliste *Top 200 Tools for Learning 2018* von Jane Hurt [5].

**Kahoot** Die App gehört zu den spielerisch angelegten Frage-Antwort-Apps, um Übungsaufgaben zu Wissensüberprüfungen zu gestalten. Ein Moderator erstellt verschiedene Fragen und bietet dazu verschiedene Antworten (2–4) an, die in farbigen Feldern mit Symbolen in der App angezeigt werden. Von den Antworten können eine oder mehrere Antworten richtig sein. Der Moderator kann auch eine Antwortzeit für die Fragen vorgeben. Das Spiel läuft sowohl auf einem Smartphone als auch in einer Webapplikation. Das Spiel benötigt keine zeitintensive Einführung, weder für den Schüler als Teilnehmer noch für den Lehrer als Moderator. Die Nutzung der App ist Stand 04/2019 kostenlos [6].

**Padlet** Padlet ist ein Tool zur Visualisierung von Ideen oder Themen in Form einer digitalen Pinwand. Im Kern dient es dazu, auf einer digitalen Pinwand Notizen und Texte hinzuzufügen und diese mit einem Link, Bild oder Video zu verknüpfen. Das Tool ist eine Webapplikation, die aber auch auf einem Smartphone verfügbar ist. Das Tool benötigt keine zeitintensive Einführung. Die Nutzung der App ist Stand 04/2019 kostenlos [7].

**Quizlet** Quizlet ist ein Übungstool, um mit digitalen Karteikarten Inhalte zu lernen. Es können eigene Karteikarten erstellt werden, man kann aber auch auf sehr viele fertige Karteikarten und Themen im Internet zurückgreifen. Das Spiel läuft sowohl auf einem Smartphone als auch in einer Webapplikation. Das Spiel benötigt keine zeitintensive Einführung. Die Nutzung der App ist Stand 04/2019 kostenlos [8].

**Duolingo** Duolingo ist eine Sprachlern-App, die verschiedene Elemente wie bspw. Punkte und Level aus Computerspielen einsetzt. Die deutsche Version unterstützt nur die Sprachen Englisch, Spanisch und Französisch. Nutzt man die englische Ausgabe von Duolingo, können weitere Sprachen eingebunden werden. Die App benötigt keine zeitintensive Einführung. Die Nutzung der App ist Stand 04/2019 kostenlos, dafür aber nicht werbefrei [9]. Eine werbefreie Pro-Version kann man käuflich erwerben.

**Sway** Sway ist ein Präsentationstool, welches sich schnell und ohne großen Einarbeitungsaufwand einsetzen lässt. Mit Sway können Sie Inhalte jeder Art in einer Webseite aufbereiten und online zur Verfügung stellen. Sway ermöglicht die Einbindung vieler verschiedener Medien (Bilder, Videos, Formulare, Dateien, Links). Es beinhaltet eine Vielzahl von Vorlagen und lizenzfreien Bildern. Die Nutzung der Applikation ist Stand 04/2019 kostenlos [10].

**Mysimpleshow** Das Tool dient zur Erstellung von Lernvideos. Mit Mysimpleshow können Sie Inhalte jeder Art in einem Video aufbereiten und später, bspw. bei YouTube, online zur Verfügung stellen. Mehrere

Schüler können gleichzeitig an der Erstellung eines Videos mitarbeiten. Das umfangreiche Tool steht Schulen seit 2018 als Classroom-Variante kostenlos zur Verfügung (Stand 04/2019) [11].

**Teams** Das Tool dient zur Kollaboration und Kommunikation. Teams besteht aus aus einer Vielzahl von Diensten – Blog, Dateispeicherung, Mail, Notizbuch, Audio-/Videokonferenz, Aufgabenverwaltung und offenen Schnittstellen zur Erweiterung von externen Diensten – unter einer Oberfläche. Das umfangreiche Tool steht Schulen kostenlos zur Verfügung (s. auch Abschn. 3.1.4).

## 8.3 Nutzungsrecht

Einen wichtigen Punkt muss ich an dieser Stelle noch ansprechen, der auch zeitnah eine Lösung für das Bildungssystem benötigt: das Nutzungsrecht von nicht selbst erstelltem Unterrichtsmaterial. Man muss meiner Meinung nach für das Bildungssystem das Nutzungsrecht anders gestalten. Lehrer und Schüler dürfen nicht abgemahnt oder sogar gerichtlich bestraft werden, wenn sie Daten oder Informationen jedweder Art für den Bildungsauftrag einsetzen. Natürlich muss hier ein Raum definiert werden, der den Bildungsauftrag abbildet. In diesem Raum darf es dann keine Ausnahmen und keine Konsequenzen für das Bildungssystem geben. Und selbstverständlich sollte im Gegenzug den Urhebern stets die Nennung und den Nutzungsrechtinhabern ein entsprechender finanzieller Gegenwert zukommen.

Wir Lehrer sind froh, gutes und aktuelles Material im Unterricht einsetzen zu können, egal, von wem es erstellt wurde. Nur so können wir auch gute Bildungsprozesse in Gang setzen. Wenn wir Lehrer jetzt noch Angst haben müssen, dieses Material zu nutzen, dann wird es bald keine guten Bildungsprozesse mehr geben, sondern nur noch Abmahnwellen oder Gerichtsprozesse.

214 D. Steppuhn

# 8.4 Unterrichtsgestaltung

Das Thema Unterrichtsgestaltung stellt für alle Schulen die größte Hürde dar, denn die Anpassung des Unterrichts bzw. die Integration digitaler Medien in den Unterricht muss zeitlich neben dem Unterrichtsgeschehen erfolgen. Aus diesem Grund sind Lehrer immer glücklich, wenn Schulbuchverlage digitales Unterrichtsmaterial anbieten können, welches sich im Unterricht auch gut einsetzen lässt. Wie bereits mehrfach beschrieben, mangelt es aber an digitalem Unterrichtsmaterial seitens der Verlage.

An dieser Stelle muss man die Verlage aber auch in Schutz nehmen, denn Unterrichtsgestaltung ist in erster Linie die Aufgabe von Lehrern. D. h., Lehrer gestalten in der Regel ihr eigenes Material, auch wenn sie zeitlich nicht in der Lage sind, der immer schneller fortschreitenden Digitalisierung zu folgen. Dadurch erfinden wir das Rad aber immer wieder neu – an dieser Stelle werden zu viele Ressourcen verbraucht. Mit einer Philosophie des Teilens könnte viel mehr Unterrichtsmaterial produziert werden – digitale Grundlage dafür müsste eine Unterrichtsplattform sein, auf der alle Lehrer ihre Dokumente ablegen und tauschen können. Die erste Frage bei Fortbildungen ist immer die Nachfrage nach Unterrichtsmaterial für den Einsatz von BYOD, Cloud, Apps, Robotern, Virtual-Reality-Brillen usw. Aus diesem Grund finden Sie im folgenden Kapitel einige Unterrichtsbeispiele von Kolleginnen und Kollegen sowie auch von mir.

---

### Zusammenfassung Unterrichtsmaterialien

- Schulbuchverlage benötigen Unterstützung (Risikokapital, Human Resources) für die Gestaltung digitaler Medien – sie sind dieser Aufgabe alleine nicht gewachsen.
- Die Lizenzverwaltung digitaler Medien muss zentral – dort, wo auch die Benutzerverwaltung einer SmartSchool stattfindet – erfolgen.
- Das Nutzungsrecht muss für Schule anders geregelt werden – es darf kein Verhinderer im Bildungsprozess sein.
- Eine vorstrukturierte landes- oder bundesweite Lernplattform mit vom Ministerium erstellten Unterrichtsinhalten für alle Schulformen könnte die Zukunftsplattform für alle Lehrer werden.

# Literatur

1. Makowsky M (2016) Unterrichten mit dem NAO. LPE Technik, Eberbach
2. NPG Digital GmbH (2019) Projekt Pfuhler Schüler schreiben Lehrbuch. https://www.swp.de/suedwesten/staedte/neu-ulm/pfuhler-schueler-schrei-ben-lehrbuch-29060719.html. Zugegriffen: 30. März 2019
3. Duffer E (2017) Microsoft digital bookstore launching next month. https://www.forbes.com/sites/ellenduffer/2017/03/31/microsoft-digi-tal-bookstore-launching-next-month/#6fedadb867c0. Zugegriffen: 30. März 2019
4. Microsoft Corporation https://education.microsoft.com/. Zugegriffen: 30. März 2019
5. Top 200 tools for learning 2018. https://www.toptools4learning.com/home/. Zugegriffen: 13. Apr. 2019
6. Kahoot! https://kahoot.com/. Zugegriffen: 14. Apr. 2019
7. Padlet https://de.padlet.com/. Zugegriffen: 14. Apr. 2019
8. Quizlet Inc. https://quizlet.com/de. Zugegriffen: 14. Apr. 2019
9. duoLingo https://de.duolingo.com/. Zugegriffen: 14. Apr. 2019
10. Microsoft Corporation https://sway.office.com/. Zugegriffen: 14. Apr. 2019
11. The Simpleshow Company S.A. https://simpleshow.com/de-de/. Zugegriffen: 14. Apr. 2019

# 9

# Unterrichtsbeispiele

**Zusammenfassung** Unterrichtsbeispiele mit digitalen Medien finden sich natürlich in Schulbüchern – vorzugsweise in digitalen Schulbüchern – und im Internet. Das Kapitel bietet einige Beispiele, wie Unterricht mit verschiedenen digitalen Medien (Tablet, Lernplattform, Sway, VR-Brillen, Icaros, Robotern) in den Fächern Physik, Gesellschaftslehre, Politik, Sport, Büroprozesse und Programmierung gestaltet w erden könnte.

In diesem Kapitel möchte ich Ihnen einige Unterrichtsbeispiele anbieten, die Sie für Ihren Unterricht adaptieren können. Die Original-Arbeitsblätter finden Sie auf der Produktseite des Buchs als OnlinePlus unter https://www.springer.com/de/book/9783658248727. Sie sind nur online verfügbar.

## 9.1 Robotik

Das Unterrichtsbeispiel aus dem Themenbereich Robotik entstand nach einer Anfrage zur Teilnahme an einem Wettbewerb. Die Klasse hatte vorher keine Erfahrungen im Umgang mit und in der Programmierung von Robotern gemacht. Das Unterrichtsbeispiel bzw. die Teilnahme am

© Springer Fachmedien Wiesbaden GmbH, ein Teil von Springer Nature 2019 **217**
D. Steppuhn, *SmartSchool – Die Schule von morgen,*
https://doi.org/10.1007/978-3-658-24873-4_9

Wettbewerb wurde schulseitig als Projekt konzipiert und hatte einen Zeitaufwand von ca. 35 Unterrichtsstunden.

Aus dem Wettbewerb heraus wurde für die Schule ein fächerübergreifendes Projekt realisiert. Kernfach für das Projekt war das Fach Anwendungsentwicklung, ergänzt durch die Fächer Deutsch, Englisch, Gesellschaftslehre und IT-Systeme. Da zum Zeitpunkt des Wettbewerbs nur ein LEGO®-Roboter zur Verfügung stand, erstellten die Schüler selbstständig Gruppen, die sich um die verschiedenen Aufgaben kümmern sollten. In einem späteren Durchgang mit einer anderen Klasse standen vier LEGO®-Roboter zur Verfügung. In diesem Durchgang wurden dann vier Gruppen gebildet, die in einem Schul-Wettbewerb gegeneinander antraten. Die beteiligten Lehrer gehörten keinem Team an, sie sollten den Projektverlauf neutral beobachten und steuern. Auf einer gemeinsamen Auftaktveranstaltung mit allen beteiligten Lehrern erfuhr die Klasse die Aufgabe sowie den dazu passenden Zeitplan.

Das Projekt kann mit klassischen (LEGO®-Mindstorm) wie auch mit humanoiden Robotern (NAO) durchgeführt werden. Die Klassen erhalten für ihre Projektarbeit – dazu gehören die Dokumentation, ein Projekttagebuch, die Projektmitarbeit und die Challenge – eine gemeinsame Note, die eine Teilnote in der Jahresbewertung darstellt. In Ausnahmefällen darf die Note für einzelne Teilnehmer von der Gesamtnote der Klasse abweichen (bspw. lange Krankheit, mangelnde Arbeitsbereitschaft etc).

Die grundsätzliche Aufgabe besteht darin, einen Roboter so zu programmieren, dass er automatisiert in möglichst kurzer Zeit ein Spielfeld reinigt bzw. aufräumt. Dabei sollen alle herumliegenden LEGO®-Steine gesammelt und in einen Start-Ziel-Bereich zurückgebracht werden. Das Spielfeld ist zwei Meter breit und vier Meter lang. In der Mitte stehen als Hindernis noch ein Tisch oder ein anderes Störelement.

Der Roboter muss sich vom Start der Aufgabe bis zum Beenden ohne manuelle Eingriffe frei und selbstständig bewegen. Dabei muss er Hindernisse wie bspw. die Tischbeine erkennen und umfahren. Der Bereich des Spielfeldes ist durch eine farbige Markierung in Form eines schwarzen Klebebandes abgetrennt. Im Spielbereich liegen 100 LEGO®-Steine unsortiert herum. Bei den Steinen handelt es sich um LEGO® System Vier-Knopf-Steine in unterschiedlichen Farben. Der Roboter soll so viele Steine wie möglich innerhalb von vier Minuten in den Zielbereich bringen und dort ablegen. Zum Schluss soll auch der Roboter im Zielbereich ankommen und dort stehen bleiben. Jedes Team hat bis zu vier Minuten Zeit.

Medial arbeiten die Klassen mit BYOD, der Lernplattform Office 365, den Programmen Word, OneNote oder Teams, einem Mind-Manager, einem Videobearbeitungsprogramm, dem Internet als Wissensbasis und den Robotern. Das Unterrichtsbeispiel liegt als PDF-Datei vor (EGB Roboter Challenge). Sie finden es auf der Produktseite des Buchs als OnlinePlus unter https://www.springer.com/de/book/9783658248727. Es ist nur online verfügbar.

## 9.2 Arbeitsplatzgestaltung

Im Bildungsgang Kaufleute für Büromanagement gibt es in der Unterstufe im Lernfeld 2 die Lernsituation Arbeitsplatzgestaltung. Dieses Thema wurde angepasst auf die neue Begrifflichkeit SmartOffice. Mithilfe eines Advance Organizers erfolgt der inhaltliche Einstieg in das Thema. Danach wird im Dialog über eine Mindmap der bisherige Wissensstand der Klasse ermittelt und dokumentiert.

Im Anschluss erhalten die Schüler ein erstes Arbeitsblatt und werden in Gruppen aufgeteilt. Nach Abschluss der arbeitsteiligen Phase präsentieren alle Gruppen ihre Ergebnisse und stehen für Fragen der anderen Gruppen zur Verfügung. Ziel dieser Arbeitsphase ist die Bildung von Fachgruppen, d. h., jede Gruppe hat sich jeweils auf ein Thema konzentriert und besteht somit aus lauter Spezialisten.

Jetzt werden die Gruppen neu gemischt und das Arbeitsblatt 2 bearbeitet. Die Gruppen arbeiten nun in einer Konkurrenzsituation, da sie die gleiche Aufgabe für die Gestaltung, Kalkulation, Präsentation und Begründung ihrer Büros haben. Für den Wettbewerb musste zusätzlich ein Video angefertigt werden. Nach Abschluss dieser Phase präsentieren alle Gruppen ihre Ergebnisse und stehen für Fragen der anderen Gruppen zur Verfügung.

Diese Aufgabe kann durch das Hinzufügen weiterer Lernorte wie bspw. von Ausbildungsbetrieben oder durch Teilnahme an Wettbewerben erweitert werden. Thematisch kann die Aufgabe durch die Erstellung von SmartHomes oder einer SmartSchool oder durch die Hinzunahme eines Work-Life-Balance-Konzepts ausgeweitet und/oder weiter individualisiert werden.

Medial arbeiten die Klassen mit BYOD, der Lernplattform Office 365, den Programmen Word, OneNote oder Teams, einem Mind-Manager, einem Videobearbeitungsprogramm, dem Internet als Wissensbasis und den Robotern. Das Unterrichtsbeispiel liegt als PDF-Datei vor (EGB Roboter Challenge). Sie finden es auf der Produktseite des Buchs als OnlinePlus unter https://www.springer.com/de/book/9783658248727. Es ist nur online verfügbar.

Der Advance Organizer liegt als Xmind-Datei (Mindmap Arbeitsplatzgestaltung) und die Arbeitsblätter liegen als PDF-Dateien vor (EGB Übungsaufgaben Arbeitsplatzgestaltung und EGB Arbeitsblatt Raumgestaltung.) Zusätzlich finden Sie eine PowerPoint-Präsentation der Klasse AKBT0317 (Präsentation SmartLife AKBT0317 Finale) zu diesem Thema vor, welche für den Wettbewerb „SmartHome – Wohnen neu denken" von der Klasse gestaltet wurde und ein mehr als vorzeigbares Lernergebnis darstellt. Sie finden diese Unterlagen auf der Produktseite des Buchs als OnlinePlus unter https://www.springer.com/de/book/9783658248727 vor. Das Material ist nur online verfügbar.

## 9.3 Physik

Das Unterrichtsbeispiel befasst sich thematisch mit Kinematik, der Lehre von der Bewegung von Körpern im Raum anhand der Problematik von Berufspendlern, und ist eine selbstlernende Unterrichtseinheit aus dem Fach Physik für die Höhere Berufsfachschule. Sie beinhaltet Links, Grafiken, Formulare, erstellt mit Microsoft Forms, und weitere Arbeitsblätter.

Medial arbeiten die Klassen mit BYOD, der Lernplattform Office 365, dem Internet als Wissensbasis und dem Programm Sway. Das Unterrichtsbeispiel liegt als Sway-Datei vor: https://sway.office.com/yP0zGhmVosfbHkLF?ref=Link

## 9.4 eSports

Das Unterrichtsbeispiel befasst sich mit dem Thema „eSports mit Virtual-Reality-Brille – In der virtuellen Spielewelt bestehen wir dank unserer realen Wahrnehmung". Es kamen vier elektronische Spiele und vier unterschiedliche Virtual-Reality-Brillen verschiedener Hersteller zum Einsatz:

- Deep/Icaros in Verbindung mit einem Samsung SmartPhone und der Oculus Gear
- Audioshield/HTC Vive-Brille
- Eleven Table Tennis/Oculus Rift-Brille
- Danger Ball/Sony VR-Brille.

Das Unterrichtsvorhaben wird durch die Rahmenvorgaben für den Schulsport Nordrhein-Westfalen sowie den Bildungsplan zur Erprobung des Fachs Sport/Gesundheitsförderung der Anlage A (Duales System) legitimiert. Leitende Bedeutung haben jeweils die pädagogischen Perspektiven bzw. Anforderungssituationen, die die Wahrnehmungsschulung fokussieren.

Medial arbeiten die Klassen mit BYOD, der Lernplattform Office 365, den Virtual-Reality-Brillen Oculus Rift, Oculus Gear, HTC Vive und Sony Virtual-Reality-Brille sowie zwei Icaros-Fitnessgeräten.

Das Unterrichtsbeispiel liegt als PDF-Datei (eSports mit VR-Brille – Beschreibung) auf der Produktseite des Buchs als OnlinePlus unter https://www.springer.com/de/book/9783658248727 vor. Es ist nur online verfügbar.

## 9.5 P@P – Pänz an die PCs

Die Grundschüler aus dem P@P-Projekt besuchen das Erich-Gutenberg-Berufskolleg einmal wöchentlich. Das Unterrichtsbeispiel beschreibt eine Routenplanung, nämlich den Schulweg der Grundschüler von ihrer Schule zum Erich-Gutenberg-Berufskolleg. Der Weg ist hierbei austauschbar. Die Grundschüler erkunden durch die Routenplanung gefährliche Straßenübergänge mit und ohne Ampeln oder Straßenbahn-Übergänge.

Medial arbeiten die Schüler mit einem Computer oder BYOD, Bing Maps und einem Farbdrucker.

Das Unterrichtsbeispiel liegt als PDF-Datei (PAP Routenplanung Internet) auf der Produktseite des Buchs als OnlinePlus unter https://www.springer.com/de/book/9783658248727 vor. Es ist nur online verfügbar.

## 9.6 Politik und Gesellschaftslehre

Das erste Unterrichtsbeispiel stammt aus dem Fach Politik und Gesellschaftslehre aus dem Bildungsgang für Kaufleute im E-Commerce, es lässt sich aber auch ohne Anpassungen in anderen Bildungsgängen einsetzen. Inhaltlich behandelt es den Themenbereich Sicherung und Weiterentwicklung der Demokratie durch Partizipation – Mitwirkung und Mitbestimmung im Betrieb als demokratisches Handeln. Die Unterrichtseinheit ist selbstlernend konzipiert und leitet die Schüler anhand eines Beispiel-Unternehmens durch das Thema Gründung eines Betriebsrats und Jugend- & Auszubildendenvertretung.

Das zweite Unterrichtsbeispiel stammt ebenfalls aus dem Fach Politik und Gesellschaftslehre aus dem Bildungsgang für Kaufleute im E-Commerce, es lässt sich aber auch mit wenigen Änderungen in weiteren Teilzeit- Bildungsgängen in einer Berufsschule einsetzen. Inhaltlich behandelt es den Themenbereich *Spannungsfeld von individueller Freiheit und gesellschaftlicher Verantwortung – Betriebliche Handlungszusammenhänge.* Die Unterrichtseinheit ist selbstlernend konzipiert und leitet die Schüler anhand eines Beispiel-Unternehmens durch das Thema Auswahl eines Auszubildenden für den Ausbildungsberuf Kaufleute für E-Commerce.

Medial arbeiten die Schüler mit einem Computer oder BYOD und dem Internet.

Die Unterrichtsbeispiele liegen als Sway-Datei und als Link vor:
http://www.PolitikLF1.jimdofree.com
https://sway.office.com/l9Gaj81Kb7bAugmented%20RealityHPh?ref=Link

## 9  Unterrichtsbeispiele   **223**

---

### Zusammenfassung Unterrichtsbeispiele

- Es gibt wahrscheinlich viele tausend gute Unterrichtsbeispiele aus unseren Schulen – hier wäre eine zentrale Lernplattform sinnvoll, die diese Unterrichtsinhalte teilt.

# 10

# Wettbewerbe

**Zusammenfassung** Wettbewerbe bieten enorme Chancen für Schulen sich weiterzuentwickeln. Sie bieten die Möglichkeit, durch die Erstellung umfangreicher Bewerbungsunterlagen, die eigene Schule „neu kennenzulernen" bzw. sie auch einem anderen Blickwinkel zu betrachten. Für Schüler stellen Wettbewerbe eine besondere Herausforderung dar – Schüler und Klassen gehen in solchen Unterrichtsphasen oft über sich hinaus und vergessen, dass sie eigentlich „normalen Unterrichtsstoff" abarbeiten und sich weiterhin in einer Leistungsbewertung befinden. Im Kapitel finden Sie Kurzbeschreibungen verschiedener Wettbewerbe – die Auflistung ist nicht vollständig.

Wettbewerbe sind einzigartige Möglichkeiten, den Unterrichtsalltag zu verlassen und über den Tellerrand zu blicken. Des Weiteren bieten sie die Chance für Motivationssteigerungen bei den Schülern – und auch bei den Lehrern –, die man im normalen Unterrichtsalltag nicht erzielt.

Im Idealfall nimmt man an Wettbewerben teil, die inhaltlich auch zum Lehrplan passen. Das spart viele Rechtfertigungen gegenüber den Eltern, den Lehrern, der Schulleitung, den Bildungsgangleitern, den Ausbildungsbetrieben etc.

© Springer Fachmedien Wiesbaden GmbH, ein Teil von Springer Nature 2019    **225**
D. Steppuhn, *SmartSchool – Die Schule von morgen,*
https://doi.org/10.1007/978-3-658-24873-4_10

Wettbewerbe bieten auch die Chance, den eigenen Unterricht oder die Schule aus einem anderen Blickwinkel zu sehen. Wenn Sie an einem Wettbewerb teilnehmen, müssen Sie sehr oft auf Fragen antworten, die Sie zwar bereits kennen, aber bisher nie so ausführlich beantwortet und begründet haben. Diese Form der Evaluation bietet viele Chancen, Ihren Unterricht oder Ihre Schule neu zu bewerten und offen zu sein für Veränderungen oder neue Ideen.

Aus diesem Grund liebe ich Wettbewerbe. Sie bieten darüber hinaus nicht nur die Möglichkeit, eventuell auch zu gewinnen und damit eine Bestätigung für die eigene Arbeit, den Unterricht oder die Schule zu erhalten, sondern auch Preisgelder. Damit können sich SmartSchools ein eigenes kleines Budget aufbauen, um kurzfristig Projekte zu finanzieren!

Daher möchte ich Ihnen die aus meiner Sicht wichtigsten Wettbewerbe kurz vorstellen und Sie ermuntern, mit Ihren Klassen oder Ihrer Schule daran teilzunehmen. Egal ob Sie direkt ausscheiden, später ausscheiden oder am Ende sogar siegen – Sie werden allein durch Ihre Teilnahme schon gewinnen!

**Deutscher Schulpreis**

Bedeutung: Hierbei handelt es sich um einen Wettbewerb, der viel Arbeit verursacht. Die Bewerbung muss sechs vorgegebene Qualitätsbereiche beinhalten, die Bewerbung darf aber max. nur 12 Seiten Umfang haben. Dazu gehören Leistung, Umgang mit Vielfalt, Unterrichtsqualität, Verantwortung, Schulklima, Schulleben und außerschulische Partner sowie die Schule als lernende Institution (Stand 03/2019). Der Wettbewerb ist aber die beste Möglichkeit, Ihre Schule neu kennenzulernen. Sie werden danach wissen, wo sie Stärken und wo sie Schwächen hat. Sie werden sehen, wo Sie innerhalb der Schule gut zusammenarbeiten und wo nicht. Die Themen Fortbildung, Evaluation, Unterrichtsentwicklung, Digitalisierung, Kommunikation und Transparenz werden Sie danach in einem anderen Licht sehen, und allein aufgrund der Teilnahme können Sie an Ihrer Schule viele Prozesse in Gang setzen. Damit die Teilnahme (nicht unbedingt der Sieg) gelingt, benötigen Sie ein gutes Team, welches sich um die Bewerbung und um die Unterstützung im Kollegium kümmert. Themenschwerpunkte sind derzeit Migration, Integration und pädagogische Konzepte. Die

Bedeutung der Digitalisierung für die Gesellschaft und auch für Schulen ist in diesem Wettbewerb noch nicht angekommen.

Veranstalter: Robert Bosch Stiftung
Preisgeld: sehr hoch, bis zu 100.000 EUR für die Siegerschule, Arbeitsaufwand: sehr hoch
Adresse: http://schulpreis.bosch-stiftung.de/content/language1/html/index.asp
Zyklus: jährlich

## Deutscher Arbeitgeberpreis

Bedeutung: Der Deutsche Arbeitgeberpreis ist auch recht umfangreich, behandelt aber meist einen jährlich wechselnden Themenschwerpunkt. Gesucht werden Projekte aus den vier Kategorien frühkindliche, schulische, berufliche und hochschulische Bildung.

Veranstalter: Bundesvereinigung der Deutschen Arbeitgeberverbände (BDA)
Preisgeld: hoch, bis zu 10.000 EUR
Arbeitsaufwand: hoch
Adresse: https://www.arbeitgeber.de/www%5Carbeitgeber.nsf/id/DE_Arbeitgeberpreis_fuer_Bildung
Zyklus: jährlich

## Schulewirtschaft – Das hat Potenzial

Bedeutung: Der Preis Schulewirtschaft bietet vier inhaltliche Kategorien an, an denen man teilnehmen kann. In der Kategorie Unternehmen werden Betriebe ausgezeichnet, die sich für die beruflichen Perspektiven von Jugendlichen engagieren. In der Kooperation Schule/Unternehmen werden Projekte ausgezeichnet, die die digitale Bildung junger Leute fördern. In der Kategorie Schulbuch werden Bücher ausgezeichnet, die Verständnis und Begeisterung für ökonomische Zusammenhänge wecken. In der Kategorie Schulewirtschaft-Starter werden Unternehmen ausgezeichnet, die sich für den Übergang von der Schule in die Arbeitswelt engagieren, aber noch nicht im Schulewirtschaft-Netzwerk mitarbeiten.

Veranstalter: Schulewirtschaft Deutschland
Preisgeld: kein Preisgeld
Arbeitsaufwand: hoch
Adresse: https://www.arbeitgeber.de/www%5Carbeitgeber.nsf/id/DE_
Arbeitgeberpreis_fuer_Bildung
Zyklus: jährlich

## Bitkom Smartschool

Bedeutung: Der Wettbewerb SmartSchool des Bitkom-Verbandes ist recht neu, aber auch sehr umfangreich gestaltet. Themenschwerpunkt ist die Digitalisierung. Die Bewerbung besteht aus vier Teilen, in denen die Rahmendaten für digitales Lernen aufgelistet werden, das Konzept oder die Vision der Schule vorgestellt werden, die Aufzählung der Partner der Schule erfolgt, die diese Vision mittragen wollen und alle Projektbeteiligten beschrieben werden.

Veranstalter: Bitkom Verband
Preisgeld: kein Preisgeld, dafür konzeptionelle Unterstützung
Arbeitsaufwand: hoch
Adresse: https://www.arbeitgeber.de/www%5Carbeitgeber.nsf/id/DE_
Arbeitgeberpreis_fuer_Bildung
Zyklus: jährlich

## Wirtschaftswerkstatt der Schufa AG

Bedeutung: Dieser Wettbewerb ist auch sehr umfangreich gestaltet. Das Thema wechselt jährlich. Der Wettbewerb besteht aus zwei Teilen, einer umfangreichen Dokumentation über ein Schul- oder Klassen-Projekt zum aktuellen Thema sowie einer zehnminütigen Präsentation im Finale in Berlin.

Veranstalter: Schufa Holding AG, betreut wird der Wettbewerb von der Agentur helliwood aus Berlin
Preisgeld: niedrig, 500 EUR
Arbeitsaufwand: sehr hoch
Adresse: https://www.wirtschaftswerkstatt.de/
Zyklus: jährlich

## DigiYou

Bedeutung: Dieser Wettbewerb wird gefördert von der NRW.Bank. Das Thema ist relativ offen, man soll eine Projektidee aus dem Themenbereich Digitalisierung einreichen. Das kann vom selbstprogrammierten Roboter bis zu hin zu Comic-Projekten reichen. Der Wettbewerb besteht aus zwei Teilen, einer ersten schriftlichen Bewerbung über ein Schul- oder Klassen-Projekt zu einem Thema aus dem Bereich Digitalisierung sowie, falls man es ins Finale schafft, aus einer dreiminütigen Präsentation.

Veranstalter: Die Bildungsgenossenschaft Beste Chancen für alle eG
Preisgeld: niedrig, 500 bis 1500 EUR
Arbeitsaufwand: mittel
Adresse: http://digiyou.de/der-wettbewerb/
Zyklus: jährlich

## Kölnische Rundschau Webbewerb

Bedeutung: Der Wettbewerb besteht aus einer Web-Rallye. Gespielt werden drei Runden und eine Endausscheidung. Eine Runde besteht aus fünf Fragenkomplexen, welche wiederum aus mehreren Teilfragen bestehen.

Veranstalter: Kölnische Rundschau
Preisgeld: niedrig, 500 bis 2000 EUR
Arbeitsaufwand: gering
Adresse: https://www.rundschau-online.de/thema/koeln/webbewerb
Zyklus: jährlich

---

**Zusammenfassung Wettbewerbe**

- Wettbewerbe machen Spaß.
- Wettbewerbe erweitern den Unterrichtsalltag und ermöglichen einen Blick über den Tellerrand.
- Wettbewerbe bieten die Chance, den eigenen Unterricht oder die Schule aus einem anderen Blickwinkel zu sehen.
- Wettbewerbe ermöglichen (bei erfolgreichem Abschneiden) ein eigenes Budget.
- Viele Wettbewerbsteilnahmen zeichnen eine SmartSchool aus.

# 11

# Datenschutz und Datensicherheit

**Zusammenfassung** Das Kapitel befasst sich mit grundlegenden Auswirkungen der DSVGO auf den öffentlichen Auftritt von Schulen in Form von einem Impressum und einer Datenschutzerklärung. Regelungen zum Datenschutz lassen sich in einer Schule per Schulordnung oder einer Nutzungsordnung hinterlegen. Die Nutzung und die Erstellung eines Verfahrensverzeichnisses wird dann notwendig, wenn man in der Schule einen Cloudanbieter einsetzen möchte.

Die Menge an digitalen Medien nimmt von Tag zu Tag zu, und immer mehr davon werden in den Schulalltag eingebunden.

Arbeitet man schulintern mit den ersten digitalen Projekten, vernachlässigt man zu Beginn häufig den Datenschutz. Doch je digitalisierter die Schule wird, desto wichtiger wird das Thema. Das Thema Datenschutz hat mittlerweile jedoch solch eine Relevanz und Komplexität erreicht, dass man für eine vollständige Umsetzung eigentlich Jura studiert haben und den Beruf des Juristen ausüben müsste. Die Konsequenzen bei Missachtung der Vorgaben können für jedwede Institution und natürlich auch eine Schule sehr negative Folgen haben, insbesondere für den Schulleiter, der für alle Schulaktivitäten den Kopf hinhalten muss. Dieses Kapitel wird Ihnen deshalb keine datenschutzrechtliche Absicherung,

© Springer Fachmedien Wiesbaden GmbH, ein Teil von Springer Nature 2019
D. Steppuhn, *SmartSchool – Die Schule von morgen,*
https://doi.org/10.1007/978-3-658-24873-4_11

## 232          D. Steppuhn

sondern nur ein paar anregende Tipps bieten können. Erstellen Sie für Ihre Schule eine Schulordnung, in die Sie eine entsprechende Ordnung für das Arbeiten mit digitalen Geräten integrieren. Die Schulordnung muss von ihren Schülern oder deren gesetzlichen Vertretern akzeptiert und unterschrieben werden. Für die Nutzung der IT-Infrastruktur haben viele Schulträger bereits Verordnungen erstellt. Bei Fragen zu besonderen, nicht geklärten Sachverhalten ziehen Sie einen Datenschutzbeauftragten hinzu. Datenschutzbeauftragte handeln in der Regel sehr vorsichtig und werden Ihnen im Zweifel immer von Ihrem Vorhaben abraten. Das verhindert oft Fortschritt und Entwicklung in der Schule. Viele Schulen gehen an dieser Stelle einen alternativen Weg, sie setzen Projekte um und schaffen Fakten und passen das Umfeld erst später datenschutzrechtlich an. Ob dieses Vorgehen empfehlenswert ist, sei dahingestellt. Es beinhaltet sicher das ein oder andere Risiko.

Für das Unterrichten mit BYOD sollten mit den Schülern oder deren gesetzlichen Vertretern zusätzliche Vereinbarungen getroffen werden. Gerade BYOD verführt die Schüler schnell dazu, den Unterricht in irgendeiner Form aufzuzeichnen und ins Internet zu stellen. Das darf nicht sein – Schule und Unterricht müssen geschützter Raum bleiben, sowohl für die Schüler als auch für die Lehrer! Das Veröffentlichen von Material ohne Zustimmung der Beteiligten stellt ein Strafdelikt dar – das muss allen Beteiligten klar sein oder klargemacht werden. Vor Einführung von BYOD muss dieser Themenbereich mit der Klasse besprochen werden, müssen ihr die Konsequenzen von Fehlverhalten bekannt und diese auch verstanden worden sein.

Eine besondere Berücksichtigung des Datenschutzes bedingen öffentliche Auftritte einer Schule durch eine Homepage oder Aktivitäten in Social-Media-Kanälen wie Facebook, Google+, LinkedIn oder Xing. Hier müssen auf der Grundlage der neuen DSGVO die Seiteninhalte angepasst werden, insbesondere das Impressum und Materialien, die dem Urheberrechtsschutz unterliegen.

Ein Impressum sollte mindestens die folgenden Informationen beinhalten:

Impressum:
Name der Schule

## 11 Datenschutz und Datensicherheit        233

Schulleitung:
Namen der Schulleitung und der Vertretung
Anschrift und Mailadresse

Schulträger (Diensteanbieter im Sinne des TDG):
Bezeichnung (z. B. Kommune, Landkreis, Bundesland etc.)
vertreten durch: (Bürgermeister, Landrat etc.)
Anschrift und Mailadresse

Desweiteren sollte eine Datenschutzerklärung hinzugefügt werden. Da die Datenschutzerklärung recht umfangreich ausfallen kann, sollten Sie diese Erklärung durch eine rechtlich versierte Person oder Institution prüfen oder erstellen lassen. Im Internet finden Sie dazu viele Vorlagen, wie bspw. ein Impressum oder eine Datenschutzerklärung aussehen könnten [2]. Passen Sie die Erklärungen auf Ihre Schule an. Nützlich sind an dieser Stelle auch entsprechende Generatoren, die mit ihren Daten solche individuellen Datenschutzerklärungen automatisch erstellen [3]. Eine rechtssichere Beratung können Sie sicherlich auch bei Ihren Schulträgern erhalten.

**Generatoren für Datenschutzerklärungen**
(Auswahl, Zugriff 31.03.2019)

- https://lehrerfortbildung-bw.de/st_recht/daten/ds_neu/online/impress/
- https://www.e-recht24.de/impressum-generator.html
- https://it.kultus-bw.de/,Lde/Startseite/IT-Sicherheit/Datenschutz+an+Schulen?SORT=2&REVERSE=true

Setzen Sie in Ihrer Schule auch Plattformen wie bspw. Office 365 ein, dann sollten bzw. müssen Sie auch ein Verfahrensverzeichnis erstellen und es an Ihren Schulträger weiterleiten. Auch Vorlagen für Verfahrensverzeichnisse finden Sie im Internet, beispielsweise unter folgendem Link (Zugriff 31.03.2019): https://lehrerfortbildung-bw.de/st_recht/daten/ds_neu/verfahren/verz/index.html

Im Verfahrensverzeichnis wird dokumentiert, wie Sie mit den eingesetzten Daten der Plattform umgehen, bspw. wann Sie Benutzerkonten

## 234    D. Steppuhn

löschen oder welche privaten Daten der Schüler Sie einsetzen, bspw. bei der Bezeichnung der Benutzer-Accounts.

**Musterbeispiel Verfahrensverzeichnis**
Ein mögliches Verfahrensverzeichnis in Anlehnung an das DSG NRW §8 könnte wie folgt aussehen:

1. 1 bis 3: Name, Firma, Anschrift, Verantwortliche
2. Ansprechpartner des Clouddienstes
3. Ansprechpartner der Schule
4. Zweckbestimmungen der Datenverarbeitung
   - In der Zweckbestimmung wird der Grund Datenverarbeitung der in 1–3 genannten Partner beschrieben. In einer Schule könnte der Grund bspw. in der gemeinsamen Kollaboration und Kommunikation zwischen Schülern und Lehrkräften liegen.
   - Nutzt man bspw. einen Clouddienst, dann sollte man die Art und Weise beschreiben, wie die Dienste des Anbieters in der Schule genutzt werden. Das könnte bspw. wie folgt aussehen:
   - Das Schulportal besitzt einen getrennten Schüler- und Lehrerbereich.
   - Im Schüler-, bzw. im Klassenbereich werden inhaltlich Unterrichtsmaterialien zwischen Schüler und Lehrer ausgetauscht, über Mail kommuniziert und im Kalender Unterrichtstermine festgelegt (Klassenarbeiten, Abgabe von Hausaufgaben). Im Lehrerbereich steht ein Infoboard, eine Raumbuchung, Dokumentenaustausch, Mail und ein didaktischer Wizard zur Verfügung. Der Zugang zu den Bereichen ist nur über eine individuelle Authentifizierung über ein komplexes Passwort möglich. Alle Lehrer wurden darüber aufgeklärt und angewiesen, keine personenbezogenen Daten in der Cloud des Anbieters zu speichern.
5. Personengruppen und Daten(kategorien)
   - In diesem Abschnitt werden die teilnehmenden Personengruppen beschrieben sowie die genutzten Datenbereiche. Hier sollten bspw. die eingesetzten Namenskonventionen für Schüler, Lehrer, Gruppen und auch der Namensraum der Schule festgehalten werden.

11 Datenschutz und Datensicherheit 235

- Schüler-Konten (Namenskonvention) werden bspw. eingerichtet über den Vornamen und den ersten Buchstaben des Nachnamens und haben den Suffix der Schuldomäne: maxm@xyz.local
6. Empfänger(kategorien) alle Schüler und Lehrer
7. Regelfristen für Datenlöschung
Die Schüler- und Klassendaten werden nach Abgang von der Schule bzw. nach Auflösung automatisch gelöscht. Lehrerkonten werden nach Ausscheiden bzw. Wechsel von der Schule gelöscht. Alle erstellten Dokumente der Betroffenen werden nach dem Ausscheiden aus der Schule gelöscht.
8. Geplante Übermittlung in Drittstaaten
Für diesen Punkt sollte man sich erkundigen, ob Datenübermittlungen an Drittstaaten durch den Anbieter stattfinden und inwieweit das den deutschen Datenschutzgesetzen entspricht oder entgegenläuft. Hinweis: speichern Sie keine personenbezogenen Daten in der Cloud ab!
9. Beschreibung der Datensicherungsmaßnahmen
Hier sollten die Datensicherungsmaßnahmen des Cloud-Anbieters und die Datensicherungsmaßnahmen der Schule beschrieben werden.

Sollten Sie das Thema Datenschutz und Datensicherheit inhaltlich für den Unterricht in die Schule tragen, dann empfehle ich Ihnen eine Kooperation mit dem Verein „Daten sicher im Netz" [1]. Der Verein Deutschland sicher im Netz ist ein gemeinnütziges Bündnis unter der Schirmherrschaft des Bundesministeriums des Innern, für Bau und Heimat mit dem Ziel, Verbraucher und kleine Unternehmen im sicheren Umgang mit der digitalen Welt zu unterstützen. Im Fall einer Kooperation können Sie auf sehr gut aufbereitetes Unterrichtsmaterial zugreifen und es im Unterricht einsetzen. Das Unterrichtsmaterial besteht aus Präsentationen, Arbeitsblättern, verschiedenen Quiz-Angeboten, Plakaten und Apps. Lösungsmaterialien für Lehrer sind beigefügt.

Das Thema Datensicherheit gehört eher in den Bereich der Basistechnologien und sollte dort verankert werden. Die Technologien dafür spiegeln sich im Einsatz von Firewalls, Webfiltern und Back-up-Techniken wider. Es handelt sich um „unsichtbare" Techniken, die unverzichtbar sind, aber meist unbemerkt im Hintergrund laufen.

Support-Teams in Schulen sollten sich diesen Themenbereichen annehmen und eine schul-individuelle Umsetzung realisieren. Schüler und Lehrer sollten diese Techniken im Normalfall überhaupt nicht „zu Gesicht" bekommen. Sichtbar sollen diese Techniken nur im Ernstfall sein, d. h. bei einem Virenbefall, bei einem Zugriffsversuch auf gesperrte Webseiten oder bei der Notwendigkeit, verlorene oder versehentlich gelöschte Dateien wiederzuerlangen.

---

**Zusammenfassung Datenschutz und Datensicherheit**

- Je mehr Digitalisierung in SmartSchools stattfindet, desto wichtiger werden der Datenschutz und die Datensicherheit.
- SmartSchools sollten externe Hilfe (beispielsweise von einem Datenschutzbeauftragten oder dem Verein „Deutschland sicher im Netz" u. a.) bei der Umsetzung von Datenschutz und Datensicherheit in Anspruch nehmen, um den Schülern und Lehrern eine rechtssichere Arbeitsumgebung anbieten zu können.
- Damit deutsche Schulen im Zeitalter der Globalisierung konkurrenzfähig mit ausländischen Schulen bleiben, müssen Datensicherheit und Datenschutz professionell in die zukünftige Entwicklung von SmartSchools eingebunden sein, sie dürfen sich aber nicht zu einem Hemmschuh für die zukünftige Entwicklung von SmartSchools entwickeln.

---

# Literatur

1. Deutschland sicher im Netz e. V. https://www.sicher-im-netz.de/. Zugegriffen: 31. März 2019
2. Roda-Schule Förderschule Geistige Entwicklung – Städteregion Aachen. http://www.roda-schule.de/datenschutzerklaerung.html. Zugegriffen: 13. Apr. 2019
3. Rechtsanwaltskanzlei Dr. Thomas Schwenke. https://datenschutz-generator.de/. Zugegriffen: 13. Apr. 2019

# 12

# Treiber der Zukunft – Robotik, Künstliche Intelligenz, Big Data, Virtual Reality/ Augmented Reality und 3D

**Zusammenfassung** Das Kapitel gibt einen Ausblick über die Bedeutung der Treiber der Digitalisierung für Schule und Gesellschaft.

Die technischen Treiber in den nächsten Jahren werden unbestreitbar Roboter, Virtual Reality/Augmented Reality und 3D sowie Big Data und Künstliche Intelligenz sein – und auch sie werden einen Weg in die Schulen finden.

Im Buchmarkt soll es zukünftig durch Künstliche Intelligenz verfasste Bücher geben, die erst beim Lesen (weiter)geschrieben werden. Dafür muss der Autor, die Künstliche Intelligenz, seine Leser natürlich kennen. Hier werden Big Data & Analytics helfen. Vielleicht kann man in Zukunft auch Schulbücher so gestalten – der Schüler erhält dadurch sein individuelles Schulbuch. Der Inhalt wird für ihn so aufgebaut und präsentiert, dass er seinen individuellen Lernweg gehen kann. Und natürlich sind alle verfügbaren Medien integriert, Verknüpfungen über Links, 3D-Modelle in Form von Hologrammen oder passende Apps für Virtual-Reality-/Augmented-Reality-Brillen für plastisches Lernen.

Das immense Potenzial von Virtual-Reality-/Augmented-Reality-Brillen bietet sich an, um den Lerninhalt stärker erlebbar zu machen und somit emotionales Lernen zu fördern. Bis es so weit ist, wird noch

---

© Springer Fachmedien Wiesbaden GmbH, ein Teil von Springer Nature 2019
D. Steppuhn, *SmartSchool – Die Schule von morgen,*
https://doi.org/10.1007/978-3-658-24873-4_12

etwas Zeit vergehen, ein erster spannender Versuch in diese Richtung ist das intelligente Schulbuch Hypermind [1].

eSports wird in den Lernalltag integriert werden. Dabei stellen Wearables fest, wann der Sportler am besten eine Pause einlegt oder eine sportliche Aktivität startet. Roboter helfen beim Sprachenlernen oder beim Kennenlernen von Kulturen, indem die Roboter mit kulturspezifischem Verhalten reagieren.

Dabei ist die Künstliche Intelligenz sicherlich der Bereich mit den größten Risiken. Hier besteht tatsächlich die Gefahr, dass wir Menschen irgendwann den Überblick verlieren und das Steuer (wie beim autonomen Fahren) abgeben und vielleicht nicht mehr wiedererlangen. Künstliche Intelligenz ist unsichtbar. Wir sehen und merken nicht, ob Künstliche Intelligenz im Einsatz ist und die Umwelt steuert!

> „Die mächtigsten Technologien sind die, die sich unsichtbar machen". (Mark Weiser, 1991 [2]).

Die Aktualität aller digitalen Themen und die Notwendigkeit von SmartSchools zeigen auch die jüngsten Aktivitäten der Bundesregierung. Im Herbst 2018 veröffentlichte die Bundesregierung eine Strategie zur Künstlichen Intelligenz mit dem Ziel, bei der Entwicklung von KI-Produkten international wettbewerbsfähig zu werden [3].

Außerdem soll es deutschen Firmen ermöglicht werden, durch die Nutzung von Künstlicher Intelligenz ihr Überleben zu sichern – das klingt allerdings bereits sehr dramatisch. „Es kann sein, dass wir bei diesem Thema einen Schritt zu langsam sind", sagte Kanzleramtsminister Braun [4].

Eine weitere Aktivität der Bundesregierung war die Gründung eines Digitalrates im August 2018. Seine Ziele sind der Ausbau von Breitbandversorgung und Mobilfunk, die Einführung von weiteren digitalen Lerninhalten in der Schule, die Verlagerung von Behördengängen ins Internet sowie eine Strategie für Künstliche Intelligenz [5]. Hoffen wir, dass die zu erwartenden politischen Absichtserklärungen und technologischen Weiterentwicklungen die Digitalisierung von Schulen befördern.

## 12 Treiber der Zukunft – Robotik, Künstliche ...    239

Ergänzend dazu werden in Europa auch Gedanken geäußert, Ethik-Regeln für den Einsatz von Künstlicher Intelligenz zu formulieren [6].

„Die Visionen für unsere Zukunft kommen nicht von Staaten oder Politikern, sondern von Technologie-Unternehmen. Microsoft, Google, Facebook und andere sagen uns, wie unsere Zukunft aussieht!" [7]

Vergessen wir aber nicht, dass es unseres idealistischen Einsatzes bedarf, wenn wir unsere Schülergenerationen zukunftsfest machen wollen. Die Visionen für die Schule von morgen – die SmartSchool – dürfen nicht von Unternehmen kommen. Die Visionen für die Schule von morgen müssen von uns kommen! Und sie müssen jetzt kommen und zeitnah umgesetzt werden! Ansonsten kommt der Moment, wo unsere Befürchtung und Angst, das Deutschlands Schulen bei der Digitalisierung im internationalen Vergleich drastisch hinterherhinken, Wirklichkeit wird und wir nicht mehr die Chancen haben, das zu korrigieren.

Die Digitalisierung der Schule ist dazu gleichzeitig Inhalt und Werkzeug, nicht mehr und nicht weniger.

Ich hoffe, dass dieses Buch Ihren Einsatz in diesem Sinne unterstützen wird!

---

**Zusammenfassung Treiber der Zukunft**

- SmartSchools sind die Schulen von morgen.
- Ohne SmartSchools wird sich das Konzept Bildung 4.0 nicht realisieren lassen!

---

# Literatur

1. Deutsches Forschungszentrum für Künstliche Intelligenz GmbH (DFKI) Hypermind – Das antizipierende Lehrbuch. https://www.dfki.de/web/news-media/news-events/events-keynotes/hannover-messe-2019/hypermind/. Zugegriffen: 31. März 2019
2. Weiser M (1991) The computer for the 21st century. https://www.ics.uci.edu/~corps/phaseii/Weiser-Computer21stCentury-SciAm.pdf. Zugegriffen: 31 März 2019

240 D. Steppuhn

3. Bundesministerium für Wirtschaft und Energie Referat Soziale Medien, Öffentlichkeitsarbeit – Strategie Künstliche Intelligenz der Bundesregierung. https://www.bmwi.de/Redaktion/DE/Publikationen/Technologie/strategie-kuenstliche-intelligenz-der-bundesregierung.html. Zugegriffen: 31. März 2019
4. Vates D (2018) Internationaler Wettbewerb Kanzlerin Merkel will Künstliche Intelligenz fördern. https://www.berliner-zeitung.de/politik/internationaler-wettbewerb-kanzlerin-merkel-will-kuenstliche-intelligenz-foerdern-30558144. Zugegriffen: 31. März 2019
5. Axel Springer SE (2018) Digitalrat der Bundesregierung kommt zur ersten Sitzung zusammen. https://www.welt.de/newsticker/news1/article181267218/Schulen-Digitalrat-der-Bundesregierung-kommt-zur-ersten-Sitzung-zusammen.html. Zugegriffen: 31. März 2019
6. Handelsblatt GmbH (2019) Brüssel will Ethik-Vorgaben für Künstliche Intelligenz. https://www.handelsblatt.com/politik/international/ethische-regeln-bruessel-will-ethik-vorgaben-fuer-kuenstliche-intelligenz/24195144.html?ticket=ST-2520576-XWsZbagaU0JcctRC2bV1-ap5. Zugegriffen: 14. Apr. 2019
7. Leonhard G (2018) Die Zukunft ist besser als wir denken. Kölner-Stadt-Anzeiger 1./2. Dezember 2018:8

# Anhang

## A.1 Kontakte zu Anbietern von digitalen Tools und Medien

### Themenbereich Lernplattformen

Microsoft Deutschland GmbH
Lorenz Kupfer | Schulwesen (K12)
Walter-Gropius-Straße 5
D-80807 München
http://www.microsoft.com/germany
http://news.microsoft.com/de-de/

### Themenbereich Virtual/Augmented Reality

Duesseldorf University of Applied Sciences
Department of Media Mixed Reality and Visualization (MIREVI)
Prof. Dr. Christian Geiger,
Münsterstr 156
D-40476 Düsseldorf

© Springer Fachmedien Wiesbaden GmbH, ein Teil von Springer Nature 2019
D. Steppuhn, *SmartSchool – Die Schule von morgen*,
https://doi.org/10.1007/978-3-658-24873-4

242 Anhang

Für die Hololens:
VISCOPIC GmbH
Steinerstraße 15A
D-81369 München
www.viscopic.de

Für Icaros:
Icaros GmbH
Fraunhoferstraße 5
D-82152 Planegg
info@icaros.com
www.icaros.com

Für Virtualizer:
Cyberith
www.cyberith.com

## Themenbereich Robotik

ENTRANCE GmbH
Viehhofstr. 125
D-42117 Wuppertal
info@entrance-robotics.de
https://entrance-robotics.de/

Humanizing Technologies GmbH
Bruchstrasse 11
DE-57462 Olpe

Office Cologne
Perlenpfuhl 27
D-50667 Köln
http://www.humanizing.com

## Themenbereich Projektionsmöglichkeiten im Klassenraum

Für Mirroring 360:
Splashtop
1054 S De Anza Blvd, Suite 200
San Jose
CA 95129
USA
https://www.mirroring360.com/

## Themenbereich Vertretungs-Apps

Triu Software UG (haftungsbeschränkt)
Dünnwalder Mauspfad 376
D-51069 Köln
info@triu-software.de
www.triu-software.de

## Themenbereich Datenschutz und Datensicherheit

Deutschland sicher im Netz e.V.
Sascha Wilms
Albrechtstraße 10b
D-10117 Berlin
www.sicher-im-netz.de
www.dsin-berufsschulen.de

# A.2 Buchtipps

Borchardt A (2018) Mensch 4.0 Frei bleiben in einer digitalen Welt. Gütersloher Verlagshaus, Gütersloh
  Crichton M (2004) Beute. Wilhelm. Goldmann, München
  Eberl U (2016) Smarte Maschinen. Hanser, München
  Ford M (2016) Aufstieg der Roboter. Börsen Medien, Kulmbach

**244    Anhang**

Glukhovsky D (2014) Future. Heyne, München

Gore A (2015) Die Zukunft: Sechs Kräfte, die unser Welt verändern. Pantheon Verlag, München

Harari YN (2017) Homo Deus. Beck, München

Kaku M (2016) Die Physik der Zukunft. Rowohlt Taschenbuch, Hamburg

Kollmann T, Schmid H (2016) Deutschland 4.0. Springer Fachmedien, Wiesbaden

Lanier J (2018) Anbruch einer neuen Zeit. Hoffmann und Campe Verlag, Hamburg

Lenzen M (2018) Künstliche Intelligenz. Beck oHG, München

Makowsky M (2016) Unterrichten mit dem NAO. LPE Technik, Eberbach

Maturana H, Varela F (1991) Der Baum der Erkenntnis. Goldmann, München

Nida-Rümelin J, Weidenfeld N (2018) Digitaler Humanismus. Piper Verlag, München

Precht RD (2015) Anna, die Schule und der liebe Gott. Wilhelm Goldmann Verlag, München

Ramge T (2018) Mensch und Maschine. Reclam jun. GmbH&Co KG, Ditzingen

Schulz T (2015) Was Google wirklich will. Deutsche Verlags-Anstalt, München

Specht P (2018) Die 50 wichtigsten Themen der Digitalisierung. Redline Verlag, München

Schröder M, Schwanebeck A. (Hrsg) (2017) Big Data – In den Fängen der Datenkraken. Nomos Verlagsgesellschaft. Edition Reinhard Fischer, Baden-Baden

Tegmark M (2018) Leben 3.0. Ullstein Buchverlage, Berlin

Volland H (2018) Die kreative Macht der Maschinen. Beltz, Weinheim

Yogeshwar R (2018) Nächste Ausfahrt Zukunft. Kiepenheuer & Witsch, Köln

## A.3 Filmtipps

*Blade Runner* von Ridley Scott
*Blade Runner 2049* von Denis Villeneuve
*2001: Odyssee im Weltraum* von Stanley Kubrick
*Star Wars* (alle Epsioden) von George Lucas
*Real Human – echte Menschen*, schwedische Serie von Lars Lundström

# Stichwortverzeichnis

21st Century Skills 4, 18, 152

## A

Active Directory 33, 77, 78
Advance Organizer 220
AirTV 36
Alcor 162
Aldebaran 57, 58, 211
Alexa 158
Alibaba 150
AlphaGo 157
   Zero 157
Amazon 33, 43, 48, 74, 137,
   150, 162
Android 12, 27, 31–33, 37, 38, 45,
   47, 79, 91
AndroidCar 34
AndroidPay 34
AndroidTV 34
AndroidWear 34

Apple 7, 12, 27, 34, 36, 37, 48,
   91, 92
ApplePay 34
Apple 90
Arbeit 4.0 3
Armband, biometrisches 71, 124,
   133
Augmented Reality 3, 144
Ausbildung 4.0 3, 128
Azure 33, 78

## B

BeOS 31, 37
Berufsbildung 4.0 3, 128, 134
Big Data & Analytics 76, 129, 148,
   151, 237
Bildung 4.0 2–4, 61
Bing Maps 222
Bionik 137
Bitkom Smartschool 228

© Springer Fachmedien Wiesbaden GmbH, ein Teil von Springer Nature 2019
D. Steppuhn, *SmartSchool – Die Schule von morgen*,
https://doi.org/10.1007/978-3-658-24873-4

## 248 Stichwortverzeichnis

Bitkom-Verband 19, 130
Blade Runner 137
Blockchain 2
BYOD (Bring Your Own Device) 5,
   11, 26–30, 34, 36, 38, 45, 47,
   52, 55, 80, 89, 120, 122, 127,
   130, 131, 135, 144

C

Calico 161
CarPlay 34
Choreographe 57
Chrome Cast 36
Computer-Based Training 188
Conciety 10, 11
ConnectedCars 2
COPE 26, 27
Cortana 33, 158
CRISPR/CAS9 132
Cyberkriminalität 166, 168
Cybermobbing 116, 126
Cyberterrorismus 2
Cyberwar 166
Cyborg 59, 161
CYOD 26, 27, 29

D

Datenschutz 129, 166
Datensicherheit 129, 166
DeepMind 157
Delve 47
Deutscher Arbeitgeberpreis 227
Deutscher Schulpreis 110, 226
Deutschland sicher im Netz (DsiN)
   116, 122, 130, 168, 236
Digital-Dezernat 90, 97, 211

Digital-Ministerium 90, 97, 211
Digitalpakt 4
Digitalrat der Bundesregierung 90
Digital Schools Cologne 20, 96
DigiYou 119, 127, 229
Drohne 2, 74, 75, 130, 145
Drucker, 3D- 67, 160
DSGVO 40, 166, 168, 232
D-Wave 133

E

eBeam 35
eco-Verband 9, 126
e-Learning 188
ENTRANCE GmbH 56
Erich-Gutenberg-Berufskolleg 4,
   7, 123
eScout 9, 10, 110, 126, 127, 130,
   131, 144
eSports 55, 62, 70–72, 74–76, 81,
   127, 130, 139, 141, 164,
   187, 221, 238
Excel 45, 47, 65
Exoskelett 2, 161

F

Fahren, autonomes 156, 238
First-Mover-Advantage 167
Forms 47, 131
Futuromat 139

G

Gamification 70, 71, 187
Gedankensteuerung 2, 133
Gesellschaft 4.0 3

## Stichwortverzeichnis 249

Gestensteuerung 133
Google 34, 36, 37, 41, 43, 48, 58,
 59, 62, 67, 74, 92, 95, 133,
 149, 150, 157, 158, 160,
 161, 188, 209, 232
 Glass 62
 Internet of Things 157
 Lens 157
 Lookout 157
 Maps 92, 157
Gute Schule 2020 4

### H

Hologramm, 3D- 133
Hololens 62, 63, 145
HomeKit 34
Homo
 cloudensis 161
 deus 161
 digitalis 161
 sapiens 161
 useless 161
HTC Vive 61–63, 65, 145, 221
Human-Brain-Projekt 133
HyperV 33

### I

IBM 7, 31, 133, 150, 160
Industrie 4.0 2, 3, 53, 67, 136,
 145, 185
Innovator's Dilemma 142
Internet
 of Everything (IoE) 33, 150
 of Things (IoT) 32, 101, 122,
 150, 166
IQon 10, 38

### K

Khan-Academy 188
Kiva System 137
Klassenbuch, digitales 79
Kölnische Rundschau Webbewerb
 229
Kompetenzrahmen 193
Kryonik 162
Künstliche Intelligenz (KI) 2, 54,
 129, 138, 143, 155, 158, 160,
 161, 187, 237, 238

### L

learning
 supermarket 130, 135
 with any device, anytime,
 anywhere 32, 38, 52
Learn-Life-Balance 48
Legamaster 11, 35
Lego 218
Lernen
 computergestütztes 188
 maschinelles 129, 155
 multimediales 188
Linkedin 232

### M

Macromanagement 73
Massive Open Online Course 187
Mediendidaktik 155
Medienerziehung 155
Medienethik 155
Medienkompetenz 11, 74, 120, 127
Medienkonzept 90, 193
Medienpädagogik 120, 126, 155
Medizin 4.0 3, 53

# 250 Stichwortverzeichnis

Micromanagement 73
Microsoft 7, 8, 10–12, 19, 31–33,
    41–43, 47, 48, 62, 63, 77,
    90, 92, 95, 124, 130, 135
  Bookstores 209
  Education Transformation
    Framework 194
  Innovative Expert Educators
    (MSIEEs) 12
  Multiplan 7
  Project 106
  Word 7
Mindstorm-EV3 55, 57
Mirroring360 36, 37, 122
Mixed Reality 34, 56, 62, 130, 145
Mobile Device Management
    (MDM) 29, 89
my eWorld 4, 31, 110, 117, 128–130,
    132, 136, 139, 144, 148, 155, 160,
    166, 171

## N

Nanobot 134
Nanoschiff 134
Nanotechnologie 31, 132, 134
NAO 56–59, 136, 187, 218
Nest 34, 157
Nextstep 31, 37
Novell Netware 7

## O

Oculus
  Gear 61, 145, 221
  Rift 61–63, 65, 145, 221
Office 365 5, 11, 12, 33, 41, 47,
    120, 121, 123–125

Office365-Gruppen 46, 121
Office-Online 45, 121, 131
OK Google 158
OneDrive 33, 41, 46, 121, 125,
    126, 131
OneNote 33, 36, 45, 47, 65, 121,
    126, 131, 219, 220
  Classbook 45, 121, 126
Online-Lernen 188
Open-and-Distance-Learning 188
Outlook 45, 47

## P

Pänz an die PCs 9, 117, 130, 221
Papier, elektronisches 133
PEPPER 58, 137
Perspektive 4.0 128, 160
Pixelsense-Tisch 135
Politik 4.0 3
PowerPoint 45, 65, 107
Print on Demand 67

## Q

Quanten-Computer 133
Quantified-Self-Bewegung 71, 76,
    122, 124, 151, 160, 166

## R

Replikator 134
Roboter, humanoider 21, 55, 58,
    59, 188
Robotik 2, 3, 53–55, 57–59, 81,
    123, 125, 126, 129, 130,
    136–139, 143, 151, 156,
    160, 161, 217, 237

## S

Salutogenese 164
Samba 77, 78
school@home 5, 12, 47, 122, 130, 135, 144
Schulewirtschaft – Das hat Potenzial 227
Selbstlernzentrum 11, 102, 103, 126, 130
SharePoint 33, 46, 47, 121, 125, 126, 131
Silicon Graphics 8
Singularität 133
Siri 158
Sketchfab 64, 65
Skype 47, 125, 184
SmartBody 2, 129
SmartCities 1, 15
SmartFabrics 1, 15
SmartHealth 1, 2, 15, 129
SmartHome 1, 3, 15, 65, 101, 157
SmartHumans 1, 15
SmartLife 15, 65
SmartOffice 219
SmartPhone 3, 26, 27, 30–32, 35, 61, 79
SmartPills 2
SmartWatch 3
Social-Media 148, 232
Social-Ranking 185
Solid 166
Sony Virtual Reality-Brille 61, 62, 124, 145, 221
Spracherkennung 156, 158, 187
Sprachsteuerung 21, 133, 156, 187
Star Wars 8, 21, 137
Supply Chain Management 145
Sway 48, 131, 212, 220, 222
SweetHome3D 63–65

## T

Teams 213
Teamteaching 5
Tele-Lernen 188
Tele-Medizin 160
Tele-Monitoring 160
Tesla 137
Tools for working 18
Transhumanismus 161
Treadmills 65

## U

Unity 63, 64
University of Applied Sciences Duesseldorf - Department of Media 130
Urheberrecht 213

## V

Verily 161
Vertretungs-App 12, 78–80, 82
Virtual Reality (VR) 2, 3, 61, 67, 129, 130, 144
VISCOPIC GmbH 63

## W

Währung, kryptische 2
Watson 160
Wesen, bionisches 2
Wikipedia 95, 130, 152, 187
Windows 8, 12, 27, 31–33, 37, 42, 50, 91
Windows-Virtual Reality 62
Wirtschaftswerkstatt der Schufa AG 228
Wizard, didaktischer 192

## 252 Stichwortverzeichnis

WLAN 12, 24–26, 35, 52, 88, 89, 120
Word 45, 107, 219, 220
Work-Life-Balance 48, 65, 220

### X
Xing 95, 232

### Y
Yammer 47

### Z
Zukunft der Computer & Nanotechnologie 129

# Ihr kostenloses eBook

Vielen Dank für den Kauf dieses Buches. Sie haben die Möglichkeit, das eBook zu diesem Titel kostenlos zu nutzen. Das eBook können Sie dauerhaft in Ihrem persönlichen, digitalen Bücherregal auf **springer.com** speichern, oder es auf Ihren PC/Tablet/eReader herunterladen.

1. Gehen Sie auf **www.springer.com** und loggen Sie sich ein. Falls Sie noch kein Kundenkonto haben, registrieren Sie sich bitte auf der Webseite.
2. Geben Sie die eISBN (siehe unten) in das Suchfeld ein und klicken Sie auf den angezeigten Titel. Legen Sie im nächsten Schritt das eBook über **eBook kaufen** in Ihren Warenkorb. Klicken Sie auf **Warenkorb und zur Kasse gehen**.
3. Geben Sie in das Feld **Coupon/Token** Ihren persönlichen Coupon ein, den Sie unten auf dieser Seite finden. Der Coupon wird vom System erkannt und der Preis auf 0,00 Euro reduziert.
4. Klicken Sie auf **Weiter zur Anmeldung**. Geben Sie Ihre Adressdaten ein und klicken Sie auf **Details speichern und fortfahren**.
5. Klicken Sie nun auf **kostenfrei bestellen**.
6. Sie können das eBook nun auf der Bestätigungsseite herunterladen und auf einem Gerät Ihrer Wahl lesen. Das eBook bleibt dauerhaft in Ihrem digitalen Bücherregal gespeichert. Zudem können Sie das eBook zu jedem späteren Zeitpunkt über Ihr Bücherregal herunterladen. Das Bücherregal erreichen Sie, wenn Sie im oberen Teil der Webseite auf Ihren Namen klicken und dort **Mein Bücherregal** auswählen.

## EBOOK INSIDE

eISBN
**Ihr persönlicher Coupon**

978-3-658-24873-4
nNnchQMw4kgkhtS

Sollte der Coupon fehlen oder nicht funktionieren, senden Sie uns bitte eine E-Mail mit dem Betreff: **eBook inside** an **customerservice@springer.com**.